INVEN TÁRIO DAS SOM BRAS

INVENTÁRIO DAS SOMBRAS

17 RETRATOS DE GRANDES ESCRITORES

JOSÉ CASTELLO

4ª edição, revista e ampliada

EDITORA RECORD
RIO DE JANEIRO • SÃO PAULO
2022

CIP-BRASIL. CATALOGAÇÃO NA PUBLICAÇÃO
SINDICATO NACIONAL DOS EDITORES DE LIVROS, RJ

C344i
4. ed.

Castello, José, 1951-
Inventário das sombras: 17 retratos de grandes escritores / José Castello. – 4. ed., rev. e ampl. – Rio de Janeiro: Record, 2022.

Inclui bibliografia
ISBN 978-65-5587-487-7

1. Escritores brasileiros – Entrevistas. I. Título.

22-77318

CDD: 928.69
CDU: 929:821.134.3(81)

Meri Gleice Rodrigues de Souza – Bibliotecária – CRB-7/6439

Copyright © José Castello, 2006, 2022

Todos os direitos reservados. Proibida a reprodução, armazenamento ou transmissão de partes deste livro, através de quaisquer meios, sem prévia autorização por escrito.

Texto revisado segundo o novo Acordo Ortográfico da Língua Portuguesa.

Direitos exclusivos desta edição reservados pela
EDITORA RECORD LTDA.
Rua Argentina, 171 – Rio de Janeiro, RJ – 20921-380 – Tel.: (21) 2585-2000.

Impresso no Brasil

ISBN 978-65-5587-487-7

Seja um leitor preferencial Record.
Cadastre-se em www.record.com.br
e receba informações sobre nossos
lançamentos e nossas promoções.

Atendimento e venda direta ao leitor:
sac@record.com.br

SUMÁRIO

Prólogo — 7

CLARICE LISPECTOR
A senhora do vazio — 17

JOÃO ANTÔNIO
A arte de ser João — 37

CAIO FERNANDO ABREU
O poeta duplo — 57

ALAIN ROBBE-GRILLET
Viagem ao castelo — 71

HILDA HILST
A maldição de Potlatch — 89

MANOEL DE BARROS
Retrato perdido no pântano — 107

NELSON RODRIGUES
Tapuia e grego — 127

ADOLFO BIOY CASARES
À meia-luz — 145

RADUAN NASSAR
Atrás da máscara   171

ANA CRISTINA CESAR
A deusa da Zona Sul   187

JOSÉ SARAMAGO
Na ilha dos vulcões   203

DALTON TREVISAN
O manto do vampiro   225

JOSÉ CARDOSO PIRES
A morte branca   237

JOÃO RATH
O escritor que não escreveu   253

ARTHUR BISPO DO ROSÁRIO
O mordomo do apocalipse   273

RAIMUNDO CARRERO
O devorador da realidade   291

JOÃO GILBERTO NOLL
João no deserto   299

Autorretrato de um biógrafo   307

Algumas leituras   319

Prólogo

*Em memória de Enyci Guimarães,
que me ensinou a escrever.*

Para Joaquim.

Desde que comecei a entrevistar escritores, há pelo menos duas décadas, sempre me impressionei com seu desamparo, com o abandono do homem massacrado pelas leituras que se aderem à obra, e me interessei mais por essas zonas sombrias em que eles travam suas batalhas, pelas pequenas torturas impostas pelo mercado e pela crítica, pelas exigências da vaidade, pela loucura, enfim, que toma conta de um homem quando ele se posta diante do papel em branco, do que pelas imagens sofisticadas e cheias de *glamour* que a mídia constrói a seu respeito. A julgar por essa imagem pública, escritores são indivíduos de ânimo firme, sempre cheios de coisas a dizer, vivendo uma rotina espetacular, habitando um mundo restrito, dedicado ao transe, às homenagens e à aventura. Mas escrever inclui farta dose de entrega, de abandono, de devassamento, e impõe um combate contínuo contra o orgulho, o desespero e a solidão, destino que faz dos escritores, quase sempre, seres suscetíveis e irrequietos, que carregam sonhos além de suas forças.

Conheci, é verdade, escritores maduros, capazes de defender seus projetos com desembaraço e de esquadrinhar as próprias obras com a destreza de cirurgiões. Mas conheci também escritores tímidos e envergonhados, que gastam suas melhores energias se escondendo do mundo e tentando apenas se defender, extraviados num cotidiano nem um pouco confortável, como se a literatura fosse, na verdade, um cárcere. Ao contrário do que sua imagem pública nos faz crer, escritores habitam em geral um mundo em ruínas — e é para sobreviver em meio a escombros que, sem outro amparo, eles se põem a escrever.

Conheci escritores vaidosos, neuróticos, encabulados, pedantes, arrogantes, afetuosos, tagarelas, brilhantes, mas escondida em todos esses gêneros, camuflada atrás de todas essas máscaras, entrevi sempre a ponta de um abandono, a saliência de uma sombra que, dissimulada pela retórica e pelo sucesso, ainda assim estava ali todo o tempo, a latejar. Meu interesse pela literatura aumentou quando descobri homens de carne e osso guardados dentro das narrativas e dos poemas que mais gosto de ler, experiência que, mais tarde, encontrei expressa na sentença de Emerson: "Talento apenas não faz um escritor. Deve haver um homem por trás do livro." Sempre me interessei mais por esses homens e mulheres que estão ocultos nos livros do que por aqueles sujeitos, resolvidos e às vezes até um pouco ridículos, que pontificam na mídia em seu lugar. Atrás daquelas páginas, há sempre um impulso irreversível, uma sina, talvez uma condenação, que é na verdade o que leva um escritor a escrever.

Então, em vez de dar atenção ao sucesso e à glória, preferi me fixar nos conflitos íntimos, nas decepções, nos sentimentos difíceis, nos horrores — a zona de penumbra, enfim, que move o fazer literário; região de espíritos atormentados, dilemas inomináveis e temperamentos frágeis, que transformo agora na matéria-prima deste pequeno inventário. Não tomo essa decisão por morbidez, ou porque deseje, numa inversão de valores, menosprezar os escritores, até porque os tenho em alta conta; mas sim porque, num tempo em que a literatura é tratada ora como objeto de exibicionismo intelectual, ora como simples mercadoria, mas quase sempre com frieza, o melhor a fazer é retornar aos bastidores, àquelas noites intermináveis em que homens e mulheres, movidos por forças que não sabem dominar e com o coração em frangalhos, se põem a escrever.

PRÓLOGO

Apesar de assinar resenhas de livros desde a primeira metade dos anos 1980, primeiro para a revista *IstoÉ*, depois para o suplemento Ideias do *Jornal do Brasil*, por fim como colunista do Caderno 2 de *O Estado de S. Paulo*, jamais me considerei um crítico literário, e acho bom esclarecer isso logo. Mesmo mais tarde, durante os quase dez anos em que assinei uma coluna semanal de comentários literários no suplemento Prosa & Verso, de *O Globo*, enquanto leitores e editores se referiam às minhas "críticas", eu me considerava mais um cronista do que um crítico. E mais ainda: preferia — e ainda prefiro — me definir como um leitor comum. Um leitor sentimental — e o adjetivo, sentimental, me ajuda a delimitar minha distância das teorias e dos dogmas. É ainda como um leitor sentimental e como cronista que assino, hoje, colunas mensais regulares no mensário *Rascunho*, de Curitiba, e no *Suplemento Pernambuco*, do Recife. Sempre preferi ler os escritores, e o que eles têm a dizer sobre o que fazem, e não os teóricos. Acho mais interessante ler o que Vladimir Nabokov, Mario Vargas Llosa, Javier Marías, Octavio Paz, Ricardo Piglia, Osman Lins escreveram sobre o que escreveram do que as reflexões distantes e frequentemente insípidas assinadas a seu respeito pelos críticos profissionais. E, mais ainda, dispensando os intermediários, simplesmente ler suas narrativas e poemas. Foi como leitor, e não como o crítico que não sou, que escrevi este livro.

Este não é, em consequência, um livro de crítica literária, ainda que contenha breves esboços de análise, alguns juízos dispersos de valor, e trate, fundamentalmente, de literatura. Não é também uma reunião de textos jornalísticos, conquanto o ponto de partida de quase todos os capítulos tenha sido uma ou mais reportagens que fiz, em algum momento de minha carreira na imprensa, com os escritores em questão, e sem as quais, é importante registrar, este livro não teria existido. Ele não é, ainda, um livro de ficção, mas devo advertir o leitor, desde já, de que a memória muitas vezes me traiu e de que, em outras, me deixei simplesmente dominar, sem qualquer resistência, pelas miragens da fantasia; os diálogos, cenas, descrições que o leitor encontrará ao longo da leitura estarão sempre permeados pelas sombras da imaginação (serão, eu poderia dizer, "reconstituições livres"); o que, a rigor, nem seria preciso ressaltar, já que o sonho é sempre, mesmo nos textos que se pretendem mais assépticos, a matéria-prima da escrita. O resultado é, por certo, um livro híbrido (um livro, ele também, escrito na penumbra), que fica a meio caminho entre o jornalismo, o ensaio, a crítica literária e a ficção; que se esforça para tocar, enfim, nessa zona escura, composta de imagens borradas e ilusões passageiras, na qual toda literatura, mesmo a mais "profissional", se origina.

Uso no título a palavra "inventário" por um motivo bastante pessoal. Este livro pretende ser um balanço, ainda que parcial, de minha vida de repórter literário. É o resultado de um tempo, um longo tempo de quase vinte anos, em que a literatura esteve, quase sempre, no centro de minhas atenções. Ficarei feliz se for lido como uma espécie de suma de uma formação literária, irregular, é verdade, construída sob a pressão dos horários industriais e no ardor dos acontecimentos, muito ciente portanto de suas limitações, mas ainda assim compensadora. Conversando com tantos escritores, lendo e relendo suas obras, seguindo as pistas de leituras e as provocações por eles deixadas, e me vendo obrigado a escrever sobre o que eles escreveram, creio que me formei. Mas a verdade é que ninguém se forma, pois há sempre uma zona de trevas que jamais se dissipa, sendo dela que as melhores coisas se originam.

Chego, por fim, à palavra "sombra" — que me foi dada de presente, e aqui registro minha gratidão, numa tarde gelada de domingo, diante de duas xícaras de chá, por meu amigo Wilson Bueno, o autor de *Mar paraguayo*. Sombra, espaço sem luz, escuridão, ausência: esse é o lado da literatura que sempre me interessou, porque é nele que se explicita o elo entre o literário e o vivido; é nele que a vida, ainda que de modo torto, falsificado e quase sempre invisível, se expressa nos livros. Sei que, escolhendo esse caminho, tomei a contramão de quase todas as teorias hoje mais prestigiadas, que apontam na direção oposta, esforçando-se para "purificar" as obras dos eventos biográficos em que foram geradas; e também que caminhei no sentido inverso da principal tendência de mercado na última década, a das biografias, que eu mesmo já pratiquei, mas que quase sempre se limita ao homem e suas circunstâncias, relegando a obra ao esquecimento. Não escrevi este livro, no entanto, nem para discutir teorias literárias, nem para traçar biografias completas, mas sim para esboçar retratos breves, em que os contrastes, as regiões de claro e escuro, as zonas limítrofes se sobreponham à panorâmica dos grandes temas. A ideia de rascunho, que aliás se associa à de sombra, esteve desde o início muito presente. Traço aqui, de modo deliberado, retratos incompletos (parciais, aliás, como qualquer retrato), marcados pelas falsificações de perspectiva, por tudo aquilo que se exclui e despreza, e também pelos limites impostos pela moldura; pois foi essa fronteira nevoenta entre o que se vê e o que não se vê, e não a claridade chapada dos grandes painéis, que me moveu a escrever.

Este não deixa de ser, ainda que indiretamente, um livro sobre o jornalismo, e só assim se explica a opção, quase absoluta, pela narrativa na primeira pessoa. Esse "Eu" que narra a maior parte dos capítulos, contudo, não se refere só a mim, o sujeito civil, mas representa um pouco esse personagem da cultura contemporânea, o repórter literário, que vive a meio caminho entre os fatos e os livros, entre a realidade e as fantasias que a envolvem, e é só mais um prisioneiro da grande trama da escrita. Comprimido entre a mídia, que transforma os escritores em personagens e assim os manipula, e os próprios escritores, com seu arsenal nada desprezível de retórica e pose, o repórter literário é, muitas vezes, um personagem partido, tomado por uma cisão que sua própria posição no cenário cultural o impede de resolver. O repórter, qualquer repórter, é por definição um intermediário entre o que desconhece (seus objetos) e o que julga conhecer (seus leitores). Nessa função de anjo, mensageiro entre dois mundos intraduzíveis, que não podem ser reduzidos um ao outro, ele tem como destino o fracasso. O que esse repórter produz é uma terceira peça — um simulacro —, que dá ao leitor a sensação consoladora de ter encontrado, por fim, um laço através do qual as duas partes, verbo e realidade, se comunicam.

O repórter trabalha com fantasmas e não com fatos, que são apenas um pedaço, nem sempre o mais importante, de seu ofício.

Clarice Lispector tinha uma obsessão: o vazio. Seu projeto secreto era a destruição da literatura — ela queria chegar a narrativas tão transparentes, tão agudas, que enfim os segredos da palavra se revelassem e a escrita se tornasse apenas luz. Para isso, habitou um mundo em ruínas, o deserto que fica para além das palavras, escolha pela qual pagou um alto preço.

João Antônio parecia sempre afogado nas palavras, e foi nesse estado de asfixia que escreveu uma literatura viciada na vida, que manteve sempre uma temperatura explosiva e configurou uma espécie de inferno privado, do qual jamais pôde se livrar.

Caio Fernando Abreu foi, durante muitos anos, um namorado da escuridão. Cultivava um estilo *dark*, uma aparência sombria, sempre vestido de preto e lamentando-se da vida — até que um dia, num susto, descobriu-se portador do vírus da aids; e a vida, que até ali estava marcada por imagens negativas, ganhou um inesperado caráter afirmativo.

Depois de dinamitar as letras francesas com seus romances, o escritor Alain Robbe-Grillet, chefe da gangue que construiu o Novo Romance, terminou exilado e praticamente esquecido em um castelo sombrio da Normandia. Numa paisagem de névoa, distante de seus interlocutores, ele se pôs a refletir sobre os destroços que passou a habitar.

Hilda Hilst se considera a vítima de uma praga que, tomando de empréstimo um conceito forjado por Marcel Mauss, ela chama de "maldição de Potlatch". Por isso, sua literatura estaria, desde muito, destinada à incompreensão e ao esquecimento. O efeito tardio dessa maldição veio apanhá-la no sítio em que se refugia, em Campinas, consolidando a imagem de uma escritora que, quanto mais escreve, menos lida é.

Manoel de Barros, apresentado quase sempre como o "poeta do Pantanal", é, ao contrário, o poeta do artifício. Isolado em Campo Grande, numa casa de muros altos na qual, numa estratégia para fugir do mundo exterior, todos os cômodos se voltam para dentro, ele escreve uma poesia em que a linguagem se sobrepõe à natureza. Dele guardamos, em geral, um retrato traiçoeiro, que agora se deve desvendar.

Nelson Rodrigues, o mais importante dramaturgo brasileiro deste século, viveu aprisionado em estigmas odiosos, que o reduziam a um escritor reacionário e escandaloso. Já no fim da vida, transformando um encontro jornalístico em uma longa confissão, tratou de revelar o homem delicado que se escondia sob esse falso pornógrafo.

A história da literatura latino-americana destinou a Adolfo Bioy Casares o papel de parceiro, quase sempre secundário, de Jorge Luis Borges — ele sim, o grande mestre. Se formos examinar a história da amizade intelectual que os uniu, porém, veremos que, ao contrário, foi Casares, e não Borges, quem esteve quase sempre à frente do caminho.

Raduan Nassar envolveu-se numa cilada: depois de dois livros breves, mas extraordinários, decidiu nunca mais escrever. Mas a máscara de escritor já estava grudada a seu rosto, e, mesmo a rasgando, ele jamais conseguiu dela se desfazer. Tornou-se, então, uma imitação de si mesmo — um escritor que não escreve, mas que continua a ser escritor.

Ana Cristina Cesar, bela, sedutora, irresistível, trouxe a sombra estampada de tal forma em seu rosto (ainda que essa sombra fosse a beleza) que poucos chegaram de fato a vê-la. E porque era bela, e não suportava essa máscara que atraía, mas também a traía, terminou por se matar.

José Saramago, celebrado em todo o mundo como um escritor admirável, passou trinta anos na obscuridade, até decidir, já passados os 50 anos de idade, que seria mesmo um escritor. Enquanto esperava, viveu como jornalista, militante comunista e comentarista político. O escândalo provocado pelo romance *O evangelho segundo Jesus Cristo* levou-o a deixar Portugal e se exilar, entre os vulcões de uma paisagem desolada, em Lanzarote, ilha remota das Canárias espanholas, onde o visitei.

Dalton Trevisan terminou se transformando no personagem mais famoso que criou, o vampiro de Curitiba, metamorfose porém que se empenha em desmentir. Mas, ao contrário do que indicam seus temores, ela só vem provar que a literatura, quando se avizinha da arte, salta à frente e arrasta a vida a seu reboque.

Para o escritor português José Cardoso Pires, a sombra veio em forma de um branco. Vítima de um acidente vascular cerebral, Pires foi lançado em um mundo sem memória e sem sentido, do qual teve a sorte rara de retornar. Viajando através das trevas, nelas descobriu uma luz inesperada.

Se esboço retratos de João Rath e de Arthur Bispo do Rosário, que não foram escritores (Rath foi um competente jornalista que viveu imerso nas tramas da imaginação; e Bispo, declarado esquizofrênico, fez de sua doença uma arte, se é que se pode dar esse nome à obra complexa que deixou), é porque neles encontro duas vias tortuosas, mas persistentes, rumo à plenitude da palavra. Rath fez da palavra sangue; sua vida esteve de tal forma impregnada em narrativas maravilhosas, que ele nem precisou se dar o trabalho de escrever. Bispo, por seu lado, encarnou as palavras nas coisas: fazendo um inventário de todas as coisas existentes, um verdadeiro dicionário do mundo, ele passou a se ver como um salvador. E não estava de todo enganado, porque em alguns momentos só a imaginação pode consolar. Ambos estavam certos: ninguém escreve bem sem aprender, antes disso, a sonhar bem.

Nesta edição ampliada, incluo três novos retratos: do gaúcho João Gilberto Noll, do pernambucano Raimundo Carrero e — em uma ousadia de alto risco, da qual espero ser perdoado – um pequeno e temerário autorretrato. Ao falecer em 2017, aos 71 anos, João Gilberto Noll nos deixou uma vasta obra de 19 narrativas esplendorosas que, ainda hoje, esperam pela nossa justa admiração. Homem tímido, esquivo, que cultivou a literatura como uma religião, sua obra ainda se esconde nas sombras do desconhecimento e, até, do desprezo. Foi nesse homem arisco embora doce que, com meu breve retrato, tentei tocar. Incluo um retrato de Raimundo Carrero, que ainda está bem vivo e atuante em seu apartamento do Rosarinho, no Recife, porque, apesar da inegável grandeza de sua obra, uma névoa densa, que mistura a ignorância, o preconceito e o medo, ainda a envolve. Ao brilho das luzes, prefiro, sempre, a sutileza das sombras. Interesso-me mais pelo que não se deixa ver. Por fim, arrisco-me a incluir a mim mesmo, convicto de que a escrita — mesmo a minha precária escrita — é sempre movida por forças secretas que escapam ao controle de seu autor. Além do mais, este é um livro de retratos, e os retratos não deixam de ser esboços de biografias. É justo, então, que eu, não só por vaidade — que não posso negar —, mas por prudência, ofereça ao leitor um relato breve dos tormentos e das angústias que me agitam enquanto escrevo. Elas tomaram dimensões quase insuportáveis no início dos anos 1990, quando trabalhei em *O poeta da paixão*, meu primeiro livro, biografia de Vinicius de Moraes publicada pela Companhia das Letras em 1994.

Este livro, como já disse, não existiria não fossem os anos em que trabalhei como repórter em redações de jornais e revistas do Rio e São Paulo. Alguns créditos e dívidas referentes a esse período devem ser aqui registrados. Não teria conhecido João Rath e João Antônio sem a confiança de João Rodolfo do Prado, que acreditou num repórter inseguro e inexperiente e indicou-o para um posto na redação do *Diário de Notícias*. O capítulo dedicado a João Antônio, preciso registrar ainda, tem como ponto de partida uma crônica que publiquei, a convite de Wilson Coutinho, no jornal da Rioarte. Meu encontro com Ana Cristina Cesar, com quem convivi sempre a distância, primeiro na redação do semanário *Opinião* e depois no mensário *Beijo*, teve a chancela de Júlio Cesar Montenegro, editor de cultura de *Opinião*. Conheci Nelson Rodrigues como repórter de *Veja*, graças à confiança em mim depositada por Zuenir Ventura, chefe da sucursal carioca da revista, e por Jairo Arco e Flecha, redator de cultura e coautor da reportagem.

Foi na condição de repórter de *O Globo* que estive, pela primeira vez, com Clarice Lispector, e aqui o crédito deve ser dado a Luiz Lobo, que acreditou em mim, muito mais do que na época eu mesmo era capaz de acreditar, e me levou para o jornal. O capítulo dedicado a Clarice, preciso registrar ainda, assim como aquele que dedico ao poeta Manoel de Barros, têm como origem artigos que, atendendo a convite de André Luís Barros, publiquei originalmente no mensário *Bravo!*. Meu encontro com Arthur Bispo do Rosário teve a chancela de dois profissionais da equipe do semanário *IstoÉ*, Humberto Werneck e Apoenan Rodrigues. Meu encontro com Hilda Hilst se deve à confiança que José Onofre, então editor do Caderno 2 de *O Estado de S. Paulo,* depositou em mim, arrastando-me do Rio de Janeiro para a equipe de colaboradores do jornal.

Conheci Caio Fernando Abreu na condição de editor do suplemento Ideias do *Jornal do Brasil*, e aqui meu reconhecimento deve ser dirigido a Roberto Pompeu de Toledo e Flávio Pinheiro, que me alçaram a esse posto, e também a Arthur Xexéo, que antes disso me levou para o jornal. Meus encontros com Alain Robbe-Grillet, Adolfo Bioy Casares, José Cardoso Pires, José Saramago e Manoel de Barros, a quem entrevistei no papel (que ainda desempenho) de repórter literário de *O Estado de S. Paulo,* devem ser creditados à confiança de Evaldo Mocarzel e de Aluísio Maranhão, respectivamente editor do Caderno 2 e editor-chefe do jornal, que me escalaram para viagens de trabalho a Paris, Buenos Aires, Lisboa, Lanzarote e Campo Grande.

Nunca estive pessoalmente com Dalton Trevisan, embora sempre tenha acalentado esse desejo, mas me conformo, pois sei que esse destino não é exclusivamente meu. Também só estive socialmente, e de forma muito breve, com Raduan Nassar; as tentativas que fiz de entrevistá-lo, por uma razão ou outra, sempre fracassaram, mas nem assim deixei de me sentir muito próximo de sua obra.

Curitiba, setembro de 1998 (4ª edição)
Rio de Janeiro, fevereiro de 2022

Clarice Lispector

A senhora do vazio

Rio de Janeiro, novembro de 1974: aos 23 anos de idade, apenas começando minha carreira de jornalista, passo secretamente a rascunhar alguns textos de ficção. Exercícios penosos, em que avanço em ritmo vacilante, sem certeza do rumo que desejo seguir.

Há, nesse momento, um livro que não consigo parar de ler: *A paixão segundo G. H.*, de Clarice Lispector. Eu o descobri um dia, ao acaso, na estante de uma irmã. Comecei a leitura sem nenhuma convicção e logo esbarrei em seu espírito acidentado e aflitivo. Insisti. Não pude largá-lo mais.

Tentando unir as duas experiências, envio um dos pequenos textos que acabo de escrever, que não chega a ser mais que uma confissão, para o apartamento de Clarice Lispector, no Leme. Mando junto meu endereço e telefone, na esperança de que ela, um dia, venha a me responder. Os dias passam e desisto de esperar. Volto a *G. H.*

Vésperas do Natal: o telefone toca e uma voz arranhada, grave, se identifica: "Clarrrice Lispectorrr", diz. Ela entra logo no assunto. "Estou ligando para falar de teu conto", continua. A voz, antes vacilante, agora se torna mais firme: "Só tenho uma coisa para dizer: você é um homem muito medrrroso", e os erres desse "medrrroso" até hoje arranham minha memória. O silêncio ensurdecedor que se segue me faz acreditar que Clarice desligou o telefone sem ao menos se despedir. Mas logo sua voz ressurge: "Você é muito medrrroso. E com medo ninguém consegue escrever."

Depois, Clarice me deseja Feliz Natal — e sua voz soa distante, indiferente, como a de um comercial na TV. "Para a senhora também", eu digo, arrastando as palavras, que rangem em minha boca, sem coragem de sair. Há mais um silêncio e volto a pensar que ela desligou. Entrego todo o meu medo ao dizer: "Alô?" Clarice é lacônica: "Por que diz *alô*? Ainda estou aqui, e no meio de uma conversa não se diz *alô*."

Nada mais temos a nos dizer e ela se despede. O telefonema é rápido, mas deixa em mim sequelas íntimas que ainda hoje, mais de vinte anos depois, não digeri inteiramente. Posso dizer, se for para me lamentar, que ele me paralisou. Posso dizer o contrário: que ele me serviu de acesso a algo que desconhecia. Até hoje não posso escrever — reportagens, cartas pessoais, diários de viagem, ficções, biografias — sem pensar em Clarice Lispector. É como se ela vigiasse às minhas costas, repetindo o aviso: "Com medo ninguém consegue escrever..."

Maio de 1976. Na redação de *O Globo*, jornal para o qual colaboro, espalha-se a notícia de que Clarice Lispector decidiu nunca mais receber a imprensa. Um motivo suficiente para que me encomendem uma entrevista com a escritora. Jornalistas têm uma atração sem limites por obstáculos; vivemos tentando superar barreiras, abrir portas, vencer resistências, ultrapassar fronteiras. Não é esse o meu temperamento, mas é o que a profissão me obriga a exercitar.

Telefono, constrangido, para Clarice. Uma voz pede que eu espere um momento, mas sou obrigado a enfrentar, mais uma vez, um longo silêncio. Por fim, Clarice atende o telefone. Tendo certeza de que sou um intruso, digo o que quero e aguardo sua recusa. Para minha surpresa, Clarice aceita me receber.

Chego ao edifício em que Clarice Lispector mora, na rua Gustavo Sampaio, no Leme, e me identifico. Ainda tenho a sensação de que sou um invasor. Sentado diante da mesa da portaria, um homem de cabeça branca, aspecto entediado, me pergunta: "Aonde você vai?" Indico o apartamento que Clarice me deu por telefone. Ele vacila. Folheia um caderno de capa negra que tem diante de si, vigia-me com a beira dos olhos e nada mais diz.

"Tenho hora marcada", insisto. "Ela está me esperando." O porteiro volta a me olhar. Sinto, porém, que seu pensamento está em outro lugar, que ele age para esconder o que pensa. Pigarreia, fecha o caderno e diz: "Dona Clarice não está." E, porque se assusta com meu susto, completa: "Ela acabou de sair. Um imprevisto."

Decido que não vou desistir. Como se o tempo se quebrasse, todo o caminho que percorri para chegar até ali é repassado em minha memória. Descobrira Clarice por acaso. Atravessara *G. H.* com dificuldade, sempre prestes a desistir, e acabara encontrando o que não procurava. Agora não seria esse porteiro quem iria me tomar o que já era meu.

Teimo: "Mas ela garantiu que estaria. O senhor não quer insistir?" O homem volta a me envolver com seu cansaço e, abaixando a voz, me diz: "Dona Clarice está, mas me pediu para dizer que não está." Parece realmente aliviado por dizer a verdade.

Peço que ele tente pelo menos uma vez. O porteiro pega o interfone, aperta um botão e depois diz: "Dona Clarice, é aquele rapaz. Ele insiste em subir." Novo contrassenso: Clarice, sem discutir com o empregado, autoriza minha subida. Penso que quis, talvez, testar minha obstinação.

Ao entrar no elevador, tenho a sensação de que a luz está fraca e imagino algum defeito nas luminárias. O elevador se move numa velocidade incomum, como se a qualquer momento pudesse, esgotado, movimentar-se para o lado e não mais para cima, repetindo um pesadelo que desde criança me assalta. Há um espelho em que me olho: minha imagem parece fluida, o que vejo não se parece com um reflexo, mas uma sombra. Pronto: eu sinto medo.

Fantasias rápidas e desproporcionais me modificam. Clarice poderia chamar a polícia. Poderia se transtornar, me insultar, e aí a imagem da escritora brilhante estaria quebrada; e depois, constrangido, eu seria obrigado a escrever um texto cheio de decepção. Talvez fosse melhor voltar e preservá-la do que estava para acontecer. Mas eu sabia que não. Clarice me levara por um caminho que eu não esperava encontrar, mas agora eu estava ali e a estrada me arrastava; era a estrada que andava e me conduzia, e eu apenas me deixava ir. Ela sabia toda a verdade.

Ainda no elevador, trato de ensaiar as palavras que devo usar para agradecer, mas quando ela abre a porta do apartamento emudeço. Encontro outra vez um grande silêncio, que agora está dentro de mim. Vejo uma mulher de turbante, malvestida, quase negligente. O batom, escandaloso, não segue bem a linha dos lábios. A pele é branca e adoentada, leitosa, como se estivesse desbotada. É uma mulher alta, ou pelo menos que me olha de cima. Fica parada esperando que eu diga qualquer coisa.

Eu digo: "Temos hora marcada." Ela responde: "Eu dei ordem ao porteiro para não deixar ninguém subirrr", e lá estava a voz do telefone, agora incorporada numa mulher, e arrastando sua cauda de erres. "Mas, já que você subiu...", ela se corrige, e há novo silêncio, completado assim: "Então entre." Não é, evidentemente, uma escolha. Ela não quer se aborrecer, não tem forças para brigar, e então me recebe. Entro.

Clarice parece habitar outra esfera, situada além do humano, e estar ali representada apenas por uma máscara. Conduz-me até uma sala abafada, com móveis de uma modernidade duvidosa e um conjunto desorganizado de telas nas paredes. Muitas delas, logo percebo, retratos da escritora assinados por pintores de prestígio. Eu me sinto em um museu e me pergunto se Clarice também é pintora. Ela aponta um sofá e diz: "Então você quer uma entrevista." Bem, essa é a desculpa.

"Sim, uma entrevista", eu respondo, certo de que ela começa a entender. Clarice me examina detidamente, tentando achar em mim, talvez, algum sinal de que pode confiar no que digo. Ao se dar por satisfeita, comenta: "Bem, você já está aqui." Mas logo em seguida me aplica um golpe delicado: "Então você é o autor daquele conto." O "autor" ali é ela, eu sou apenas um repórter — então essa observação me choca. Ainda assim, envaidecido, respondo que sim. "Sou eu mesmo."

Estou tentando tomar a observação como uma gentileza, quando ela me fulmina: "Não gostei de seu conto. Você é muito medroso para ser escritor."

Sentamos. Tento me recuperar do golpe voltando simplesmente às minhas perguntas. Tiro, então, da pasta um pequeno gravador com que pretendo registrar a entrevista e, distraído, coloco-o sobre a mesa de centro. Assim que vê o gravador, Clarice começa a gritar. "Ah, ah, ah!" Emite vagidos longos, lamentos despidos de sentido, e só posso entender, entre eles, uma palavra: "Não." Meus olhos percorrem a sala em busca da ameaça que ela deseja afastar. Não a encontro.

Clarice se levanta e, andando pela sala, querendo fugir, mas sem poder encontrar a saída, aumenta o tom de seu lamento. "Ah, ah, ah!", ela continua, e eu a olho. Insisto em procurar a origem daquele grito: se a sala está sendo invadida por algum desconhecido, se há algum foco de incêndio, algum sinal de tragédia a que ele possa corresponder. Nada vejo. Clarice continua a rodopiar num balé sem sentido, os braços estirados, em hélice, arrastada por um vento invisível, o rosto aos pedaços. "O que está havendo?", grito. Ela não pode responder.

Uma mulher, vinda não sei de onde, aparece na sala e a abraça com energia. Um abraço ambíguo, que é ao mesmo tempo um golpe de força, como esses movimentos desonestos com que os boxeadores imobilizam seus adversários. Permanecem abraçadas um longo tempo. Então, mais controlada, Clarice passa a apontar para o gravador. "Tire isso daqui!", diz ela, finalmente. "Não quero isso aqui!" Estica os braços; suas mãos se torcem, querendo pegar e, ao mesmo tempo, tentando fugir. Seus olhos, mais lindos que nunca, estão mareados de desespero.

"Tire isso imediatamente." Olho para meu pobre gravador, uma máquina desgastada e precária, e ainda não posso entendê-la. "Isso o quê?", pergunto. A mulher que a abraça, com voz de enfermeira, responde: "Minha amiga se refere ao gravador. Guarde-o, por favor." Faço um movimento em direção a ele, mas Clarice se antecipa e dá uma ordem: "Me passe isso aqui." Sem pensar, entrego-lhe o gravador. Ela o pega com as pontas dos dedos, cheia de repulsa, e fica parada alguns segundos, controlando a respiração. Depois, vira-se e desaparece no corredor escuro, seguida pela mulher.

Fico sozinho na sala, diante daquelas paredes cheias de quadros, cheias de Clarices que me vigiam, e me pergunto o que é esperado que eu faça. Que vá embora sem me despedir? Que aguarde pacientemente por sua volta? Que as siga? Ainda estou dividido entre essas soluções, todas de aparência inútil, quando Clarice retorna com as mãos vazias. "Agora podemos conversar", diz ela, em tom mais brando. E completa: "No fim da entrevista, eu lhe dou aquilo de volta." E poucas vezes ouvi palavras tão monstruosas quanto esse "aquilo".

Mais tranquila, ela consegue perceber, por fim, que também eu estou chocado. "Tranquei-o em meu armário", diz, exibindo a chave e um ar vitorioso, que me faz lembrar dos caçadores fotografados ao lado de suas vítimas. E, com a voz burocrática dos porteiros e recepcionistas, completa: "Não se preocupe. Na saída, eu devolvo." Mostra-se disposta a conversar. "E agora?", diz ela, indicando que espera minhas interrogações.

Senta-se. Inseguro, decido começar a conversa por generalidades. Perguntas clássicas, impessoais, para abrir caminho a qualquer tipo de resposta, meras gentilezas disfarçadas de interrogações.

A entrevista é tensa, cheia de suspeitas e mal-entendidos. Sem poder esquecer seus gritos, e sem conseguir pensar, eu lhe faço perguntas de iniciante. Clarice tenta demonstrar paciência, mas me responde com frases rápidas, de evidente mau humor. A conversa não avança. Sei que minha entrevista fracassou.

"Por que você escreve?", pergunto, em um de meus piores momentos. Clarice franze o rosto em desagrado. Levanta-se, ameaça ir em direção à cozinha, mas para e reage: "Vou lhe responder com outra pergunta: Por que você bebe água?" E me encara, com raiva, disposta a encerrar ali mesmo nossa conversa.

"Por que bebo água?", pergunto, para ganhar tempo. E eu mesmo respondo: "Porque tenho sede." Melhor seria ficar calado. Então, Clarice ri. Não um riso de alívio, mas de irritação contida. E me diz:

"Quer dizer que você bebe água para não morrer." Agora parece falar apenas consigo mesma: "Pois eu também: escrevo para me manter viva." E, com um olhar debochado, me passa um copo de Coca-Cola.

Nunca imaginei que pudesse fracassar assim. A entrevista, que mal começara, estava quase no fim, pois o que mais eu poderia perguntar depois disso? Mas cumpro meu papel, pois há um salário a receber. Faço as perguntas adequadas, e ela responde, sempre com certo desdém. Clarice também sabe que a entrevista terminou naquela primeira pergunta desastrosa, o resto é só arremedo. E me suporta até o fim.

Depois, quando penso que está prestes a me enxotar, ela me convida para ir até a cozinha. "Vamos comer um pedaço de bolo", anuncia. Ela tira da geladeira um bolo confeitado, coberto de merengues e frutas velhas. Parte fatias fartas, que dispõe em pratos baratos. A mesa, de fórmica, não tem pés muito firmes e balança. Ela não toca no bolo, limita-se a beber. "Ultimamente, só consigo tomar Coca-Cola", diz. E toma dois, três copos duplos, em goles longos.

Já não espero mais nada, quando Clarice diz: "Gosto de você." Vendo que aquela declaração me surpreende, ela se explica: "Você também sabe que isso tudo é uma tolice." Não tenho certeza se a palavra foi essa: tolice. Ela quis me dizer que, no fim, o que tínhamos tentado fazer juntos era insignificante. "Você gosta de viver?", me pergunta. Era uma fase bastante triste de minha vida, mas me sinto obrigado a mentir. Dando leves estocadas com o garfo, ela esfarela sua fatia de bolo.

Voltamos à sala. Clarice me faz esperar e, logo, volta com meu gravador. Carrega-o com os braços estendidos, como uma sonâmbula, pegando com as pontas dos dedos, como se ele lhe despertasse um grande nojo. Eu o guardo. "Agora sim", diz. "Não gosto de máquinas." E me leva até a porta. "Volte para me visitar", diz, "mas nunca mais traga isso."

Assim que piso a calçada da rua Gustavo Sampaio, sinto a pele repuxada, como depois de um choque violento. "Clarice é uma compulsiva, que escreve sempre o mesmo livro", me disse alguns dias depois um amigo, psicanalista respeitado, com quem comentei minha aventura. "É uma obsessiva, não uma escritora." Aquilo me choca e eu me afasto desse amigo, que nem era tão próximo assim. Clarice está mais perto de mim.

Primeiro, não posso separar a mulher de um lado — desequilibrada, hipersensível, agressiva — e a obra — genial — de outro. Deve haver algum elo que mantém as duas coisas em estado de conexão. Aquela visita ao apartamento de Clarice me mostrara que os dois lados estavam ligados. Ela escreve para buscar algo. Uma vez, definiu esse algo assim: "O que há atrás de detrás do pensamento." Usa palavras para tentar chegar além das palavras, para ultrapassá-las. Escreve para destruir as palavras. Por isso não se interessa por sua imagem de escritora.

Recordo que me disse: "Escrevo porque preciso continuar a buscar." E, o que torna tudo mais complicado, não consegue definir o objeto que busca. É, possivelmente, a antevisão desse objeto sem nome o que a "enlouquece". Clarice escreve para chegar ao silêncio, maneja palavras para chegar além delas, usa a literatura como usamos um garfo. Assusto-me com o que penso. Jamais imaginei um projeto tão radical.

Tempos depois, por acaso, nos encontramos na rua. Clarice está parada diante de uma vitrine da avenida Nossa Senhora de Copacabana e parece observar um vestido. Envergonhado, me aproximo. "Como está?", digo. Ela custa a se voltar. Primeiro, permanece imóvel, como se nada tivesse ouvido, mas logo depois, antes que eu me atreva a repetir o cumprimento, move-se lentamente, como se procurasse a origem de um susto, e diz: "Então é você." Naquele momento, horrorizado, percebo que a vitrine tem apenas manequins despidos. Mas logo meu horror, tão tolo, se converte numa conclusão: Clarice tem paixão pelo vazio.

Convido-a para um café no balcão de uma confeitaria. Diz que não vai tomar nada, que apenas me acompanhará. "Está muito quente", comenta. "Tenho dificuldades com o calor." Só então percebo que está pálida e que filetes de suor desenham estranhas figuras em sua testa. Pergunto se está se sentindo bem. Não me responde. "Voltou a escrever?", ela me pergunta. Admito que não, e tenho vontade de dizer que seus comentários, em vez de estimular, me paralisaram, mas não consigo. "Você continua com medo", diz, e não sei bem do que está falando. "Não o venceu ainda."

Já não posso recuar. "De que você acha que eu tenho medo?", pergunto. "Ora, das palavras é que não é", diz Clarice, para aumentar minha confusão. Seus olhos se detêm num velho que toma café do outro lado do balcão. Eu me limito a ficar quieto. "Por que aquele velho é velho?", ela me pergunta de repente. "Ora, porque deve ter seus 70 anos", respondo, sempre preso à mania dos fatos, que caracteriza os jornalistas.

Ela ri pela primeira vez. E me corrige: "Você ainda se preocupa com números. Assim não pode mesmo escrever." Fico esperando a resposta à pergunta que ela me fez. Acho que não me dará, até que diz: "Aquele velho é velho porque tem medo do que é." Não sei se foi exatamente isso o que disse, mas era algo assim: o velho tinha medo de ser velho e, justamente por isso, era velho. Pareceu-me um enigma.

Descemos a avenida Nossa Senhora de Copacabana. Clarice faz sinal para um táxi e se despede. Volto, intrigado, à vitrine vazia. Ali estão os manequins, com suas poses de elegância, mas sem qualquer elegância. Fios, caixas de papelão, uma vassoura, interruptores, um balde. Olhando o vazio, começo a entender que Clarice vê as coisas pelo avesso. Vê o que há atrás das coisas.

Volto a visitá-la três ou quatro vezes. São encontros difíceis, em que ela parece mais interessada em me ouvir do que em falar, e que produzem em mim uma mistura esquisita de vaidade e desespero. Na cozinha, me serve bolo e refrigerante. Faz muitas perguntas, que respondo com precaução. Faz comentários rápidos, com conclusões em suspenso e cheios de novas interrogações. Já não consigo ler Clarice sem que essa voz rascante, cheirando a bolo e Coca-Cola, interfira em minha leitura. Passarei muitos anos sem conseguir tocar em seus livros.

Tempos depois, Clarice adoece gravemente. É internada. As notícias dizem que o câncer se generalizou. Penso em visitá-la no Hospital da Lagoa, mas não sei se ela gostará de me receber. Nem sei se pode receber visitas. Ela está certa: tenho muito medo.

Clarice morre. Tomo um ônibus lotado, infestado de baratas, e atravesso o verão do Rio até o Cemitério Israelita, no Caju, para assistir a seu sepultamento. Vou agarrado a um encosto, olhando aqueles seres ovais, achatados como moedas, que se arrastam pelas paredes do ônibus, e penso em G. H., que, um dia, devorou uma barata para provar a vida. Ignorando a tradição judaica, surpreendo-me ao encontrar o caixão lacrado. Clarice não morreu, é o que isso me diz. Seu corpo não está ali, o caixão está vazio. Preparam-se para sepultar apenas uma casca. Com asco, penso que só as baratas têm casca.

Na volta, tentando evocar os momentos frágeis que passamos juntos, recordo-me de uma frase, uma frase terrível, que eu havia esquecido: "Entenda uma coisa: escrever nada tem que ver com literatura", acho que ela me disse. Mas terá mesmo dito, ou terá sido apenas o que me ficou do que não conseguiu dizer? E como seria isso? Se não era a escrita, o que seria a literatura? Que fenda era essa que Clarice, enchendo-me de coragem, abria sob meus pés?

Julho de 1991. Em um pequeno bar do Leblon, tomo um uísque com o escritor Otto Lara Resende, que me passa preciosas informações para minha biografia de Vinicius de Moraes. O poeta nos leva sempre às mulheres, e, entre tantas, chegamos a Clarice Lispector.

Quando pronuncio pela primeira vez o nome de Clarice, Otto respira fundo, como se algo o arrastasse para longe dali e devesse se concentrar muito para não se perder, e depois me diz: "Você deve tomar cuidado com Clarice. Não se trata de literatura, mas de bruxaria." E sugere que, sempre que vier a ler seus livros, eu me encha de cautela.

A declaração, pronunciada pelo cético Otto, toma uma dimensão grave. Eu a guardo como mais um enigma, um entre tantos que a aproximação com Clarice Lispector já me ofereceu e que algum dia, quem sabe, chegarei a decifrar. É verdade que, desde muito tempo, Clarice tem sua imagem associada à feitiçaria. No início dos anos 1970, como convidada de honra, chegara a participar de um Congresso Internacional de Bruxaria, realizado em Santa Fe de Bogotá.

Ciente de que o mistério não era seu, mas inerente à literatura, Clarice aceitou o convite, mas se recusara a discursar. Limitara-se a ler "O ovo e a galinha", um dos textos mais obscuros que já escrevera. Bruxas, magos, feiticeiros a ouviram em silêncio.

Otto foge da conversa sobre Clarice, que parece perturbá-lo. Eu insisto. "Vamos falar de Vinicius", ele me corrige. Mais à frente, um outro nome de mulher aparece: Claire Varin. Otto se refere a uma canadense de Montreal, professora de literatura, que é autora de dois livros sobre Clarice Lispector. Misterioso, adverte: "Não se trata de uma atração intelectual, mas de uma possessão. Claire está possuída por Clarice", diz. Passa-me o endereço de Claire, mas enfatiza que devo tomar cuidado. "São bruxas", diz, "não se deixe enganar."

Só posso tomar o comentário de Otto como um exagero. Ele sorri e, ainda misterioso, toma um gole farto do uísque. "Pode ser a bebida", cogito, para me tranquilizar. Mas depois que nos despedimos e tomo um táxi para casa, sinto que a inquietação não passou. Agora são as palavras de Otto que continuam a agir sobre mim. Talvez o bruxo fosse ele.

Curitiba, dezembro de 1995. Recebo pelo correio um exemplar de *Línguas de fogo*, coletânea de ensaios sobre Clarice Lispector recém-lançada por Claire Varin. Otto, antecipando-se, tratou de lhe enviar meu endereço. Não quis deixar que tudo se perdesse numa mesa de bar. Agiu, mais uma vez, como bruxo. Doce bruxo. Nesse meio-tempo, em uma livraria do Hotel Rio Palace, em Copacabana, consigo comprar, por acaso, um exemplar de outro livro de Claire, *Clarice Lispector: encontros brasileiros*, publicado pela editora Trois, de Quebec. As peças, sem que eu precise agir, se encaixam.

Claire é doutora em Letras. Seus livros, porém, não são obra de especialista, mas de uma apaixonada. Ainda tenho em minha agenda o telefone de Claire Varin em Montreal, que Otto me dera, e que eu jamais chegara a usar. Agora é o momento.

Claire me atende efusivamente. Conversamos por mais de uma hora com a intimidade de duas pessoas estranhas, de hemisférios opostos, que no entanto compartem o mesmo segredo. Em certo ponto, querendo me advertir a respeito de nossa paixão em comum, ela pede licença para rememorar uma frase, nada confortável, que Otto lhe dissera: "Tome cuidado com Clarice. Não se trata de literatura, mas de bruxaria." Exatamente a mesma frase.

A partir dessa sentença, e disposta a decifrar a obra de Clarice, Claire desenvolveu o que chama de "método telepático". A base é tão simples quanto desnorteante: só é possível ler Clarice Lispector tomando seu lugar — *sendo* Clarice. "Não há outro caminho", ela me garante.

Pergunto se tal método pode de fato funcionar. Claire me responde lendo um trecho de uma crônica de Clarice, incluída em *A descoberta do mundo*. Vale reproduzi-lo: "O personagem leitor é um personagem curioso, estranho. Ao mesmo tempo que inteiramente individual e com reações próprias, é tão terrivelmente ligado ao escritor que na verdade ele, o leitor, *é* o escritor." Clarice já se encarregara de avisar.

Claire Varin se bate ferozmente contra as interpretações racionais da obra de Clarice. Afirma que elas só podem conduzir ao que lhe é estranho, e logo ao fracasso. "O leitor deve se tornar um médium, através do qual Clarice se incorpora", afirma. "É o único método garantido." Eis a base do "método telepático" a que se referia antes: um procedimento em que a intuição é mais importante que o entendimento e, por isso, deve desalojá-lo e tomar seu posto.

Depois de desligar o telefone, ainda tento resistir às ideias de Claire Varin. "Parecem roubadas de um tratado de esoterismo", eu me digo. Tenho vontade de rir, mas é um riso dolorido que me vem. Luto para não aceitar uma explicação que me parece flácida e perigosa. Mas tudo me leva na direção contrária, tudo me faz acreditar em Claire.

Entro em meu quarto e deparo com um exemplar de *Água viva* jogado sobre a cama. Uma cena do passado me volta. Alguns anos antes, em uma entrevista, o roqueiro Cazuza me dissera que *Água viva* era seu livro de cabeceira. Fazia muito tempo que não conseguia dormir sem ler pelo menos alguns parágrafos. Ao fim de cada leitura completa, marcava um X na contracapa. Já tinha lido *Água viva*, ele me garantira, 111 vezes.

Quantas vezes terá lido ainda antes de morrer, dois ou três anos depois? Jamais saberei. Mas a imagem de Cazuza, belo e rebelde, com seu *Água viva* aberto, jamais me abandonou. Ela parece, agora, materializar as ideias imprecisas de Claire. Um livro não é só um livro. Um livro fechado não é nada, mas se o abrimos, e começamos a ler, passamos a ser parte dele. Livros só existem na cabeça do leitor. Melhor: no coração.

Em *Línguas de fogo*, Claire cita um trecho de uma carta que Otto enviou, certa vez, a Clarice. Ele confessa: "É engraçado como você me atinge e me enriquece ao mesmo tempo que me faz um certo mal, me faz sentir menos sólido e seguro." Otto descreve, com precisão, o estado ambíguo em que os leitores de Clarice são lançados. Aqueles que não sintonizam, apalermados, fecham o livro. Só os que entram em harmonia com a escrita de Clarice, os que conseguem oscilar como ela entre a palavra e o susto, podem seguir adiante.

Não são histórias que se leem, e a respeito das quais depois se pode pensar: "Aconteceu isso e depois aquilo." Não temos nem mesmo a certeza de estar lendo um relato. Em *Água viva*, Clarice leva sua estética do fragmento ao paroxismo, ao escândalo. Difícil dizer o que lemos — e é impressionante pensar que uma outra pessoa, Olga Borelli, sozinha com sua tesoura, "montou" o caos que Clarice anotou em guardanapos, lenços de papel, jornais, bulas de remédio. Quando Clarice não podia mais ordenar o que escrevia, Olga a escoltava. E, sem se intrometer no que lia, tratava de abrir um caminho, uma direção para aquela tempestade escoar.

Olga já relatou isto: Clarice lhe entregou uma pilha de fragmentos, que ela pacientemente dividiu em dezenas de envelopes, e depois foi encaixando, como as peças de um quebra-cabeça. Sem consciência de que escrevia um livro, Clarice escreveu um livro. Aos leitores é exigida, agora, a mesma liberdade. Liberdade para avançar às cegas e só muito mais tarde descobrir.

Quando se trata de Clarice, os críticos repetem sempre uma palavra: epifania. Termo tomado das religiões, que se refere à aparição ou manifestação do divino. Clarice, porém, não fala em deus, mas no "*it*" — isto é, a coisa. Os críticos logo se apressaram a confrontá-la com a fenomenologia. Passaram a dizer que Clarice Lispector escrevera "romances filosóficos". Pode ser uma saída, mas não sei aonde leva. Certamente, a muito longe de Clarice.

Há uma mulher em Paris, Hélène Cixous, que não vacila em afirmar: "Clarice é uma autora filosófica. Ela pensa, e nós não temos o hábito de pensar." Confronto o comentário de Hélène com o de Claire e fico pensando quantas Clarices cabem numa só mulher. Porque cada um a lê de uma forma particular, cada um *é* Clarice de uma maneira. Clarice, então, me obriga a encontrar a minha.

Porto Alegre, agosto de 1995: enquanto passeamos pela rua da Praia, o escritor Caio Fernando Abreu rememora alguns de seus encontros com Clarice Lispector, de quem foi grande amigo. Certo dia, Caio foi a uma noite de autógrafos de Clarice. Ela fez com que ele se sentasse a seu lado, e, enquanto autografava os livros, repetia baixinho: "Você é o meu Quixote, você é o meu Quixote." Caio, sempre muito magro, usava na época um grande cavanhaque.

Outra vez, caminhando juntos na mesma rua da Praia, os dois pararam para tomar um café. Clarice, com a agenda cheia de compromissos literários, já estava em Porto Alegre havia quase uma semana. Mexendo seu café, com ar casual, ela se voltou para Caio e perguntou: "Em que cidade estamos mesmo?"

Caio se acostumou logo com a intimidade que Clarice tinha com a imprecisão. Com as pulsações que cercam os fatos, e não os fatos. Com os miasmas, e não com as razões. Leu-a, ininterruptamente, durante anos a fio. Um dia, sentiu-se obrigado a parar. "Se eu não parasse, não conseguiria mais escrever", afirma. Também o cerrado Caio se sentiu, em dado momento, invadido por Clarice. Não pela mulher elegante e discreta que tanto admirava, mas por sua literatura.

A tese que Claire Varin roubou de Clarice parecia, assim, se confirmar: quando um leitor se apaixona por um escritor, o leitor se torna o escritor. A figura magra e sonhadora de Caio fez Clarice pensar no Quixote, de Cervantes. Mas Caio, durante muito tempo, tinha medo de se olhar no espelho e ver Clarice Lispector, o que só serve para atestar o perigo guardado nas imagens.

"Não sei se o que Clarice fez é só literatura", ele me diz. Não contém o riso ao dizer "literatura". A palavra parece não se adequar, parece não dizer tudo. "Alguma coisa fica de fora", me diz. Antes que eu lhe pergunte, completa: "E não sei o que é."

Teve que se afastar. Chega um momento irremediável em que não há escolha: ou o leitor se afasta do escritor e volta a ser ele mesmo, ou estará perdido. Caio soube perceber o momento e se afastar a tempo. Passou a escrever "contra" Clarice — em luta com a escritora que o invadia. Talvez Clarice estivesse certa: ler é, provavelmente, a maneira mais intensa de escrever.

Paris, setembro de 1996. Chego, como repórter do jornal *O Estado de S. Paulo*, ao apartamento da escritora Hélène Cixous, que é apontada como a mais importante especialista europeia na obra de Clarice Lispector. Tão longe do Brasil, minha esperança é encontrar alguém que a decifre.

A entrevista exigiu uma negociação difícil, pois Hélène é uma mulher secreta e desconfiada. Para chegar até ela, precisei passar primeiro pelo escritório da líder feminista Antoinette Fouque, que é também a proprietária das Éditions des Femmes, a editora francesa de Clarice.

Antoinette começou a editar Clarice Lispector em francês em 1978, com *G. H.*, seu livro mais conhecido pelos leitores parisienses. Oito anos antes, a Gallimard tinha lançado a edição francesa de *A maçã no escuro*. "Em 1975, Clarice veio a Paris, visitou as Éditions des Femmes, mas eu estava em viagem", ela se lamenta. Soube que seus assessores se impressionaram muito com a escritora brasileira. Um laço misterioso, porém, que pode ser tomado mais como um impedimento, persistiu. Entre 1975 e o ano da morte de Clarice, Antoinette Fouque esteve pelo menos três vezes no Brasil. Tentou sempre se encontrar com ela, mas, por motivos diversos, jamais conseguiu.

Antoinette não gosta que chamem Clarice de bruxa. "Sinto-a em contato mais intenso com as forças do bem, com as divindades, que com a feitiçaria", avalia. Para ela, Clarice é genial porque consegue manejar os extremos do humano: o esplendor e a miséria, a grandeza e a perdição, sem deixar nada de fora. "Parece que ela não sentia medo", me diz. Logo a mim.

Chego, por fim, ao apartamento de Hélène Cixous. Ela, de fato, se mostra cheia de suspeitas. Tem a seu lado uma assessora anônima, que lhe passa documentos, pontua os comentários com informações objetivas e, discretamente, me vigia. Discípula de Jacques Lacan, confidente de Michel Foucault e amiga íntima de Jacques Derrida, Hélène é uma típica intelectual parisiense.

Ela também não conheceu Clarice pessoalmente. Mas, mesmo sem saber o que esperava, desde muito cedo aguardou esse encontro. "Eu me sentia realizada como escritora, mas achava sempre que me faltava uma outra", diz. Derrida era seu outro masculino. Faltava-lhe o feminino. "Imaginava, no entanto, que jamais iria encontrá-lo", diz.

Lendo a obra da escritora austríaca Ingeborg Bachman (1926-1973), chegou a ter a sensação de que a estava encontrando. Mas ainda não se sentia satisfeita. Até que, um dia, conheceu em Paris a cearense Violeta Arraes, irmã do governador Miguel Arraes. Num comentário casual, Violeta lhe disse que a maior escritora brasileira acabara de morrer, no Rio de Janeiro. Chamava-se Clarice Lispector.

Hélène não se interessa pelo feminismo. Interessa-se por filosofia e é como filósofa, diz, que lê Clarice Lispector. Lendo-a, descobriu que a diferença sexual não existe apenas na anatomia, mas também na escrita. Lamenta que as escritoras, quando escrevem, não consigam fixar essa fronteira entre os dois sexos. "Só a encontrei em Clarice", me diz.

Hélène passou a fazer seminários em todo o mundo sobre a obra de Clarice Lispector. No Japão, estimulados por ela, cerca de 2 mil estudantes se esforçam para aprender o português só para ler Clarice. "Não são mais que 2 mil, também, os franceses que a leem com dedicação", lamenta. Entende que a obra de Clarice se dissemina em silêncio, pelas sombras, restrita a pequenos grupos, a círculos quase secretos, mas dedicados.

Mesmo sem jamais ter visitado o Brasil, Hélène já conheceu muitos brasileiros apaixonados pela obra de Clarice. Da cantora Maria Bethânia, ganhou, certa vez, um retrato da escritora, que ela mesma lhe dera. Ele ocupa, hoje, um lugar de honra em seu apartamento.

Hélène propõe, então, uma tese sobre o poder de sedução da escrita de Clarice. "A rigor, cada escritor escreve em sua língua particular", diz. "Eu, por exemplo, escrevo em Cixous. Clarice escreve em Lispector." Ela destaca, primeiro, as particularidades do português falado no Brasil, que estudou a fundo. "Só em brasileiro se pode escrever uma frase assim: 'É.' Nenhuma outra língua tem esse poder de síntese." Clarice, nascida na Ucrânia, pôde fazer uma escuta distanciada do português. E levou essa síntese à beira do abismo.

"Alguns chegam a dizer que Clarice fez feitiçaria, e não literatura", eu me arrisco a lembrar. Hélène, primeiro, se recusa a pensar na hipótese que lhe ofereço. "O Brasil é um país muito arcaico", diz, e eu me sinto um pouco ofendido, mas procuro me controlar. "Mas se a feitiçaria é uma metáfora, posso aceitá-la", reflete depois. E conclui: "Não é feitiçaria, é conhecimento da língua."

É que falamos dia e noite, sem cessar, afirma Hélène — mas sempre em estado de inconsciência. Não temos noção da língua, de usar uma língua, nem do que se guarda nas palavras. Clarice, ao contrário, tinha a respeito da língua uma espécie de hiperconsciência. Sentia-a todo o tempo, e sabia que em cada palavra toda a língua era posta em jogo.

Saio do apartamento de Hélène carregando uma declaração que me parece quase insuportável: ela afirma, sem vacilar, que Clarice é a maior escritora do Ocidente no século XX e que sua obra só é comparável à de Kafka.

Kafka, o sem-pátria, pode ser uma referência. Nascida na Ucrânia, Clarice veio para o Brasil ainda pequena. Casou-se com um diplomata, pai de seus dois filhos. Terminou de escrever seu segundo livro, *O lustre*, em Nápoles. O terceiro, *A cidade sitiada*, foi escrito em Berna. Muitos contos de *Laços de família* foram escritos em Londres. *A maçã no escuro* foi escrito em Washington, entre 1953 e 1954. Clarice foi uma escritora sempre deslocada de seu centro, ou melhor, sem centro.

Uma escritora desterrada. Clarice, Hélène me convence, habitava a língua — habitava o Lispector. O Brasil, para onde sua família emigrou vinda do mar Negro, foi só um acidente em sua biografia. Quando tinha 9 anos de idade, perdeu a mãe, e com isso a voz estrangeira, ucraniana, que a habitava. Dizia, mais tarde, que seus longos "rrrr" eram só um efeito da língua presa. Talvez não fosse apenas isso. Mas sua dificuldade com a língua era evidente — e sua grandeza como escritora é, em grande parte, um resultado dessa dificuldade. Só uma pessoa que não se adapta à língua, que a revira, que dela desconfia, pode escrever uma obra como a de Clarice Lispector.

Curitiba, dezembro de 1997. Tomo um ônibus e me sento por acaso ao lado de uma moça magra, de mãos compridas, nariz quebrado e testa pálida, que está imersa na leitura de *G. H.* Espreito suas reações, pequenos movimentos, muito sutis, mas que lhe conferem uma dignidade especial. As páginas abertas trazem anotações, garranchos, setas em vermelho. A lombada está torta, e a capa, amassada. O ritmo de leitura é curioso: a moça dá saltos de uma página à seguinte, e de volta à anterior, até avançar mais um pouco e logo voltar mais uma vez. Parece imobilizada pelo que lê. Eu a olho: jovem, os cabelos presos num laço azul, olhos amendoados, sardas salpicadas pelo rosto e uma expressão solene, que poderia ser tomada como afetação, mas que não passa de um susto. Clarice diria que aquela moça *é* o que lê. Ela *é* Clarice.

João Antônio

A arte de ser João

Tomado sempre pela compulsão de falar, um falar sem pausas que não lhe permitia algumas vezes nem mesmo ouvir o que dizia, a palavra foi, a rigor, uma sedução constante, mas também um tormento para João Antônio. Essa relação aflita com a língua se evidenciou, antes mesmo que eu viesse a ler seus livros, já no primeiro momento em que o vi.

Meados dos anos 1970. Um homem entrou rastejando na redação do *Diário de Notícias*, no Centro, Rio de Janeiro. Arrastava uma perna, envolta em ataduras e bandagens escandalosas, e praguejava. Alguns repórteres, quase todos muito jovens, logo o cercaram. "Um ônibus quase passou por cima de mim", vociferou o homem. "Por muito pouco não morri", e sua voz ressoou pela sala, misturando-se à crepitação das máquinas de escrever, à fumaça espessa dos cigarros, nos despertando um pouco.

Fiquei a distância, ouvindo aquele homem baixinho, de cabelos encaracolados, os braços cobertos de pelos, a pele morena, a voz ardente, que agora se sentava e estendia a perna sobre uma cadeira, em posição dramática. "O chefe já chegou?", perguntou, tentando conter o falatório que arrastava atrás de si. Responderam, sem muita certeza, que ainda não. Ele passou a reclamar do despreparo de nossos motoristas e de seu desespero pelos baixos salários que os convertiam em assassinos, e também da perna que lhe pesava, mas disse que o pior era o braço direito, sobre o qual caíra, e que lhe doía muito, mal podia mexer com os dedos. "Não posso fazer movimento algum", explicou, enquanto tentava alongar o cotovelo sobre a mesa, movimento pontuado por caretas e interjeições. "O médico me disse que serão pelo menos quarenta dias paralisado", prosseguiu, aumentando o volume da voz, mas em vez de desamparo havia naquele comunicado uma ponta de sarcasmo.

Havia pelo menos um ano, eu trabalhava como repórter do *Diário de Notícias*, um jornal decadente que vivia apenas do nome e da tradição. Sempre via aquele homem barulhento a circular pela redação, e sabia que ele era considerado um dos melhores repórteres do jornal, um profissional de elite, mas na verdade nunca lhe dera muita importância. Agora, ao vê-lo cheio de ligaduras e curativos, e com uma plateia tão entusiástica, achei que devia considerá-lo melhor. Sempre de longe, simulando estar concentrado na redação de uma reportagem, acompanhei a entrada em cena do chefe, um homem que, com movimentos estudados e falsa pompa, nos causava horror. O grande teatro da imprensa, com seus personagens exagerados, enredos previsíveis e ritos sumários, se me intimidava, me parecia também fascinante. Ainda mais quando o papel principal era desempenhado por um talento como João Antônio, de quem se podia até dizer que era extravagante e aborrecido, mas a quem não se podia negar o reconhecimento de um estilo muito particular.

O chefe se instalou na mesa principal, que ficava bem diante da minha, um emaranhado de papéis, fios de telefone, canetas e bilhetes, um copo com resto de café frio ameaçando cair no chão. Era um sujeito de bigodes, sempre nervoso, uma gravata torta afrouxada no pescoço, um paletó surrado no encosto da cadeira e aquela pilha de laudas e telegramas sobre a mesa, os telefones a tocar e gente a perguntar, perguntar, até não poder mais. E logo o homem baixinho se aproximou, o rosto coberto de caretas, a mão machucada erguida como um troféu, a perna doente arrastada atrás como um cachorro que já se alimentou e só quer dormir.

"Então você sofreu um atentado?", o chefe não se conteve, evocando com ironia os tempos duros em que vivíamos. Eram anos de luta surda, de uma guerra sem nome que sacudia o Brasil, e brincadeiras não caíam muito bem, mas o chefe era mesmo arrogante e, além disso, era o chefe. João Antônio pareceu não gostar muito da zombaria, ou então odiava o chefe, e só agora eu descobria isso. "Antes fosse só uma brincadeira", respondeu ele, enfatizando o tom de irritação. "Não estou para piadas, hoje estou me torcendo de dor." Tirou um lenço amarfanhado do bolso, enxugou a testa coberta de suor e, com uma lentidão maldita, que era apenas uma forma de enervar o chefe, começou a descrever em detalhes o confuso acidente de que fora vítima. Havia um ônibus, um motorista alcoolizado, um sinal defeituoso, um asfalto cheio de buracos e muitos curiosos, que quase o asfixiaram antes que a ambulância chegasse para levá-lo para o hospital.

"Sim, sim", o chefe o interrompia, querendo chegar logo ao desfecho da história. "Mas, e depois?", insistiu. João Antônio tinha, porém, esse dom fabuloso de espichar as histórias, distendê-las até o absurdo e então rechear os rombos que nelas abria, verdadeiras feridas, com pequenos relatos curiosos, digressões acaloradas e indignação. A essa altura, enquanto fingia ouvir, o chefe já estava lendo uma reportagem datilografada e cheia de emendas a caneta que um repórter colocara sobre a mesa. "Estou ouvindo, estou ouvindo", dizia. Mal-humorado, João Antônio fazia algumas pausas de decepção, ou fingia que esperava. "É que estamos a meia hora do fechamento", lembrou o chefe, dando os primeiros sinais de desespero. "Será que você não percebe?" Mas João não se abalou. E aproveitou o momento em que a atenção do chefe estava mais diluída, em que ele dizia "sim, sim" apenas como um tique nervoso, ou um vício, para comunicar o pior: "E o médico me disse que serão quarenta dias em casa, com o braço e a perna imobilizados, em repouso absoluto." Aproveitando o silêncio constrangido que se seguiu, ele ainda conseguiu dizer: "Talvez sessenta." E pude ver, mesmo sem ver, as gargalhadas que se esforçava para esconder, e que guardaria para si até o final daquele ato, nem que para isso tivesse que sufocar.

Agora, o pobre chefe, pois eu já sentia pena dele, ainda que não o odiasse, o pobre chefe ergueu os olhos. Examinou João Antônio de alto a baixo, com o rigor severo de um anatomista, e depois perguntou: "E onde está a licença médica?" Senti que algo de ruim estava para acontecer, pois João deixou a boca cair, bem aberta, e soltou os lábios como se não lhe pertencessem; depois disso, passou a mastigar o vazio, a revolver a língua contra o céu da boca, a franzir as bochechas, até que, enrubescido, gritou: "Eu estou aqui morrendo de dor, faço o sacrifício de vir para lhe dar uma satisfação e você vem me perguntar por um papel?" E, como não ouvisse nenhuma resposta, repetiu, agora aos berros: "Um papel?"

O chefe tinha a fama de subversivo, ou pelo menos era ligado a um grupo de valentes jornalistas que atuavam na resistência aos horrores da ditadura militar. Por essa época, as redações dos grandes jornais brasileiros estavam tomadas por militantes clássicos, que galgavam os cargos de chefia e os postos de poder inspirados pelos preceitos da teoria política da "infiltração". Não era preciso afrontar a ditadura, eles argumentavam, bastava roê-la por dentro, como um rato vermelho e astucioso. Era melhor, mais sadia e mais eficaz a luta silenciosa, branda, ambígua até, eles argumentavam, que a fúria dos jovens guerrilheiros que praticavam assaltos e sequestros, sem chegar a lugar algum que não fossem a tortura e a morte. Eles pensavam assim e, pensando assim, tinham as melhores posições, tinham prestígio profissional e acumulavam poder, e apesar disso talvez tivessem mesmo razão. Tinham um poder silencioso, uma força secreta que João Antônio, com seu espírito anárquico, não se cansava de ridicularizar. "Lá vem o senhor de engenho", costumava dizer assim que via o chefe despontar no fundo da redação. "Onde estará o chicote?"

E para nós, naqueles tempos radicalizados, era realmente estranho, quase obsceno, que um suposto subversivo viesse, diante de uma vítima, perguntar por um documento oficial. O pobre chefe ficou olhando a boca aberta de João, já que ela continuava aberta mesmo depois do desabafo, e certamente se perguntando como poderia dar uma ordem sem parecer autoritário, ou até reacionário. Nem percebeu que João Antônio já estava de pé e beijava as repórteres com desenvoltura, preparando-se para sair. E saiu, sem nem mesmo se despedir, arrastando a perna com alvoroço. Vi quando o chefe largou pelo meio a matéria que lia, ergueu-se arrastando a cadeira e foi na direção do banheiro masculino. Trancou-se — e eu o imaginei chorando, ou em alguma cerimônia íntima de autoflagelação, pois sem concordar com o pedido de João, e só porque ficara em silêncio temeroso, acabara concordando com ele. Faltava-lhe o estofo dramático, o domínio de cena, a desenvoltura que seu repórter tinha de sobra. Faltava-lhe malandragem — modalidade na qual João Antônio, escolado entre os *merdunchos*, como gostava de chamar os *outsiders* daqueles tempos desprovidos de elegância, era uma espécie de doutor. Esse era o grande defeito daqueles subversivos, pensei: não tinham elasticidade espiritual, e, em consequência, suas almas pareciam engessadas. Voltei a me concentrar em minha matéria, que deixara pelo meio na velha Remington cujas teclas enferrujadas eu precisava socar para escrever, e me esqueci do caso.

    Dois ou três dias depois, um sábado tórrido, decidi dar uma caminhada ao longo da praia de Copacabana. Ia perdido naqueles pensamentos frouxos que germinam quando estamos sozinhos e andamos sem destino fixo, quando uma mão peluda me segurou pelo ombro. "Não diga a ninguém que me viu", a mão me advertiu antes mesmo que eu pudesse me virar. "Finja que sou um fantasma." Voltei-me e vi João Antônio, que, vestindo bermudas pretas de corte antigo e calçando um par de surradas havaianas, dava sua caminhada ao longo do mar. A mão peluda, a direita, era a mesma que, dias antes, estava engessada. Logo olhei para baixo e constatei que as duas pernas estavam também em perfeito estado. Nada de bandagens, ataduras, gesso, nenhum sinal do acidente que quase lhe amputara um pé. As pernas estavam, ao contrário, queimadas de sol, e João Antônio, com uma toalha de mão enrolada sob o braço, parecia muito feliz.

"É isso mesmo", disse ele, assim que percebeu meus olhos fixados em seus joelhos. "Eu fingi." O impressionante não era que tivesse mentido para conseguir uns dias de folga, expediente bem mais usual do que os chefes, mesmo os mais desconfiados, podem cogitar. Mas, sim, o sofisticado teatro que ele armara para obter o que desejava. João Antônio, o homem de coração quente, não parecia combinar com tanta premeditação. Mas dessa vez ele me obrigava a admitir que as pessoas são muito mais dissimuladas do que costumamos crer. "Tenho uma antiga namorada que é enfermeira", tratou de explicar, "e ela me engessou." Depois, ele mesmo quebrara o gesso, desferindo golpes no próprio braço com um martelo de cozinha. Ainda usara o martelo, logo depois, para bater uns bifes. Chegara a machucar um dedo, o indicador, que agora levava um curativo de verdade, mas já quase não sentia dor. Quanto à perna, o falso curativo era apenas um amontoado de bandagens, que ele jogara em uma lixeira a dois quarteirões do jornal, ainda na rua do Riachuelo, entrando logo depois em um bar, para tomar um chope e comemorar. Ainda tomara mais uns tragos algumas quadras abaixo, só para não desperdiçar a sensação de vitória. Ele vencera, isso não se podia discutir.

Começamos a caminhar. Em poucos minutos, entendi que João Antônio era um homem para quem as palavras, mesmo as dele próprio, eram sempre movediças, valendo mais pela serventia que pelo significado, devendo ser vistas, primeiro, como instrumentos de luta. Na boca de João, a palavra transbordava para estrangular seus interlocutores, que, como eu ali, eram sempre obrigados a se debater naquele emaranhado de frases, sentenças que se costuravam sabe-se lá através de que mistérios, frases enroscadas em outras frases, um novelo de palavras. João desandou a falar, emendando histórias irrelevantes a comentários furiosos, casos antigos a vaticínios pessimistas a respeito do futuro brasileiro, e, à medida que caminhávamos, parecia mais e mais entusiasmado. Tentei interrompê-lo por várias vezes; não consegui. Não pude nem mesmo responder às perguntas que ele me fazia; antes mesmo que eu pudesse falar, ele já me oferecia as respostas. Só me restou caminhar a seu lado e me deixar entranhar por aquele lodaçal de palavras, que me seduzia, mas também me dava nos nervos. Em alguns momentos, quase asfixiado, achei que nunca mais iria me aproximar daquele homem. Mas isso era só uma intenção que não levava em conta o seu contrário, a excitação mental que a companhia de João Antônio sempre despertou em mim.

À altura do Leme, paramos um pouco para tomar um mate. Fiquei olhando aquele homem atarracado, as bermudas amarrotadas, a camisa semiaberta sem nenhuma elegância, as sandálias tortas com as solas gastas, já sem cor, e me fixei em particular no seu rosto redondo, a barba por fazer, os olhos ainda embaçados pela noite, as costeletas imperfeitas, o desleixo como expressão de um modo torcido de ver o mundo. Tentei me abstrair. Quem o visse ali, agachado diante daquele vendedor ambulante, a mão metida no bolso a catar o dinheiro para pagar o mate, pensaria num operário, num lojista, num motorista em dia de feriado, num bancário deprimido — tudo isso que João Antônio foi um pouco. Não veria o escritor; mas isso será coisa que se vê? João gostava das calças quadriculadas, penteava os cabelos em ondas de carapinhas, cultivava um tipo de vaidade desleixada e viril. Ali estava um homem dono de si. E eu, que apenas me exercitava na arte em que ele era um mestre, a reportagem, querendo reter aquele turbilhão de palavras. Repeti: "João, preciso ir." Não precisava ir, era só minha ansiedade que me levava a dizer. Eu temia ser sugado. João Antônio estava sempre tão indignado, sentia tanta aversão pela realidade, tanta raiva, e sabia expressar essas visões entristecidas com tanta clareza, que a vida, com ele, parecia vacilar. Nada daria certo; os intelectuais eram seres preguiçosos, impróprios para a verdade; os políticos simplesmente não podiam ser levados a sério; a ordem das coisas parecia prestes a se desvanecer, pois a vida, tal como nós a víamos, era só simulação e mentira. Nessa visão de mundo havia, sim, muita mágoa, mas era dela que João Antônio tirava seu apego à vida, e isso eu, que apenas me afogava, não podia ainda entender.

João Antônio simulou o desastre para ter, em seu lugar, a felicidade. Sempre compreendera as fronteiras extremas que ligam as coisas díspares; nunca se recusara a aceitar a imaginação como parte ativa do real. Um homem assim, jogado em um mundo pragmático e cartesiano, só poderia desejar sumir. Esse desejo, como uma premonição, se materializaria muitos anos depois.

A biografia de João Antônio ajuda a entender um pouco a urgência com que viveu, falou e escreveu. Ele nasceu em São Paulo, em 1937. Boa parte de sua habilidade para viver foi herdada do pai, o funcionário de frigorífico e jardineiro João Antônio Ferreira, português de Trás-os-Montes, que sabia recitar os nomes das orquídeas em latim e depois se tornou dono de um armazém e até sócio de uma pedreira que viria a falir. "Meu pai sempre soube driblar para viver", ele me disse. O pai conviveu com músicos do porte de Garoto e era ele próprio um bom tocador de bandolim. Tiveram uma relação difícil.

O escritor começou a vida trabalhando como *office boy*. Nas horas vagas, frequentava a zona de meretrício e jogava sinuca, conhecendo ali, sem saber disso, alguns de seus melhores personagens. Trabalhou no mesmo frigorífico em que o pai trabalhara, depois foi bancário e redator de publicidade. Estudou Jornalismo e logo começou a escrever e a publicar seus contos em jornais e revistas. No fim dos anos 1950, um incêndio destruiu a casa da família, na Lapa paulista, e levou consigo os originais de *Malagueta, perus e bacanaço*, que João Antônio acabara de escrever e que só seria publicado em 1963. Ele foi obrigado a reescrever todo o livro, o que fez com paciência e um pouco de sorte. Graças a Mário da Silva Brito, conseguiu uma autorização para usar a cabine 27 da Biblioteca Mário de Andrade, que transformou em seu escritório particular.

Mudou-se para o Rio de Janeiro em 1964. Trabalhou no *Jornal do Brasil*, na primeira equipe da revista *Realidade*, na revista *Manchete*. Quatro anos depois, internado por três meses para tratamento no Sanatório da Muda, começou a elaborar sem saber o livro *Casa de loucos*, que dá forma a seu amor por Lima Barreto, de quem se considerava herdeiro literário. Depois, recuperado, trabalhou em *O Globo*, na editora Rio Gráfica e no *Diário de Notícias*, onde o conheci. Tornou-se cronista de *O Pasquim*. Em seu apartamento, ressuscitou o célebre *Livro de Cabeceira do Homem*, editado por Ênio Silveira na prestigiosa Civilização Brasileira. Passei a frequentá-lo nessa época. João fazia o trabalho de edição em meio a pilhas italianas de jornais velhos, construções temerárias de que parecia incapaz de se livrar. A mulher, Teresa, uma figura de lábios grossos recém-chegada de um romance de Lima Barreto, silenciosa, nos servia cafezinhos. João trabalhava sem método, ou melhor, com um método muito peculiar: a cada página que lia, correspondia uma longa divagação, que avançava pela noite. João não precisava de muito estímulo para se encher de fúria.

As ideias de João Antônio sobre a literatura estão no texto "Corpo a corpo com a vida", capítulo da coletânea de reportagens e artigos de *Malhação do Judas carioca*, seu terceiro livro, de 1975. Ele desejava uma literatura que aderisse à vida e que, por mais bem-sucedida que fosse, não excluísse o reconhecimento de que é sempre menos importante que ela. Não se interessava, na verdade, pela busca do texto perfeito, chegando, ao contrário, a desconfiar daqueles que dele se aproximaram, já que não lhe pareciam adequados para competir com a realidade, que, a seu ver, era sempre dada a desvios, dejetos e imundícies. Daí seu apego aos *merdunchos*; aliás, gostava de se considerar um deles, o que não era de todo um disparate, se considerarmos a infância difícil e o gosto, que vinha da juventude, de frequentar salas de sinuca, prostíbulos, bares abjetos, lugares nos quais, na verdade, se sentia muito bem. Gostava dos marginais, dos malandros, dos infelizes, não por algum tipo sórdido de piedade, mas porque se julgava um deles, e de fato era. Via nos *merdunchos* dotes especiais: não estavam anestesiados para a vida, nem se preocupavam com formalidades (João gostava de dizer "salamaleques", palavra antiga que significa "afetação"), e também não tinham o hábito de vender a própria alma. Podiam estar mal — mas eram o que eram. João cultivava em si mesmo, com nobreza, essa ascendência *merduncha*. Traçou a linha de seus ancestrais: Carne Frita, Boca Murcha, Estilingue, Malagueta, Bacanaço, nomes de sujeitos sem cidadania, que sobreviviam na noite graças a expedientes inconfessáveis e à arte da malandragem. A arte de ser João.

João Antônio desprezava os "embelecos" (outra palavra antiga, hoje preferimos dizer "imposturas") e chegou a propor uma literatura escrita "de bandido para bandido"; julgava que o escritor devia tomar o ponto de vista dos marginalizados (hoje diríamos excluídos) e incluía nessa categoria, com uma dose pesada de romantismo, os bicheiros, traficantes, jogadores e outros tipos de malfeitores. Jamais escondeu seu gosto pelo realismo, se bem que esse era um realismo de boxeador e não de retratista, pois ele achava que a literatura só interessa quando tenta enfrentar a realidade, desafiá-la, atiçá-la a se mostrar tal qual é. Queria "uma literatura de murro e porrada", e por isso seus livros, coletâneas de textos curtos e raivosos, estão repletos de referências ao presente e referências explícitas e quase desnecessárias — o INPS, por exemplo, que hoje nem existe mais com esse nome, mas que, nomeando, ele tentava reter. João dizia faltar ao país a figura do "romancista-marginal", papel que tentava exercer com seus escritos, sempre breves e incisivos, cheios de contradição como ele mesmo, que era doce apesar de alvoroçado e carinhoso apesar de cheio de raiva.

João tinha um *alter ego* para uso íntimo, como o Truman Capote que escreveu *A sangue-frio*, e repetia tanto essa referência que parecia mais querer se livrar dela, esvaziá-la de qualquer sentido, do que perpetuá-la. De qualquer forma, ela denota esse gosto pela escrita fronteiriça, que fica a meio caminho entre a invenção e a realidade, à borda dos gêneros instituídos, e que era sempre um pouco suja, apressada, exibindo um desleixo proposital que ele jamais permitiu que se petrificasse em um estilo. Escreveu sobre guardadores de automóveis, tocadores de cavaquinho, jogadores de futebol, loucos, pingentes, andarilhos como ele, que estava sempre a caminhar por Copacabana metido em calções antigos, com a cintura alta, à espera de um encontro imprevisto que lhe fornecesse um interlocutor. "Está certo que não me leiam", ele me disse um dia. "Mas queria ao menos que ouvissem minhas histórias, para que elas pudessem existir." Desde então, por mais atrasado ou exausto que estivesse, jamais deixei um relato de João Antônio pelo meio.

Ele viveu num mundo de dicotomias, repartido entre o bem, em geral do lado dos marginais, esquecidos e excluídos, e o mal, que estava sempre com os ricaços, poderosos e bem-sucedidos, e embora não visse o mundo de modo simplista, pois aceitava e até se entusiasmava com as contradições que todos carregamos, jamais admitiria a possibilidade de um mundo unificado e igual como o de hoje — e talvez por isso tenha morrido tão cedo. João concentrava todos os fantasmas de sua época na "grande imprensa", em eterno contraste com a "imprensa nanica", expressão que cunhou nas páginas de O Pasquim e que logo se tornou bastante popular, passando a designar, de modo mais carinhoso, o que se chamava, em geral, de "imprensa alternativa". E, se falava sem parar, derramando seu verbo como sangue, é porque se sentia sufocado, asfixiado mesmo por um mundo que se organizava cada vez mais no sentido contrário de seus sonhos e que o deixava para trás, tão para trás que teve de morrer; então, agarrava-se teimosamente aos valores e às expressões fora de moda (gostava de falar do "maximalismo", por exemplo, em vez do "bolchevismo") e se enfurecia com os "formalistas" cheios de pudores e de recatos, preferindo os escritores "mais sérios, mais atraídos, mais sensíveis, fecundos, rasgados, num corpo a corpo com a vida". Pois a vida foi a sua paixão.

Voltamos a nos encontrar outras vezes, por acaso, na praia de Copacabana. Mas tenho de admitir que, sempre que o avistava de longe, mudava de rumo e, prudente, o evitava. Encontrar com João era um risco. Ele me arrastava para onde queria, prolongava a conversa até o ponto que lhe era mais adequado e emendava as histórias umas nas outras, em abismo, como uma Sherazade barbada. João tinha verdadeiro horror a se despedir. Sempre que eu dizia: "Bem, tenho que ir", ele remendava: "Eu te acompanho." Eu pensava que isso era o sinal de uma grande solidão — e era. Mas havia outra coisa: uma entrega sem limites aos prazeres da palavra, que o conduzia ao êxtase, mas também agia como um nevoeiro que o protegia da rudeza do mundo, pois a maldade em geral é muda. A esse respeito, João me disse um dia: "Assassinos não falam. Não precisam falar." E tinha toda a razão.

Pudemos nos aproximar realmente quando João Antônio foi convocado pelo editor Ênio Silveira para editar o *Livro de Cabeceira do Homem*, uma revista em forma de livro que marcou época na história das publicações de esquerda. A editora Civilização Brasileira, dirigida por Ênio da Silveira e com seu catálogo de autores marxistas e engajados, vivia sob a mira da polícia. Para ter mais liberdade, a redação do *Livro de Cabeceira* foi levada para a sala de jantar de João Antônio, no último andar de um velho edifício em frente à praça Serzedelo Correia, no centro de Copacabana. Sempre que eu chegava, Teresa, sua mulher, nos servia um café com gosto de pó, ao estilo árabe. Enquanto distribuía as xícaras, e mantendo o silêncio, ela nos observava com uma sabedoria sutil que, só muito tempo depois, eu consegui compreender. Eu era um rapaz ingênuo e perdido. A figura elétrica de João me hipnotizava. Eu não conseguia ver mais nada. Mas Teresa, a sábia, via. Aos poucos, entendi que, sem ela, meu amigo naufragaria.

João estava sempre atolado em pilhas de jornais velhos, blocos cheios de anotações, originais que não encaixavam em seus envelopes, reportagens recortadas a golpes de gilete, xícaras de café frio pela metade e muitos livros. Ali, entregues ao caos da escrita, que para ele se fazia assim, sempre na fronteira da notícia, a um passo do mundo real, pois João tinha uma imaginação que não descartava a luz do dia, tivemos conversas que atravessaram a noite. João Antônio foi a primeira pessoa que me falou, um dia, a respeito do "romance-reportagem", gênero híbrido que outros exercitaram depois dele sem a mesma competência, e que ele próprio, apesar do entusiasmo, pouco chegou a praticar. Para os outros, tornava-se um gênero fácil, quase só uma reportagem ampliada; já nas mãos de João Antônio, o "romance-reportagem" se transformava em um gênero difícil, no qual a realidade se contorcia, entrava em atrito com a escrita, e não se permitia reduzir a uma simples fotografia.

Para João Antônio, a realidade não era uma paisagem plácida que devia ser reproduzida ponto a ponto, com elegância e cautela; era, ao contrário, uma atmosfera na qual todos estamos metidos, da qual só podemos enxergar alguns pedaços e que, para servir a um escritor, não deve ser tratada como musa, mas sim como inimiga. A realidade o interessava como terreno de luta, na qual ele estava sempre incluído, não como um espetáculo a contemplar. E durante as batalhas, todos ficamos um pouco cegos. Uma vez, quando eu me preparava para passar uns dias na Baixada Fluminense para escrever meu primeiro artigo para o *Livro de Cabeceira*, João me aconselhou: eu devia me entregar à experiência, que era absolutamente nova, e não exigir muito de mim. "Quanto mais você exigir, mais cego ficará", ele me disse. Ele tinha razão: só quando desistimos de compreender é que, afinal, temos a chance de compreender. Parecia um clichê oriental, mas era pura sabedoria suburbana.

Tarde da noite, durante um plantão de rotina, o telefone da redação tocou. "Estou sendo perseguida", disse a voz vacilante, azeda, de uma velha, pois só uma velha mastigaria as palavras com tanto nojo. "A companhia de luz está me sabotando", prosseguiu ela, furiosa. A denúncia, precária, seria esquecida por qualquer repórter lúcido, mas João e eu estávamos fartos da monotonia das notícias e ansiávamos por um susto. Aprendi com ele que os grandes acontecimentos se passam nas gretas do cotidiano, ali onde quase ninguém percebe. E lá fomos nós, rumo àquela voz, numa velha caminhonete de reportagem guiada por um motorista zonzo, narigudo e guloso que chamávamos de Marcha Lenta.

O endereço indicava uma casa de subúrbio. O portão de ferro, com apliques em forma de borboletas, estava trancado a cadeado. Alguns gatos, com os ossos de fora, miavam em torno de um chafariz em que um anjo, com as asas quebradas, gargarejava um líquido ferruginoso, flutuando sobre um monte de lixo. A casa guardava restos, quase invisíveis, de dignidade. O presente a insultava. Era uma paisagem de destroços e ruínas, que indicava um mundo à beira da falência; logo pude perceber que João começou a gostar.

Dona Odete, esse era o seu nome, nos recebeu metida em um quimono florido, com cabelos esticados em goma arábica, a pele derramada em cascatas sobre os ossos moles. "Vou ser assassinada", ela anunciou, mas João foi rápido: "Se quiser, pode nos revistar. Não usamos armas." As palavras de João Antônio transportaram dona Odete para um policial de segunda categoria, e ela se agachou para nos apalpar as pernas de alto a baixo, com discrição, mas com firmeza, e depois, usando palavras que roubara de algum filme antigo e que guardava como um tesouro, declarou: "Agora podem entrar."

O salão estava decorado com um velho carrilhão de madeira que trazia a hora errada, um busto em gesso de Augusto Comte, os poemas de Bilac em capas manchadas de vermelho, fotografias desmaiadas de homens fardados. "Eles lutaram na Guerra do Paraguai", disse dona Odete, com pose de guia de viagens. O aposento era iluminado por dois imensos lampiões a querosene dispostos sobre um piano roído por cupins. O chão, em tábuas corridas e rangentes, ameaçava ceder. A vida estava por um fio, e dona Odete, com pose de velha bailarina, se equilibrava sobre ela.

"Minha senhora", disse João, tomando o pulso da situação. A velha, ainda de pé, franziu os olhos para escutar melhor. "Não podemos escrever uma reportagem se não houver provas." Mas dona Odete, rápida, interrompeu-o: "E há." Tirou de uma gaveta, então, um calhamaço de antigas contas de luz, algumas datadas de duas décadas antes, e colocou-o diante de nós. "O senhor veja, até alguns anos atrás me enviavam as contas. Depois pararam." E, roendo as sílabas, concluiu: "Fazem isso só para me cortar a luz, pois como posso pagar, se não tenho os recibos?" Olhei para João, e ele, distraído, examinava o retrato desbotado de um militar que decorava uma mesinha de canto. Tudo parecia razoável, e mesmo comum, mas pairava sobre cada palavra de dona Odete uma ponta de loucura. Tive vontade de ir embora.

E já me preparava para me despedir quando João ergueu a voz. "E por que a senhora conclui que desejam matá-la?" A velha nos olhou com ar debochado, jogou-se numa poltrona e respondeu: "Ora, assassinos preferem sempre o escuro." Uma sineta tocou e uma menina apareceu no portão carregando um embrulho. Era a filha da vizinha, que vinha trazer uma tigela de sopa para a velha. "Não saio de casa há quinze anos", disse ela. E devia ser verdade. Arrastando os pés, foi abrir a porta. A menina, com o peito de fora, deixou a sopa sobre uma mesa, coberta apenas por uma folha de jornal. Dona Odete fez um movimento para beijá-la, mas ela lhe deu as costas. Nem a olhou. Ouvimos a porta bater. Baratas circulavam em torno da tigela.

"E por que desejariam matá-la?", insistiu João, enquanto eu, aprendiz do feiticeiro que escreveu *Malagueta*, apenas embotava suas palavras com meu olhar tolo. O rosto de dona Odete ficou rubro, e ela precisou tomar alguns goles da água nojenta de uma moringa de barro. Depois, sentou-se em uma poltrona cujas molas expostas pareciam as antenas de um monstro de veludo e ordenou: "Olhem já para a parede." Como soldados de chumbo, demos meia-volta. "Para quê?", não me controlei. "Conservem os olhos na parede, só isso", disse ela. Nós lhe obedecemos. Então, ouvimos a voz áspera da velha recitar as palavras fatais: "Querem me matar porque eu faço sexo com a luz."

Eu ia rir, mas olhei para João Antônio e o vi concentrado, os olhos espremidos, como se buscasse contato com alguma instância invisível. Contive-me. O silêncio que se seguiu me pareceu penoso e indecente, como se a velha, bem à nossa frente, estivesse iniciando uma sessão erótica com a luz que escorria dos lampiões. Para meu alívio, ela interrompeu esses devaneios: "Agora, podem se virar", disse, e estava de novo acomodada em sua poltrona, com a blusa bem abotoada até o pescoço. Ainda pigarreou e depois apontou para um sofá. Só agora eu podia entender que aquele amontoado de molas e retalhos era um sofá.

E já me afastava para chamar a ambulância de algum manicômio, quando João, sempre capaz de lidar com as situações mais extremas, pediu que eu me sentasse. Então, como se Carlos Gardel cantasse ao fundo, olhou a velha com doçura e disse: "Saiba que a senhora ainda é muito bonita." Dona Odete se ergueu, foi até um espelho nublado que havia na parede, ajeitou os espinhos de cabelo, a camisola roída e, voltando-se para João, declarou: "O senhor também é muito simpático." Um sorriso triste, mas vibrante, estava agora fixado sobre seu rosto de velha. Com a ponta da língua, ela alisou os lábios, que havia muitos anos não ganhavam uma só camada de batom. Deu mais um gole na água suja, e eles ficaram borrados de lama.

Depois, ergueu-se, foi até a cozinha e voltou com duas xícaras de um chá marrom que me pareceu uma mistura de lodo com sangue e que só tomei porque João me fuzilava com o olhar. A velha também não tirava os olhos de meu amigo e, por fim, suspirou: "Sabe, nunca ninguém me fez uma declaração de amor." Enquanto João conservava a pose de trovador, dona Odete foi até uma gaveta e tirou um instrumento antigo que, só depois, pude identificar como um astrolábio. "Tome, ele é seu", disse, entregando-o a João Antônio. Enquanto ele o acariciava, ela disse ainda: "É a nossa aliança com os céus. Assim, ninguém mais pode nos separar."

João agradeceu e, com a voz constrangida, anunciou que devíamos ir. A velha, serena, nos levou até o portão. Aproximou-se, então, de meu amigo e lhe disse: "Não se preocupe, eu não vou traí-lo." João a beijou no rosto, enquanto ela fechava os olhos e apertava um retalho de pano nas mãos. Depois, agradeceu: "Já não preciso mais da luz dentro de mim. Já tenho o teu beijo, que vai me esquentar." Perguntei-lhe se ainda estava preocupada em ser morta, mas ela respondeu rispidamente: "O perigo acabou", e me deu as costas. Arrancou uma flor seca do jardim e a fincou na camisa de João. "Posso fazer um pedido de despedida?"

Afastei-me, pois julguei que naquele momento João e a velha precisavam de alguma intimidade. Fui direto para o carro, onde nosso Marcha Lenta dormia com a boca aberta e os pés esticados sobre a janela. Até que João Antônio apareceu e tomamos nosso caminho de volta. Íamos pela avenida Brasil em silêncio, embalados pelas buzinas dos caminhões, até que eu não resisti: "Posso perguntar que pedido ela te fez?" João parecia sério e tive medo da resposta, que até hoje não pude decifrar: "Dona Odete pediu que eu jamais durma com as luzes acesas." Foi com as luzes acesas, no entanto, que João Antônio dormiu para sempre.

Terça-feira, 29 de outubro de 1997: o editor José Mário Pereira me telefona, confuso, para dizer que João Antônio "desapareceu". Uma breve nota, estampada na coluna de Zózimo Barroso do Amaral daquele mesmo dia, dá o alarme. No romântico apartamento do escritor, em Copacabana, o telefone chama e ninguém atende. Amigos vasculham hospitais, prontos-socorros, delegacias, necrotérios. Nenhuma pista.

O desaparecimento de João Antônio me choca, mas preciso confessar que há algo nele que já me parece, desde muito, anunciado. Algo que combina com o temperamento antigo, os modos renitentes, a verve obstinada do escritor. Talvez porque João Antônio fosse, com seu caráter doce de suburbano e sua têmpera desprovida de reservas, um personagem de um Brasil ingênuo e caloroso que desapareceu — e, desaparecendo, ele estaria apenas retornando a um tempo que é apenas seu.

Eu posso vê-lo, sem esforço, metido em suas bermudas amarrotadas, sandálias de borracha, vestindo uma moda que pertence a homens para quem a virilidade é sobretudo um modo de evitar a beleza. Posso ver João Antônio, feio e doce, diante de seu chope espumante, pura anestesia líquida, a me provocar com suas frases fortes. Eu sempre admirei nele, em especial, dois atributos normalmente tidos como imprestáveis e até corruptores: a impaciência para com a modernidade e um apego fanático, mas inocente, a uma filosofia de vida vagabunda, errante, que os bandidos de hoje, com suas escopetas e metralhadoras, simplesmente aniquilaram.

Fico me perguntando onde João Antônio se escondeu e só consigo pensar no passado, e não na morte. Lembro-me de que houve um momento em que a vida nos afastou. Nas raras vezes em que nos vimos depois, senti nele uma certa melancolia paterna, pois eu, o rapaz tímido, crescera provavelmente em direções que ele não pudera prever, ou que até reprovava, mas João sempre foi incapaz de me aborrecer com qualquer reparo. E por quê? Simplesmente por delicadeza. João, com seu corpo gorducho, cabelos fixados com vaselina, camisas de tergal, jamais permitiu que o tempo o domasse. Sempre foi um homem arredio, para quem as horas eram uma simples formalidade, como regras de protocolo, ou cartões de fim de ano.

Agora, quando me dizem que ele "sumiu", eu penso: "Mas é claro." Faz todo sentido que João Antônio, um escritor que sempre viveu desprezando o tempo, decida simplesmente desaparecer. Entendo esse sumiço estratégico como um retorno a um Brasil mais simples, mais direto e mais honrado, que resistia em suas bermudas e sandálias tortas. É razoável, eu penso, que João deseje o *status* de desaparecido. Que, como numa partida de baralho, nos iluda e brinque de morto. Que drible as vaidades de época e imponha, em seu lugar, a placidez do absoluto.

Dias depois, João Antônio é encontrado morto em seu apartamento. Morrera no início de outubro, deitado em seu quarto de solitário, enfiado em uma camiseta velha, um *jogging* surrado, pés descalços sorvendo, como antenas, a força do mundo. Até na hora final, João evitara as rotinas da morte, e assim é provável que tenha levado consigo a sensação de que morreu sem morrer. Enquanto o procuravam em bares, enfermarias, esquinas, ele estava bem ali, estirado em sua cama, abraçado à morte como alguém que desejasse segurar a eternidade. Até para morrer, João Antônio desprezou a escolta do mundo moderno. Morreu fora do tempo e passou a agitar-se, como uma sombra, em nossa memória.

Pode-se dizer de João Antônio o que ele mesmo escreveu a respeito de Nelson Cavaquinho, o compositor morto: que caminhou eternamente na linha divisória entre o sublime e o ridículo. João não teve medo da realidade, nem de seus defeitos, e se tornou ele mesmo uma espécie de anjo decaído. Dirão, talvez, que ajudo a construir o mito, em detrimento do homem. Mas foi ele mesmo quem me ensinou que, em matéria de coisas humanas, não devemos temer nem os exageros, nem as imperfeições, pois eles são por fim o que sobra do homem.

Caio Fernando Abreu

O poeta duplo

Caio Fernando Abreu passou boa parte de seus 47 anos de vida enamorado da morte. Preferiu sempre as atmosferas sombrias e se deixou guiar por uma estética *dark* que começava nas roupas negras, nas olheiras emprestadas de El Greco, no porte arqueado, e que se ampliava em suas ideias depressivas a respeito do mundo a seu redor. Só descobriu que amava a vida e a claridade, que a parte mais fecunda da existência estava em coisas simples e imperceptíveis, depois que um exame, emitido em 1994, lhe anunciou que era portador do vírus HIV, que por fim o matou, em fevereiro de 1996. O anúncio da morte, contido naquele resultado "positivo", primeiro o lançou na depressão; superado o golpe, porém, o adjetivo, apesar da carga simbólica negativa que carrega, pois atesta a presença de um vírus letal, tornou-se afirmativo — isto é, positivo — e mudou a vida de Caio.

Dirão que esses efeitos psicológicos são inevitáveis sempre que a morte se anuncia, que a consciência da finitude impõe um realismo compulsivo e leva a existência a ser percebida com outra intensidade, até porque não há alternativas. Isso é verdade, mas é só meia verdade. Poderão argumentar também que, nesse reencontro de Caio com os aspectos positivos da vida, não houve iluminação alguma, mas apenas o reagir mecânico de um homem diante da doença. Acontece que, em Caio Fernando Abreu, essa mutação tomou formas extremas, que caracterizam uma verdadeira metamorfose (a transformação de um ser em outro), e ele mesmo se surpreendeu com o efeito benigno que, depois da inevitável tristeza, a enfermidade foi capaz de produzir.

O relato dessa mutação foi traçado pelo próprio Caio, sem ceder a nenhum tipo de pudor ou de autocomiseração, nas crônicas semanais que ele publicava, aos domingos, em *O Estado de S. Paulo*. Em uma série de três *Cartas para além do muro*, a primeira publicada em 21 de agosto e as seguintes em 4 e 18 de setembro de 1994, o escritor fez questão de comunicar a seus leitores, sem evasivas, a descoberta do vírus e a partir dali colocou sua doença em exibição, não por narcisismo tardio, ou, ao contrário, por morbidez e perversão, ou até por maldade, mas porque desejava que eles pudessem acompanhar as mudanças imprevistas, e positivas, que a notícia da morte fora capaz de provocar. Caio começa vacilante ("Alguma coisa aconteceu comigo. Alguma coisa tão estranha que ainda não aprendi o jeito de falar claramente sobre ela"), mas aos poucos se enche de coragem e por fim anuncia: "Procurei um médico e, à revelia dele, fiz O Teste. Aquele. Depois de uma semana de espera agoniada, o resultado: HIV positivo." Numa quarta *Carta*, publicada na véspera de Natal do mesmo ano, já tomado por estranhas esperanças, ele diz: "Amanhã à meia-noite volto a nascer. Você também. Que seja suave, perfumado, nosso parto entre ervas na manjedoura."

Mas as mudanças interiores já se esboçavam desde muito antes. No dia 22 de abril de 1987, na crônica "Anotações insensatas", Caio dizia a respeito do homem que deixara de ser: "Era desses caras de barba por fazer que sempre escolherão o risco, o perigo, a insensatez, a insegurança, o precário, a maldição, a noite — a Fome maiúscula." Ele deixou espalhadas em suas crônicas, gênero em que a imaginação se mescla sem qualquer vergonha ou precaução à experiência pessoal, para uso dos interessados, pistas de todos os tipos a respeito dessa transformação, e, diagnosticada a doença, passou a registrar, passo a passo, seu processo de decadência física, que foi, ao mesmo tempo, uma longa entrada na introspecção.

É verdade que desde o início dos anos 1990, mesmo sem o diagnóstico fatal, mas certamente afetado por algum tipo de intuição a respeito da doença, talvez já dispersa em pequenos sinais só perceptíveis na intimidade, Caio tornara essa revisão ainda mais radical. A casca do inseto negro e negativista já começava a rachar — a aids foi só a mão pesada que, num último gesto, arrancou-a, deixando à mostra o miolo delicado. No prefácio que escreveu para a reedição de *Limite branco*, romance ingênuo e adjetivoso que escrevera aos 18 anos, publicara em 1970 e relançara em 1992, Caio, depois de justificar a reedição, ainda que revista, de um escrito tão precoce, e que mantém portanto todas as fraquezas próprias das coisas prematuras, cita os versos de Drummond: "Chegou um tempo em que a vida é uma ordem. / A vida apenas, sem mistificação." Antes, ele começa a reconhecer, havia uma crosta negra que encobria sua existência e que, se fazia dele um tipo melancólico de sedutor e já parecia até aderida à pele, tornando-se até mesmo a marca do escritor *underground*, também o deprimia e impedia de viver.

Esse apego extremo às coisas vivas, ou positivas, pois a partir do diagnóstico ele fez sempre questão de repetir o adjetivo "positivo", torcendo seu sentido e invertendo a carga de condenação nele contida, moveu-o também a republicar, em 1995, o *Inventário do irremediável*, do mesmo ano de 1970, esse sim com largas modificações, substituições, cortes e acréscimos, e rebatizado, sintomaticamente, de *Inventário do ir-remediável*. É o próprio Caio quem, na reedição de 1995, explica a mudança no título: "...e até o título mudou, passando da fatalidade daquele irremediável (algo melancólico e sem saída) para ir-remediável (um trajeto que pode ser consertado?)." Ainda para justificar a reedição de um livro tão irregular, ele diz: "Acho que deve-se insistir na permanência de tudo aquilo que desafia Cronos, o Deus-Tempo cruel, devorador dos próprios filhos." A mudança no título resume o novo estado de ânimo do escritor, que a partir da doença descobriu que, por mais adversa que seja a existência, há sempre e ainda o que remediar e o que desejar. Caio reformou partes do livro, também, com a intenção de expurgar o que considerava ser apenas efeito de uma excessiva influência de Clarice Lispector, no que estava coberto de razão, e o que, apesar de seus esforços, e por mais que lutasse contra isso, jamais superou. E esse aparente fracasso foi, apenas, a persistência de uma presença benigna.

Quando escreveu a primeira versão do *Inventário*, o escritor trabalhava na redação da revista *Veja*, em São Paulo, para onde se mudara em 1968; perseguido por agentes do DOPS, pois estávamos em plena fase férrea do regime militar, com 20 anos incompletos, ele se refugiou no sítio da escritora e amiga Hilda Hilst, na periferia de Campinas, onde viveu durante quase um ano. Carregou consigo uma mala com cerca de cinquenta contos dispersos, que, organizados e escolhidos, resultaram no novo livro. A partir daí, em retribuição, Caio passou a trabalhar como secretário informal de Hilda, e, à noite, os dois liam juntos estudos de astrologia, misticismo e esoterismo, e depois, inspirados pelo tom nebuloso daquelas leituras, postavam-se à mesa de jantar para fazer o velho jogo espírita do copo que anda. Liam também Tolstoi, Thomas Mann, Rilke, e, em algumas noites mais agitadas, diante de uma figueira tida como mágica que se ergue bem à entrada do sítio, Caio, atiçado por Hilda, mas não inteiramente convencido, chegava a acreditar que recebia o espírito de Federico García Lorca.

Além de Lorca, a imagem de outro escritor, homossexual como ele, circulou nesses tempos pela vida de Caio: Lúcio Cardoso, falecido em 1968, autor de *A casa assassinada* e de uma frase célebre, que ele gostava de repetir: "A tragédia é o estado natural do homem." Ao deixar o sítio de Hilda, Caio Fernando se mudou para o Rio, onde se hospedou com Maria Helena Cardoso, que lhe cedeu, logo a ele que era tão impressionável, o quarto do irmão morto. Assim que se recolheu às trevas desse quarto, sua primeira decisão íntima foi proibir a si mesmo de voltar a ler Clarice Lispector, e com isso acreditava ter se "desclaricezado", passando a se dedicar a partir daí à leitura de autores fortes como Kafka, Proust e Erico Verissimo. Mas as sombras de

Lúcio Cardoso e García Lorca, a despeito desse esforço de dispersão, continuaram a imperar.

Desde jovem, Caio sempre foi muito preocupado com a ideia da morte, inquietação que se exacerbou depois da leitura, que a moda tornava obrigatória, dos existencialistas franceses. "Naquela época, o existencialismo e o suicídio eram chiques, a moda era ser sombrio", ele disse. "E eu fui incapaz de resistir." Caio incorporou esse tom lastimoso e o transformou não só em um estilo literário, mas também numa regra de vida. Depois da temporada com Maria Helena Cardoso, ele se transferiu para o bairro de Santa Teresa, na época um reduto de *hippies*, desbundados e afins; entregou-se ao *rock'n'roll*, à maconha, ao sexo, à flauta doce, às leituras mágicas, e deixou crescer os cabelos até os ombros. Um dia, preso por porte de maconha, só conseguiu ser solto com a intervenção direta de Adolfo Bloch, seu patrão na revista *Manchete*; em liberdade, foi imediatamente demitido por Bloch, recebendo como indenização uma passagem só de ida para Porto Alegre, pois o empresário queria ter certeza de que não o veria mais.

De volta ao Rio Grande, ainda tentou trabalhar no jornal *Zero Hora*, mas logo entendeu que não se adaptaria mais às redações; além de estranhar seus cabelos longos e roupas exóticas, os companheiros de jornal não suportavam, em particular, o incenso indiano que Caio acendia diariamente a um canto de sua mesa de trabalho e que se espalhava pela redação com sua fumaça doce. Em 1973, querendo deixar tudo para trás, ele decidiu por fim viajar para a Europa. Ficou primeiro algumas semanas na Espanha, depois se transferiu para Estocolmo, onde sobreviveu, entre exilados moçambicanos, portugueses e russos, como lavador de pratos em um restaurante executivo. Mudou-se em seguida para Amsterdã, onde exerceu ofícios tão díspares quanto os de modelo fotográfico e faxineiro, e um dia, sem dinheiro no bolso, resolveu pegar carona para assistir a um show dos Rolling Stones em Viena, mas perdeu-se no caminho e, sem conseguir se comunicar ou mesmo entender em que país se encontrava, e sem assistir ao show, tomou o caminho de volta para a Holanda. Quando finalmente chegou a Londres, seu destino original, decidiu se dedicar novamente à literatura e escreveu *Ovelhas negras*, uma espécie de livro de memórias inglesas, que só seria lançado em 1995, recordações dos tempos em que viveu em um pequeno quarto londrino, sem eletricidade, o que o obrigava a passar os dias enrolado em cobertores e lendo à luz das velas que roubava dos altares de uma igreja gótica da vizinhança. Naquele momento, Caio se viu em uma encruzilhada que, influenciado pelas utopias do desbunde, assim definiu: "Ou vou para a Índia, ou me torno escritor"; e, como todos sabem, e foi muito melhor, preferiu a segunda opção.

Quando retornou mais uma vez a Porto Alegre, em fins de 1974, parecia não caber mais na rotina do Brasil dos militares: tinha os cabelos pintados de vermelho, usava brincos imensos nas duas orelhas e se vestia com batas de veludo cobertas de pequenos espelhos, e ainda assim andava calmamente pela rua da Praia, centro nervoso de Porto Alegre, imaginando que ninguém se espantaria, como se estivesse numa praça de Londres. Colaborou na imprensa alternativa, fez teatro, tentou sobreviver, mas, diagnosticando em si mesmo outra encruzilhada, dessa vez entre a loucura a que parecia destinado e o instinto de sobrevivência, decidiu se tratar com um psicanalista freudiano da linha ortodoxa, pagando as sessões com o salário que passou a receber como crítico teatral da *Folha da Manhã*, e, depois de um ano de divã, julgou-se reintegrado à vida brasileira. Mesmo com três contos excluídos pela censura do governo Médici, conseguiu publicar *O ovo apunhalado* pela prestigiada Globo, mas *Pedras de Calcutá* só encontrou abrigo na Alfa-Ômega, uma editora pequena e maldita. Tudo parecia perfeito até que, um dia, seu psicanalista morreu em um desastre de automóvel, e Caio, transtornado com o acidente, decidiu fugir para São Paulo.

A escrita gótica sempre o atraiu. Ao lançar *Pedras de Calcutá* em 1977, ele disse: "*Pedras de Calcutá* é, na sua quase totalidade, um livro de horror." O livro abre com uma epígrafe bastante significativa de Luiz Carlos Maciel, que define a agonia que naquela época o atormentava:

"Tudo é divisão. Esquizofrenia. Drama." Ainda seguindo a trilha deixada pelas epígrafes, encontramos outra bastante eloquente, tomada de empréstimo do escritor português Miguel Torga, que está bem à entrada de Estranhos e estrangeiros, livro póstumo de 1996: "Pareço uma dessas árvores que se transplantam, que têm má saúde no país novo, mas que morrem se voltam à terra natal." Contrariando em parte a sentença de Torga, porém, ainda que a morte de fato viesse a se impor, Caio só encontra um sentido mais delicado para a vida quando, já de posse do diagnóstico, volta a viver com os pais em Porto Alegre. Põe-se a cuidar de roseiras, a reescrever livros antigos e a meditar sobre as doçuras da existência que, agora, ele se preparava para abandonar. Em uma crônica publicada no Estado em 11 de dezembro de 1994, "Breves memórias de um jardineiro cruel", ele chega a dizer que anda pensando em substituir o crédito "escritor e jornalista" por "escritor e jardineiro". A paixão tardia pelas plantas lhe serve de tema para muitas outras crônicas, em contraponto com a doença, que é o tema de duas crônicas magníficas, "Breve introdução ao estudo do ciclo seco" e "O ciclo seco ataca outra vez"; na segunda, sem qualquer esforço para poupar o leitor, ele diz coisas assim: "O ciclo seco voltou. Desta vez nem tão seco assim, já que acompanhado por febres, suores abundantes, terror generalizado e, se não generalizado, tão particularizado que num segundo parágrafo não restariam leitores." Ao contrário do que temia, suas crônicas, mesmo quando encharcadas de tristeza, continuaram a atrair legiões de leitores.

Em São Paulo, no ano de 1978, Caio integrou a equipe da revista Pop, em cuja redação começou a escrever Morangos mofados, e começou também a publicar resenhas na Veja. Inquieto, logo se cansou do que fazia e pediu transferência para a redação de Nova, revista destinada ao público feminino, mas em 1981 decidiu outra vez abandonar o jornalismo para se dedicar exclusivamente a escrever. Ainda viveria mais uma recaída na imprensa, naquele mesmo ano, ao aceitar um convite para se tornar o editor de Leia Livros, cargo que logo em seguida abandonou, mudando-se para o Hotel Santa Teresa, um albergue decadente que servia de refúgio para artistas como Ana Cristina Cesar, Raul Seixas e Rita Lee. E lá, entre móveis antigos e paredes descascadas, escreveu *Triângulo das águas*, que sairia em 1983 e que ele sempre considerou seu livro mais incompreendido, uma narrativa esotérica, construída sobre uma estrutura astrológica e arquétipos dos signos das águas, muito maltratada pela crítica. Caio sempre reclamava que um crítico da *Veja*, resenhando o que não lera, chegara a dizer que o *Triângulo* era um "romance", quando na verdade ele o considerava uma reunião de três novelas independentes, ainda que enlaçadas por uma lógica esotérica: a primeira, "Dodecaedro", ligada metaforicamente ao signo de Peixes; a segunda, "O marinheiro", a Escorpião; e a terceira, "Pela noite", a Câncer. Não era uma novidade que seus livros fossem incompreendidos; pode-se pensar, até, que Caio os escrevia, um pouco, para isso mesmo, até porque fazia questão de repetir, e assim perpetuar, esses enganos. Vivia comprometido a desempenhar o papel de anjo perseguido, como se isso pudesse trazer, enfim, a prova de uma vocação. Descendia de uma linhagem de escritores que precisavam sofrer para criar. Foi ele próprio quem, muitos anos depois, descreveu as coisas assim.

Depois do fracasso de *Triângulo das águas*, Caio decidiu retornar mais uma vez ao jornalismo e se empregou, em 1986, na equipe do Caderno 2, de *O Estado de S. Paulo*, onde trabalhou como copidesque, e, mais tarde, a partir de 1993 e até morrer, atuou como cronista dominical. Nos fins de tarde, ia para o Café Ritz, na alameda Franca, um ponto de encontro de gays e simpatizantes, e se acomodava numa das mesas dos fundos, onde, aproveitando o pequeno movimento da tarde, se punha a escrever até que, quando a noite caía e o bar começava a encher, pudesse só se divertir. No meio daquele bar vazio, com as cadeiras ainda viradas sobre as mesas, ele escreveu *Os dragões não conhecem o paraíso*, que é provavelmente seu melhor livro; uma semana depois do lançamento, em 1988, sem pensar duas vezes, pediu demissão do *Estado*.

Tampouco pensou duas vezes para decidir que voltaria a viver na Europa, mas a decisão não perdurou, e, pouco tempo depois, estava de volta a São Paulo, onde, trancado em casa, alimentando-se apenas de pizzas que encomendava por telefone, escreveu o romance *Onde andará Dulce Veiga?*, que o atormentava havia treze anos e que tem como protagonista um personagem tomado de *A estrela sobe*, de Marques Rebelo, um de seus escritores favoritos. Publicado em 1990, quatro anos antes de ele receber o diagnóstico de soropositivo, *Onde andará Dulce Veiga?* é um livro premonitório, no qual o narrador é, provavelmente, positivo, e Dulce Veiga também, configurando uma história de amor entre dois possíveis contaminados. Caio considerava esse livro um "romance B", urdido em escrita extremamente realista, que conduz no entanto a uma solução mítica, experiências alucinógenas com o Santo Daime e um desfecho sofrível, que provocou muita incompreensão.

A ideia de contaminação, aliás, já aparece nos livros de Caio Fernando Abreu, metaforicamente, desde o início dos anos 1980. Caio sempre fez questão de lembrar que a aids já aparecia em romances como *A peste*, de Albert Camus, publicado em 1947. Quase meio século antes, dizia ele, havia uma tendência latente, um sintoma que teimava em se repetir e que apontava para a doença, como se o vírus fosse não a causa, mas o efeito de um impulso para o contágio que o século, desde o início, anunciou e que diz algo muito duro a respeito do homem contemporâneo. Visto assim, o vírus teria vindo só ocupar um lugar vazio que lhe estava predestinado, um impulso para a morte que, depois de permanecer disperso e invisível por muitos anos, finalmente encontrou uma doença em que se fixar.

Depois de mais uma temporada na Europa, em que voltou a sobreviver como lavador de pratos, garçom e faxineiro, Caio chegou mais uma vez ao Brasil, a essa altura já em plena Era Collor e em um momento no qual amigos, e amigos de amigos, morriam de aids por todos os lados. Ele sobreviveu com trabalhos avulsos, até voltar ainda uma vez para a França, em meados de 1994, dessa vez para Saint-Nazaire, atendendo a um convite da Casa dos Escritores Estrangeiros, na qual, instalado no mesmo quarto ocupado anos antes pelo cubano Reinaldo Arenas, que em processo adiantado de aids se suicidou em 1990, escreveu a novela *Bien loin de Marienbad*, publicada logo depois na França, em edição bilíngue, pela editora Arcane 17. A mesma editora publicara também as *Meditações de Saint-Nazaire*, livro que resultou da temporada de Arenas na casa. O quarto que ambos ocuparam ficava no 12º andar, e o escritor cubano, temendo que o desespero o levasse a se atirar pela janela, só permanecera nele hospedado por uma semana, tempo suficiente, no entanto, para que pudesse escrever seu livro. De lá, Arenas viajara para Nova York, onde, encontrando-se com o fantasma de que fugia, se atirara da janela de um arranha-céu.

Caio embarcou para Saint-Nazaire com problemas na pele e não muito convencido do diagnóstico médico, que apontava uma prosaica dermatite de verão. Durante os dois meses que passou na Casa dos Escritores, teve febres constantes e chegou a perder peso. Apesar disso, conseguiu escrever sua breve novela, que relata a história de um viajante sem nome (o próprio Caio?), autodenominado Leopoldo dos Mares, que viaja seguindo pistas deixadas por outro personagem sem nome (Arenas?), que se assina apenas K. Em uma de suas fugas, K. deixa como pista, em um apartamento vazio, recortes de textos literários de origens diversas, entre eles fragmentos de uma narrativa de Reinaldo Arenas — deslocado assim para a margem da história que protagonizava. O encontro com Arenas, que na verdade foi um encontro com a sua ausência, é mais um sinal de mau agouro, que Caio insistia em desprezar. No fim da temporada francesa, ainda viajou para a Noruega a fim de visitar alguns amigos, mas seu estado de saúde se agravou, e, a contragosto, pois já parecia saber o que ainda não sabia, foi obrigado a retornar ao Brasil.

Por conta própria, e acreditando sem acreditar (como fazem as crianças e os teimosos) que estava contaminado, resolveu se submeter ao teste de aids. Depois de descobrir que era soropositivo, e de passar algumas semanas em forte depressão, Caio, quando tinha todo o direito de permanecer pessimista e infeliz, encheu-se de vida. Primeiro, desprezou qualquer consolo da piedade, atitude que se expressou no falar livremente a respeito da doença e transformá-la no que, afinal, toda doença é: uma parte da vida, já que mortos não adoecem. O ânimo *dark* que compunha o pano de fundo de sua obra, e também dos aspectos mais aparentes de sua vida, foi imediatamente deixado para trás. Vencidos o susto e a decepção, Caio passou a dizer que a condição de soropositivo o tornara também um "escritor positivo", e desde então, manejando o adjetivo fatídico a seu favor, ainda sujeito de sua vida e não objeto de um diagnóstico, não se cansou mais de afirmar sua nova condição existencial. Para os doentes de aids, mas não só para eles, o adjetivo "positivo" passou a ter, desde então, essa dupla significação. Tornou-se uma palavra enigmática, dessas que guardam em si uma afirmação seguida de uma negação, e que podem ser desdobradas, para o avesso e para o direito, repetidas vezes, tudo dependendo só do desejo de quem as manipula. Na verdade, toda palavra é enigmática, toda palavra contém seu avesso — somos nós que as petrificamos.

Mesmo com o diagnóstico nas mãos, Caio considerava exagerado o alarde que se costuma fazer em torno da aids e discordava da posição de escritores como o francês Hervé Guibert, homossexual e soropositivo como ele, que lidava com a doença de modo "muito mórbido, muito obsessivo", quando existem, lembrava ele, coisas bem mais graves a pedir nossa atenção. O trajeto desse Caio "positivo" se torna cheio de surpresas, ao menos para aqueles que acreditam que todo homem reage do mesmo modo e todo diagnóstico produz as mesmas consequências. Depois da primeira internação hospitalar, em julho de 1994, Caio começou a escrever uma peça, *O homem e a mancha*, livremente inspirada no *Dom Quixote*, de Cervantes, publicada postumamente em 1997, em seu *Teatro completo*. É a história de um autor que procura um personagem eminente, Dom Quixote, e encontra outro: um funcionário público que acaba de se aposentar. Esse aposentado, repetindo uma experiência vivida pelo próprio Caio, decide trancar-se em seu apartamento, isolar-se do mundo e viver só de refeições pedidas pelo telefone. Desse homem, emerge um outro, obcecado por uma mancha que tem no corpo. E desse segundo homem, por fim, ressurge um terceiro, o Dom Quixote de La Mancha, de Miguel de Cervantes, compondo assim uma condição existencial triangular — e a ideia do triângulo, que vinha de narrativas anteriores, se perpetua. Esse homem que surge de dentro de outro, claro, é também Caio Fernando Abreu — e o quixotismo pode ser tomado como a tradução literária mais fácil, mas também mais inevitável, da sua luta contra a doença. Alguns amigos de Caio sempre o chamaram de Quixote, apelido que lhe foi conferido por Clarice Lispector. A brincadeira agora se confirmava.

A aids ainda aparece em outra peça de Caio muito pouco conhecida, *Zona contaminada*, montada em meados dos anos 1990 na discoteca Kitchenette, a antiga Crepúsculo de Cubatão, em Copacabana, no Rio. O espetáculo, com Scarlet Moon, Ana Maria Magalhães e Fausto Fawcett no elenco, foi um grande fracasso, mas isso não o abalou; essa foi a primeira montagem de um texto no qual ele trabalhou por quinze anos, morrendo sem dá-lo por terminado. Caio, antes apaixonado por sua tristeza, tornava-se agora um homem flexível. A doença o deixou muito apegado a um velho ditado francês: "Ah, se os jovens soubessem, se os velhos pudessem!", que para ele resumia, em palavras simples, todo o sentido trágico, mas também as melhores esperanças, da existência. Toda a obra de Caio, desde os livros de iniciante, pode ser relida agora à sombra da doença fatal que viria a matá-lo; um risco de desesperança permeava cada página desde o início, conduzindo até o diagnóstico que só chegaria muito tempo depois. O estranho, em seu caso, é que tenha sido justamente da escuridão, quando o diagnóstico foi finalmente revelado, que a claridade se fez.

Já recolhido à casa dos pais em Porto Alegre, Caio se pôs a revisar os originais de *Morangos mofados*, coletânea de contos publicada em 1982, e então se defrontou com o tom lamuriento, o sentimento errante de náusea pela vida e personagens acometidos por um desgosto sem causa que, naquele momento, não condiziam mais com seu estado de ânimo. Saudável e muito jovem, ele fora capaz de produzir aqueles contos tristes, carregados de lamúrias e de negativismo que, doente e condenado, passava a considerar inaceitáveis e estava decidido a alterar. Mas mudou novamente de ideia: a partir desse momento, e mesmo com alguma repulsa, tratou de aceitar, como quem ampara um menino triste, o Caio Fernando Abreu que ele tinha sido e que já não era mais. "Hoje só faço duas coisas", ele me disse: "Fico aqui regando as flores e o meu passado."

O vínculo escorregadio entre esses dois Caios, o saudável e negativo de um lado, o doente e positivo de outro, vem reafirmar que as relações entre vida e morte, assim como entre vida e literatura, mesmo estando sempre a agir, não guardam as proporções mecânicas que, por desleixo intelectual, por preguiça, lhes emprestamos. Esses laços são irregulares, e a ficção pode apontar exatamente o contrário do que se passa na vida, o que não significa dizer que o vínculo foi desfeito. Também entre morte e vida existem relações complexas que não podem ser reduzidas aos clichês do sentimentalismo; onde havia vida podia haver também tristeza, e onde há doença pode haver alegria. Mesmo sendo um livro da era pré-aids, *Morangos mofados* traz um tom agourento que o percorre de ponta a ponta, como uma cerração depressiva, inflexão que se inverte e se torna positiva nos livros terminais, quando todos os argumentos estavam dados para a melancolia.

Em *Morangos mofados* já se podem ler alguns indícios da doença que, no momento do diagnóstico, os médicos consideraram incubada havia dez ou doze anos, o que coincide com a primeira edição do livro, de 1982. São paralelos que, vistos a distância, produzem calafrios, mas que Caio se dedicou não só a manipular, mas também a incentivar. "Todos temos a espada no pescoço", declarou ele um dia, num dos intervalos de sua vida pacata de jardineiro. "A aids só me fez ver aquilo que eu já via." Três anos antes de descobrir que estava doente, caminhando pela avenida Paulista numa madrugada, Caio encontrou-se com uma amiga distante que, em meio a uma rápida conversa, lhe perguntou:

"O que você mais gostaria de fazer na vida que ainda não fez?" Sem vacilar, e para sua própria surpresa, ele respondeu: "Plantar roseiras." E, depois das despedidas, continuou intrigado com a resposta que, sem pensar, fora capaz de produzir. Alguns anos depois, já doente e recolhido ao jardim de seus pais, em Porto Alegre, ele pôde realizar esse sonho. Para pagar os medicamentos, ainda fez, enquanto tinha forças, alguns trabalhos de tradução. Em parceria com a amiga Miriam Paglia, traduziu *A arte da guerra*, clássico chinês, de autoria de Sun Tzu. Dizer que a doença fez de Caio Fernando Abreu um homem que se duplicou é um lugar-comum do qual, desde então, já não se pode mais fugir.

Alain Robbe-Grillet

Viagem ao castelo

O cenário é impreciso, em tons viscosos, com a estrada borrada em placas cinzentas e pássaros riscando um céu em preto e branco. Acabo de sair de Caen, na Normandia, norte da França, e viajo rumo ao interior, acomodado em um táxi bem aquecido, guiado por um chofer de bigodes largos, em forma de escova, e gestos curtos de bailarina, que, numa velocidade de hipopótamo, me leva até o esconderijo do escritor Alain Robbe-Grillet, o grande chefe do Novo Romance francês. Contrariando as atmosferas opacas e desumanas que envolvem as narrativas de Grillet, tenho a sensação de entrar em um romance antigo, com escarpas escuras, serviçais nos quais não se deve confiar e outros clichês góticos. Não está nevando, mas a pista se desenrola submersa em uma espuma de nuvens que me lembram o *chantilly* e me fazem sentir como se eu viajasse sobre um imenso sorvete. Meu condutor, ainda que conservando a postura profissional, os ombros empertigados, o olhar fixo na estrada, um silêncio de especialista, não consegue camuflar o medo que sente de se perder. "Diabos de estrada!", murmura ele, indignado. "Assim não é possível." E logo, disposto a apagar a imagem negativa, ergue o queixo, franze a testa e, exibindo-se pelo retrovisor, se esforça para sorrir. Sem saída, deixo-me levar.

Seguira com escrúpulos as instruções que me foram dadas por telefone, duas horas antes, pelo próprio Robbe-Grillet, e, ainda na gare de Caen, procurara um motorista de táxi que conhecesse o caminho para o Château de Le Mesnil-au-Grain, cidadela em que o escritor vive escondido do mundo, longe da Paris que, décadas atrás, se encarregara de dinamitar, acompanhado por amigos célebres como Marguerite Duras, Samuel Beckett e Claude Simon, autores, como ele, de romances gelados e perturbadores. "Não adianta me pedir mapas, ou indicações precisas, porque eles não servem de nada e, além de tudo, não existem", advertiu-me meu entrevistado, ainda pelo telefone. Achei que estivesse tentando me convencer a desistir e por isso não lhe dei muita atenção. Depois, ele abaixou a voz como se tivesse vergonha do que ia dizer: "O único caminho é encontrar um motorista de táxi que conheça o castelo, ou será impossível chegar." Bem, não parecia tão difícil, era só um jogo de paciência. Depois de chegar tão longe, não teria sentido desistir, e eu não iria desistir. "Não se preocupe", eu lhe disse, esticado na cama de meu quarto de hotel em Caen. "Darei um jeito, mas chegarei aí." Olhei pela janela: caía uma chuva fina, mas persistente, que me aconselhava a virar para o lado e dormir. Mesmo assim, vesti-me e caminhei até a gare, a uma quadra do hotel, ainda perplexo com a segurança contida em minhas palavras, que não combinavam com meu temor crescente de fracassar.

Não foi difícil encontrar o motorista que eu procurava. "Todos aqui conhecem o Sr. Grillet", me disse um homem de meia-idade, cabelos grisalhos, testa de Poirot, que terminou sendo o meu escudeiro, esse homem que agora me guiava nas trevas. "Ele está sempre chegando de Paris, ou pedindo um táxi pelo telefone quando deseja partir", completou. Alain Robbe-Grillet comprou o Château de Le Mesnil-au-Grain no ano de 1963, graças a um adiantamento de direitos autorais que recebera da Éditions de Minuit, que publica toda a sua controvertida obra. O castelo, cuja construção foi concluída em 1680, ergue-se a quarenta minutos de automóvel do centro de Caen, em meio a uma floresta de pinheiros em cujas sombras circulam lebres e lobos, paisagem agora, por conta do inverno rigoroso, transformada em uma natureza-morta. Tomo o táxi na porta da gare, já no fim da tarde. Logo que nos afastamos da cidade, gelada, mas ainda nítida, a pequena estrada — sem qualquer iluminação — começa a se derreter e se transforma em uma nuvem, cada vez mais cerrada, que se espalha como uma onda de ácido, roendo tudo a seu redor. Pergunto ao motorista se ele tem certeza de que estamos no caminho certo. "É claro que estamos", me responde com seu mau humor francês. "O único problema é enxergar a estrada." No coração do inverno, anoitece cedo na Normandia. Em alguns momentos, a névoa se adensa tanto que tenho a impressão de viajar em um monomotor, e não mais em um automóvel. Chego a ouvir o barulho das hélices, que talvez seja apenas o medo girando dentro de mim. Afasto, porém, esses maus pensamentos, convencendo-me de que a visita compensará qualquer sacrifício. Desde muito jovem, leio os romances de Grillet e de sua gangue de dinamitadores, em particular de Sarraute e de Butor. Vou realizar um sonho pessoal, e sempre sentimos uma ponta de medo quando os sonhos ameaçam se concretizar.

Depois de muitos zigue-zagues, que me deixam um pouco nauseado, tomamos finalmente uma estreita via de terra que, deixando para trás a atmosfera desolada, desemboca em uma floresta de pinheiros. A paisagem volta a fazer sentido. Mais um pouco e chegamos ao portão principal do castelo, que está aberto e é desprovido de qualquer sinalização. Serpenteando entre árvores de tronco castanho, fincadas na bruma como palitos, subimos um pouco mais; e eis que surge finalmente o esconderijo do conde — nenhuma outra comparação menos óbvia me ocorre —, que tem as portas cerradas e as cortinas das janelas abaixadas, como se estivesse desabitado. Chego a temer que o motorista tenha errado de endereço. "É aqui mesmo", ele me diz, notando minha inquietação, e posso sentir a ironia que lhe escorre da face. Ainda dentro do táxi, sem me mexer, negocio um preço e, precavido, peço ao motorista que me espere por três, quatro horas, o tempo necessário, porque, mesmo devendo demorar, não poderei pernoitar no castelo. "O sr. Grillet não gosta mesmo de receber convidados", ele acrescenta, com uma certa felicidade. E, sem hesitar, aceita o dinheiro que lhe ofereço, o que não deixa de me surpreender, e me pergunto se traz dentes de alho e estacas de prata no bolso do paletó.

Ainda procuro a campainha, ou algo que a substitua, quando a porta começa a ranger. Atrás da imensa porta de madeira, surge, envolto em um robe lilás, com um cachecol negro que lhe bate na face, Alain Robbe-Grillet, e não posso deixar de evocar, novamente, a figura do conde Drácula. "Então você veio mesmo", ele comenta, ainda incrédulo com minha presença. Minhas fantasias tolas começam a ruir; a realidade, enfim, passa a se impor, e já não era sem tempo. Esperto, depois de fazer uma reverência de maestro, ele se diminui: "Será que valho tanto?" Não respondo, apenas retribuo o sorriso, enquanto espero que minha respiração retome o ritmo regular. Robbe-Grillet me conduz, então, através de um pequeno corredor lateral — e as janelas desfilam à minha direita, como quadros abstratos numa exposição. Quase posso ouvir as correntes que se arrastam pelos corredores e as tampas dos ataúdes batendo contra as paredes, até que o escritor, arrancando-me de meu pesadelo, me introduz em um acolhedor salão de estar onde uma lareira crepita, avermelhando as paredes. A atmosfera da sala, em que o conde do Novo Romance se move com desenvoltura, um ambiente discreto, mas sofisticado, evoca os tempos de Luís XIV. Deixando-me para trás, ele se aproxima da lareira e lança algumas toras a mais no fogo, mexendo depois as brasas com um tição de ferro. Em seguida, abre uma garrafa de madeira, serve dois cálices e trata de se acomodar em uma poltrona de espaldar alto, um pequeno trono bem ao lado do fogo. Ainda inseguro, escolho um lugar no sofá que fica no lado oposto, talvez distante demais para uma entrevista, mas onde afinal posso me sentir mais tranquilo.

O salão é decorado com requinte: da lareira emana um calor reconfortante, há tapetes macios pelo chão com desenhos que não posso decifrar e peças gregas (provavelmente falsas) colocadas em mesas de canto; almofadas de veludo, candelabros com os pés em cristal, brasões nas paredes, um cesto cheio de bengalas completam o cenário. A um canto, há um estranho pássaro de ferro aprisionado em uma gaiola dourada, imagem que me provoca discreta inquietação; atrás dele, leões de bronze, com seus focinhos roídos pelo frio e seus olhos perfurados, nos vigiam. Custo a acreditar que estou onde estou: Robbe-Grillet mais se parece, hoje, com um fantasma de Robbe-Grillet, e aquele castelo, gelado e imóvel, só pode ser um museu do Novo Romance — isso se eu, por algum mecanismo misterioso, não tiver sido carregado para dentro de um dos livros que o conde escreveu. Ali, imitando os romances do escritor, os objetos reinam, soberanos, enquanto nós dois, pobres seres humanos, apenas os incomodamos um pouco; nada podemos fazer, com nosso humor e nossas palavras, que abale esse mundo perfeito de coisas imóveis.

O castelo de Robbe-Grillet fica no coração da Normandia, primeira região da França a ser libertada do jugo de Hitler pelos Aliados. Durante o conflito, Le Mesnil-au-Grain serviu como enfermaria alemã, e ainda hoje existem vestígios de um cemitério de guerra em certa região dos jardins, logo ali depois daqueles pinheiros, ele diz, apontando pela janela e lamentando que, com o mau tempo, não possa me levar para uma visita. "Se você tivesse vindo na primavera", ele começa a dizer, mas trato de mudar de assunto. Robbe-Grillet rememora esse passado heroico sem qualquer emoção, como que se referindo a um filme medíocre ou um romance de bolso. O castelo conserva, em cada detalhe, essa aparência de cópia barata, de literatura B, armadilha de que também eu já não posso escapar e que mesmo agora, enquanto escrevo, parece entranhada em meu espírito. Adivinhando meus pensamentos, o conde tenta me convencer de que estou enganado: exibe, comovido, e a título de prova, as grossas paredes que dividem os cômodos, de mais de meio metro de largura, construídas apenas, como nos tempos antigos, com madeira e terra. Ergue-se, abre os braços em cruz e simula um abraço nas paredes, aumentando a dramaticidade de sua descrição e deixando entrever, por instantes, seu talento desperdiçado de ator.

Tento, de minha parte, desempenhar o papel de espectador admirado, mas não sou muito convincente. "Veja, que extraordinário", ele insiste. "Não é espetacular?" Quando descobre o significado de meu sobrenome, muito adequado à situação, fica ainda mais excitado. O velho conde parece, de fato, muito à vontade naquela residência de quatro andares, em que todos os cômodos estão ligados por comunicações secretas e em que as janelas se abrem tanto para o nascer do sol quanto para o poente, detalhe arquitetônico de que ele tem especial orgulho, como se estivesse assim capacitado a dominar o ciclo solar. O escritor não pode esconder sua paixão pelo lugar que escolheu para viver, que hoje se confunde com ele e, provavelmente, também com sua obra.

Robbe-Grillet vive acompanhado apenas da mulher, Catherine, uma autora de romances sadomasoquistas editados na coleção erótica da Minuit e assinados com o pseudônimo romântico de Jeanne de Berg. "Catherine é especialista em mulheres dominadoras", ele comenta, com um sorriso maldoso. De fato, Madame de Berg vigia de perto, com o olhar discreto, mas atento, boa parte de nossa entrevista, e de vez em quando olha acintosamente para o relógio, lembrando-me assim da proximidade da hora do jantar — para o qual não estou convidado. Tento, o mais que posso, ignorá-la, e o escritor parece se interessar por meu desprezo, que de alguma forma secreta o alivia, tanto que vez por outra seus lábios se alongam, se remexem, emitindo pequenos sinais que interpreto, talvez apressadamente, como de prazer. É provável, eu penso, que o velho conde, outrora um grande agitador, já não goze de grande liberdade. Sob o jugo de Madame de Berg, ele caminha pelos jardins, toma sucessivos cálices de vinho, aquece-se à beira da lareira, lê sem parar e resmunga, resmunga, lamentando-se da incompreensão que hoje se abate sobre sua obra. Dois dias antes, de fato, percorrendo as prateleiras da Fnac, em Paris, eu tentara localizar os romances de Robbe-Grillet e, depois de muito procurar, encontrara-os à altura do chão, desprezados em uma prateleira rasteira e quase inacessível, esquecidos — a revolução transformada em mofo.

Comprara meia dúzia deles, mas não tivera tempo de reler os que já conhecia, nem de ler os que não tinha lido. A única exigência de Robbe-Grillet para aceitar nosso encontro fora que eu tivesse lido o terceiro volume de sua "Trilogia", ou autobiografia, batizado *Os últimos dias de Corinto*. Eu a cumprira, aos saltos, no expresso de Paris a Caen, e confesso que não me caíra muito bem. Embaralhando aspectos históricos com páginas de ficção, o escritor faz um relato bastante cruel, mas apesar disso enfadonho, do nascimento do Novo Romance, movimento do qual foi o personagem mais eminente. Para se proteger da ira de seus antigos companheiros, Robbe-Grillet se desdobra em dois: é ele mesmo, o escritor conhecido em todo o mundo por livros como *O ciúme*, mas é também Henri de Corinto, seu *alter ego*, um outro Alain Robbe-Grillet, que ele vem a conhecer, por acaso, no meio da rua. O artifício lhe permite se dedicar à verdade sem que a mentira fique excluída ou se transforme em um erro. Em outras palavras: tendo um duplo que erre por ele, o escritor fica mais livre para dizer tudo, sem medo de fracassar. A ação transcorre em Herópolis, cidade imaginária que é em parte Paris, mas em parte também o Rio de Janeiro, e em parte ainda Curitiba (há, por exemplo, uma praça central cheia de araucárias), e em novas partes contém ainda pedaços de cidades gaúchas que Robbe-Grillet conheceu durante as viagens que fez ao Brasil.

Em *Corinto*, o escritor relata histórias bastante incômodas a respeito de alguns dos seus principais companheiros de aventura. Lembra, por exemplo, que ajudou pessoalmente Marguerite Duras a estabelecer o texto final de *Moderato cantabile*, romance que marca a grande guinada modernista da autora de *O amante*, já que o original era excessivamente derramado, até primário. E que foi ele, Robbe-Grillet, quem sugeriu a Claude Simon, o futuro ganhador do Nobel de Literatura, cortes decisivos nos originais de *Le Vent*, romance de 1957, sem os quais, talvez, seu amigo não se tornaria, mais tarde, o autor do magnífico *A batalha de Farsália*, de 1969. Duras e Simon, é evidente, trataram mais tarde de atenuar, ou mesmo de excluir, a colaboração de Grillet, confirmando assim que o movimento do Novo Romance foi, antes de qualquer outra coisa, uma gincana de vaidades. Mas Robbe-Grillet nem assim abriu mão do papel de grande guia, o grande capitão da aventura que revirou o romance ocidental de ponta-cabeça — movimento que, na definição certeira de Nathalie Sarraute, nada mais foi que "uma associação de malfeitores". Em nossa conversa, no entanto, o conde assume um papel bem mais conciliador e se esforça para evitar atritos, fugindo das provocações que ele mesmo exibiu em sua "Trilogia", e que agora, fingindo-me de inocente, eu lhe devolvo. Ainda assim, Robbe-Grillet não consegue conter sua personalidade feroz, que, no campo literário, transformou-o em um escritor talvez gélido demais, um escritor difícil, certamente, mas inconfundível.

A cisão que o velho conde vê em si mesmo — dois Grillets, um vitorioso, outro derrotado — não é arbitrária; ela reflete, ao contrário, a perplexidade que o sucesso da gangue acabou por produzir. Depois de lhe conferir anos de glória, o Novo Romance se converteu em um grave problema para Robbe-Grillet. Primeiro, os críticos o reverenciaram, afirmando que seus livros lançaram a literatura francesa em um período de grande vertigem, em que todos os parâmetros e cânones se alteraram; mas logo depois os elogios se transformaram em desprezo, e o sucesso passou a ser visto como um fardo. O desiludido Grillet foi descobrindo que ao grande prestígio não correspondia uma adesão real dos leitores a seu projeto revolucionário. Os leitores, na verdade, preferem o personagem Robbe-Grillet, raivoso e mordaz, aos personagens que ele foi capaz de inventar, preferem o criador às criaturas, acidente que, para alguém que coloca a literatura acima de tudo, só pode mesmo ser considerado uma derrota. E que revela, de modo doloroso, os aspectos falsos, e até pervertidos, do sucesso. "Quando entendi que era admirado mais como personagem que como escritor, meu prazer acabou", ele me diz, sem esconder a vergonha. Sentindo que um duplo havia ocupado seu lugar, que os leitores agora desejavam o personagem Robbe-Grillet e não mais o escritor Robbe-Grillet, ele entendeu que era chegado o momento de se recolher, pois não poderia viver à sombra de si mesmo.

Primeiro, o casal cogitou em um pequeno sítio, uma casinha acolhedora, dessas que transformam a velhice em uma tela primitiva, o que não era muito animador, mas se parecia bastante com o mal menor. Um dia, porém, Madame de Berg, vendo o abatimento do marido, sugeriu: "Já que vamos mesmo sair de Paris, por que não viver em um castelo?" A ideia de habitar um castelo está carregada de fantasias: é associada, sempre, aos mitos antigos, aos contos de fadas, e parece transportar os que a realizam para um mundo superior. Comprar um castelo se tornou, a partir daí, uma obsessão para Robbe-Grillet, mas os preços de mercado, confrontados com o saldo de sua conta bancária, desaconselhavam a aventura. Até que certa manhã, já desanimado, ele deparou nos jornais com o anúncio de um pequeno castelo, muito mal conservado, todo destruído, mas ainda assim de traços imponentes. Estava situado em um lugar quase inacessível, pois a autoestrada Paris-Brest ainda não tinha sido construída, e por isso o preço pedido era bastante razoável. Um outro fator estimulou Robbe-Grillet: naquele tempo, seus pais ainda estavam vivos e moravam em Brest, vizinhança que, além de seus aspectos práticos, tornava a mudança menos escandalosa.

Em poucos dias, fechou o negócio. O castelo fica numa região úmida, desvantagem que não deixa de ser também uma conveniência. Há, primeiro, motivos de ordem botânica: do ponto de vista geológico, o castelo de Grillet está em uma região que já pertence à Bretanha; no momento em que se sai de Caen, abandona-se a zona do calcário, o terreno mais rochoso que vem desde Paris, e entra-se num solo mais antigo, de terra ácida e, em consequência, mais adequado ao cultivo de camélias, hortênsias, flores delicadas que não se adaptam à região de Paris, mas que ali, sob as garras do conde, florescem com exuberância. Quanto à ação da umidade no corpo humano, que é mesmo exagerada e não combina com a velhice, Robbe-Grillet, ainda assim, a bendiz, pois não se dá bem com o clima seco. "Secos, bastam os livros", eu penso, e me controlo para não dizer, pois o conde já parece bastante agastado. Ele estica os pés sobre uma almofada de veludo, que por um instante me faz lembrar um cachorro morto, e, dando mais um gole em seu madeira, fecha um pouco os olhos. Aos poucos, meu querido conde parece mais calmo e menos desconfiado. Enquanto fala, e muitas vezes se repete no que diz, ou se põe a contar histórias cifradas sobre personagens que desconheço, deixo que meus olhos vagueiem pela sala, que tem mesmo, com suas peças exageradas e um leve cheiro de mofo, a aparência de um museu. E me convenço de que Alain Robbe-Grillet, o escritor, é hoje apenas um ator, muito convincente, que encena o papel de Alain Robbe-Grillet — e que, mesmo que quisesse, já não poderia alterar esse destino. É sempre muito estranho esse momento em que a vanguarda, roída pela ação do tempo, se transforma em recordação. Em que, chegado o futuro, a ideia de futuro se desvanece e se parece apenas com um pesadelo de mau gosto. A denominação em si, Novo Romance, não deixa de ter, agora, um acento cômico, pois é no mínimo inadequado chamar de novo algo que cheira a passado. E, o mais grave, eu sei que o conde sabe disso.

E para suportar a si mesmo, como esses velhos que ficam nas praças com seus tabuleiros de dominó, ele agora se distrai com miudezas. E nesse ponto não deixou de ter sorte. Ao chegar ao castelo, ele encontrara, é verdade, um ambiente bastante habitável: havia aquecimento central, um telefone, água em abundância, e no entanto tudo lhe parecia ainda por fazer. Fora um período muito difícil, durante o qual ele se vira obrigado a se concentrar em planilhas de custos, listas de encomendas, orçamentos, e a dividir seus dias com pedreiros, entregadores e eletricistas, deixando um pouco para trás o terror que ele mesmo, com seus livros, ajudara a produzir. "Os homens costumam construir seus próprios infernos", ele me diz. "E depois são eles mesmos, exaustos, às vezes já sem forças, que devem apagá-los. A essa rotina dupla de incendiário e bombeiro", ele conclui, "chamamos viver." A reflexão, ainda que depressiva, parece entusiasmá-lo. "Fizemos, eu e Catherine, praticamente tudo sozinhos", ele resmunga, e rugas se avolumam em seu rosto, pequenas sombras horizontais que passeiam seguindo o movimento das palavras. O salão em que estamos, por exemplo, foi todo redesenhado por Madame de Berg; do original só restam as portas em *décor* Luís XV. E Grillet fez, ele próprio, todo o serviço de marcenaria, atividade que julga muito tonificante. Sim: quando a literatura falha, é preciso encontrar alguma coisa a que se apegar, e aí a realidade, com seus problemas tolos, listas de compras e parafusos, pode ser um bom começo.

Foi bom que tivesse se dedicado à marcenaria. Depois de concluir suas memórias, o escritor já não tem projetos literários. Não tomou a decisão de parar de escrever, só sabe dizer que não tem mais ideias, e isso é tudo. O que pode fazer? "Tenho a sensação de que as ideias desapareceram", ele confessa, sem perder a dignidade. "De que se esgotaram." Continua porém a trabalhar, intensamente, em seus projetos para o cinema, roteiros que, no entanto, já não interessam a ninguém. O tempo — que o Novo Romance subverteu por completo, paralisando as horas numa grande borra de imagens — agora se vinga de Robbe-Grillet. Sem ideias para a literatura e desprezado como cineasta, ele se vê em descompasso absoluto com o mundo. Digo que está exagerando, mas ele não se apega ao consolo que, desastrado, eu lhe ofereço. Para provar que não exagera, e que a grande sombra de desprezo vem de longe, pergunta se estou disposto a ouvir uma história. É claro que estou.

Em 1975, Robbe-Grillet realizou um filme, *O jogo com o fogo*, protagonizado por uma atriz que estava na moda: Sylvia Kristel. Graças à sua performance em *Emanuelle*, filme que chegou a ser proibido no Brasil durante o regime militar, Kristel tinha se tornado famosa em todo o mundo. Depois de tentar, sem sucesso, a autorização para exibir *Emanuelle*, o distribuidor brasileiro resolveu, como forma de compensação, investir em *O jogo com o fogo*. E isso não por causa do diretor, Alain Robbe-Grillet, que ele nem sabia quem era, mas só porque Sylvia Kristel, a atriz proibida de *Emanuelle*, era a estrela do filme. A publicidade brasileira dizia: "Você, que não pôde assistir a

Emanuelle, veja agora o filme de Alain Robbe-Grillet", e, logo abaixo, havia uma foto escandalosa de Kristel. Em outras palavras: a indústria cinematográfica brasileira, na falta de melhor mercadoria, passou a vender Alain Robbe-Grillet como um autor pornô. "Eu tinha o mesmo valor que uma caixa de preservativos, ou uma calcinha", ele reflete, ainda conseguindo se divertir. Sylvia Kristel veio ao Brasil para o lançamento de *O jogo com o fogo*, filme que em circunstâncias normais jamais teria qualquer repercussão no mercado brasileiro, e, apesar de seu status de atriz censurada, conseguiu ser recepcionada em uma festa organizada pelo Ministério do Interior. E o filme de Grillet, que imediatamente se tornou um sucesso de bilheteria, era na verdade só um filme "de arte", como se dizia, absolutamente incompreensível para a maioria dos espectadores. O que mostra que o sucesso, muitas vezes, é só uma armadilha. Ou, como Grillet prefere ver agora para se livrar da dor, uma piada.

A verdade é que Robbe-Grillet ficou marcado não só por sua associação com Sylvia Kristel, mas também pelo rótulo do Novo Romance — uma espécie de prisão que ele mesmo criou para si, e da qual jamais pôde fugir. Rótulos aderem com facilidade a superfícies frágeis, e Grillet é fragilíssimo, mas se tornam resistentes quando desejamos nos livrar deles. A rigor, o Novo Romance não designa um único tipo de literatura, mas muitas literaturas. A bandeira se converteu, com o tempo, numa camisa de força. Robbe-Grillet foi vítima desse tipo de duplicação (ou de clonagem) que afeta os artistas criadores de grandes marcas. Primeiro, eles têm sua imagem fixada em meia dúzia de adjetivos (no seu caso: frio, cerebral, cinematográfico, desumano...) dos quais, mesmo que se esforcem, não podem mais se livrar. Algum tempo depois, aquilo que serviu à mídia como objeto de venda e consumo, que rendeu reportagens especiais e capas de cadernos, é jogado no lixo das coisas comuns. Depois de celebrado, o Novo Romance se tornou "tedioso". E logo ninguém se interessava mais por ele.

As tiragens também nunca foram o forte do Novo Romance. *Encontro em Hong Kong*, o caso mais surpreendente, foi no começo um estouro comercial, mas depois as vendas caíram de repente, sem que se pudesse entender a razão. Já com *O ciúme* se deu o oposto: o interesse do público, de início muito fraco, aos poucos se consolidou. No primeiro ano, *O ciúme* só vendeu algumas dezenas de livros, depois se tornou um clássico. Mais uma vez, a razão deve ser procurada fora dos domínios da literatura: provavelmente, no sucesso de *O ano passado em Marienbad*, filme de Alain Resnais, do qual ele é, mais que Resnais, o verdadeiro autor e que o projetou internacionalmente. Ouso perguntar se não são as teorias do Novo Romance que, até hoje, afugentam os leitores, que buscam apenas bons livros para ler.

Parece que toquei em uma ferida, porque Grillet se encolhe na cadeira, deixa a cabeça pender em direção às mãos e parece rezar. "Quando releio hoje *Por um Novo Romance*, o principal livro de teoria que escrevi, acho-o muito esquemático, simplista mesmo", ele admite, constrangido. Julga-o mais um livro de combate, uma arma de guerra, que um livro de teoria. "E eu não me considero um teórico", diz, agora com a voz mais firme, como se tivesse encontrado, depois do sufoco, a via de saída. E acrescenta que as teorias são interessantes, mas que um escritor jamais deve se valer delas na hora de escrever. "A teoria é mais o resultado do trabalho do que a causa do trabalho", diz. E lembra que primeiro escreveu quatro romances, até *O ciúme*, e só depois escreveu seu primeiro ensaio, o célebre (mas maçante) *Por um Novo Romance*. Os leitores, no entanto, costumam julgar que as teorias precedem as criações, quando, na verdade, as sucedem. "Elas são seus herdeiros, e não seus genitores", diz Grillet. Quando as teorias vêm primeiro, as obras que as sucedem costumam fracassar. E mesmo surgindo depois da obra, a teoria também parece destinada ao malogro. Mesmo chegando depois, a teoria aponta sempre para trás e não para a frente: a prova é que as teses de *Por um Novo Romance* foram desmentidas, em seguida, pelos romances que o sucederam. "Esses livros não pertenciam mais às teorias que formulei, mas ao futuro", reflete. "A teoria, ao contrário, está sempre a reboque da criação."

Incompreendido pelos leitores, Robbe-Grillet não teve nem mesmo o consolo de seus companheiros de aventura literária. O grupo do Novo Romance nunca foi mesmo muito unido. A rigor, talvez não se possa nem falar em um grupo. Claude Simon, no momento em que conversamos, já está com seus 80 anos e, distante de todos, exilou-se na fronteira espanhola. "Eu, com os meus 75, estou aqui na Normandia, do outro lado do país", diz Grillet, sem deixar de achar engraçado. Já Michel Butor está cada vez mais fechado, mais rabugento; evita toda forma de contato, enclausura-se, não quer ver ninguém. E Nathalie Sarraute, que a esta altura já passou dos 80 anos, vive isolada em Paris. Além disso, Samuel Beckett está morto, Marguerite Duras também, e outros, menos prestigiados, simplesmente desapareceram. "Enfim, o tempo nos separou. Nada mais resta, nenhum consolo, nenhum amparo", o conde se lamenta, e não diz isso só por nostalgia, mas como se agora duvidasse do que realmente se passou. "Talvez nosso encontro tenha sido só um romance que ninguém teve coragem de escrever."

O exílio no castelo, protegido pela bruma, pela floresta, pelas paredes grossas, e atenuado pela rotina enfadonha da marcenaria, pode ser visto, então, como uma bênção. Graça um tanto amarga, é verdade, pois o conde se sente esquecido, e esse sentimento, para quem esteve sempre no centro da batalha, é devastador. Esquecido e, talvez mais ainda, magoado. Depois que Samuel Beckett e Claude Simon receberam o Nobel, a inveja entre eles se tornou uma doença. Simon, o contemplado pela academia sueca, foi, entre todos esses malfeitores, quem fez uma literatura mais próxima da convencional. Não é de surpreender, no entanto, que o Nobel tenha escolhido a regra, e não a exceção. "Por que Sarraute não recebeu o Nobel, por que não ela?", Grillet se pergunta, para logo, sem se conter, acrescentar: "E por que não eu, na verdade?"

Por que o Nobel foi para Claude Simon, e não para Robbe-Grillet, que sempre foi o grande chefe do Novo Romance? Simon fez a guerra da Espanha do bom lado, enquanto Grillet, e ele admite isso sem qualquer culpa, esteve sempre do lado errado, ou na penumbra. Outro fator: para Claude Simon, a sexualidade é sempre muito saudável, enquanto nos romances de Robbe-Grillet ela toma formas perversas e desviantes. "Claude Simon representa muito mais o Nobel do que eu. Mas eu represento melhor que ele o Novo Romance, e é isso o que me importa", fecha o assunto um Grillet melindrado. Simon e Butor são muito mais recuperáveis para o humanismo do que Grillet, o conde gelado, com seus livros feitos de paisagens duras, seres vazios, acontecimentos inexistentes. E o Nobel, ele argumenta com razão, é um prêmio do humanismo. Por fim, não pode conter o sarcasmo: "Eu fiquei muito contente por Claude Simon ganhar o Nobel, porque ele o ganhou graças a mim", diz, e o ressentimento lhe toma a face, antes avermelhada pelo madeira e pela proximidade do fogo, e agora empalidecida pelo desgosto. A velhice, em grande parte, é isto: mágoa, descontentamento, pesar. Não seria diferente para o grande malfeitor.

É verdade que Robbe-Grillet teve ótimas relações com Marguerite Duras, que ele considerava uma mulher engraçada, cheia de vida e escolada em espertezas. "Mas, no fim da vida, Marguerite se converteu em uma espécie de estátua empalhada", lamenta. "Ela se tornou a Grande Dama da literatura francesa, e isso me fazia rir, era simplesmente ridículo", diz. Duras, ele afirma sem nenhuma piedade, transformou-se numa mulher insuportável. Com Nathalie Sarraute, que Grillet julga uma mulher muito mais inteligente, ele ainda pôde ultrapassar certas miudezas, certas mesquinharias, ainda pôde perdoar, mesmo que esse perdão nada mais seja agora que gelo. Mas, ainda assim, o diálogo era difícil, porque Sarraute não gostava nem de Duras nem de Beckett, e isso porque era muito invejosa, ele justifica. Grillet admite que, no fim, teve problemas com todos os seus companheiros de escola, mas ainda assim, afirma, gosta de todos eles. "Eles, sim, se desentenderam entre si", diz, esforçando-se para se consolar com a serenidade. Com Marguerite Duras, porém, a convivência tornou-se impossível. "Eu pensava nela e ria", recorda, rindo ainda.

O conde tem uma tese bastante cruel a respeito da popularidade de Duras: a de que um escritor se torna popular, sempre, por causa de algum mal-entendido. Beckett, por exemplo, popularizou-se graças a um erro: até hoje seu *Esperando Godot* é lido como a história de um homem abandonado por Deus. "Isso é simplesmente um absurdo", avalia, "é muito ofensivo a Beckett." No entanto, é o motivo de sua fama. Quanto a Duras, Grillet acha que, na verdade, ela só escreveu "romances de gare" — livros para serem lidos no trem, ou no avião, distraidamente, enquanto se vê a paisagem, ou se masca um chiclete. Ela ficou célebre, sobretudo, por *O amante*, e este é, a seu ver, um livro que se presta muito a esse tipo de leitura despreocupada, leitura ligeira entre um sanduíche e um cochilo. Robbe-Grillet julga que, nesse aspecto, há sem dúvida um mal-entendido, pois Duras é muito mais que uma autora de bolso, é, sim, uma grande escritora. No entanto, ela ficou conhecida pelo mais fácil, já que os leitores, e também os críticos, são sempre preguiçosos. Flaubert também ficou célebre por causa do processo contra *Madame Bovary*, e não por causa de *Madame Bovary*. No cinema, *O último tango em Paris*, o mais famoso filme de Bernardo Bertolucci, ficou famoso por causa de uma manteiga...

Termino convencido de que, mesmo que a inveja continue a agir em surdina, Robbe-Grillet não deixa de estar certo. O conde acredita, porém, que esses equívocos, no fundo, não têm importância alguma. "Devemos nos beneficiar também dos mal-entendidos, pois é preciso sempre saber aproveitar as chances que a vida nos oferece", ele sugere, com a pose de psicólogo — mas também essa imagem o deixaria arrepiado, então prefiro me calar. "Se o mal-entendido nos serve para a consagração, para a popularidade, por que não aceitá-lo?", e aqui o escritor se diverte com a própria ironia, mas a tristeza nem assim o abandona.

Robbe-Grillet não escreve mais. Ainda viaja muito, recebe diversos convites, mas quando está na França prefere ficar isolado em seu castelo. Nos últimos tempos, tornou-se também jardineiro. Trata com carinho particular de uma estufa para cactos, que são hoje sua grande paixão. Faz ainda pequenos trabalhos manuais, reforma móveis, constrói canteiros, repara a cerca. Ampara-se nas coisas — e nem parece que as coisas, em seus livros, sempre o infernizaram. Tem, ainda, uma coleção de carpas. "A carpa é, talvez, o único animal de que sou capaz de gostar", ele diz. Não é preciso perguntar a razão: Grillet ama nas carpas a leveza, a elegância e, mais que tudo, o silêncio, que combina com a sensação, que lhe volta sempre, de que já não há o que dizer.

Catherine entra na sala e, discreta, vigia o último trecho de nossa conversa. Incomodado pela presença da mulher, o conde passa a circular pelo salão como um cicerone, apontando telas, objetos de arte, livros. "Infelizmente, o frio não permitirá que eu lhe mostre os jardins", ele diz. São quase nove horas da noite e o castelo está imerso em um grosso nevoeiro. Preciso ir. Na porta de saída, para minha surpresa, Robbe-Grillet me abraça calorosamente. "Então, a entrevista não o incomodou tanto", digo, referindo-me a sua resistência inicial. Para se desviar de meu comentário, ele mostra, entusiasmado, a madeira trabalhada da escada que se ergue diante da porta principal. É uma escada muito bonita, que sobe com majestade, prometendo grandes tesouros. "Se houvesse mais luz, eu o faria subir para uma visita", desculpa-se, mas eu sei que o problema está dentro de um vestido preto.

Abrindo a porta, e ainda se fazendo de difícil, ele me diz: "Só o recebi porque você veio de tão longe." Talvez seja verdade. A literatura não o interessa mais. O sucesso o abandonou. Alain Robbe-Grillet é hoje quase que só uma etiqueta: "Novo Romance". Avisto então meu motorista, que, paciente, cochila aconchegado em seu carro. Enquanto bato na janela, ouço a porta do castelo ranger às minhas costas. Assim que tomo meu lugar, o motorista, ainda bocejando, diz: "Já estava preocupado com o senhor." Só para agradá-lo, simulo um ar fatigado, de quem passou por uma grande provação, e depois fecho os olhos. Ainda o ouço dizer: "Escritores são sempre muito esquisitos." Talvez tenha mesmo razão.

Hilda Hilst

A maldição de Potlatch

Abro a *Folha de S.Paulo* do dia 3 de junho de 1998 e encontro a manchete que já vi tantas vezes: "'Ninguém me leu, mas fui até o fim', diz Hilda Hilst". Mais uma vez, em página inteira, um texto como muitos que eu mesmo já assinei em outras publicações repisa o tema inevitável: Hilda, sem nenhum receio de parecer exagerada, ou mesmo ressentida, reafirma que é a vítima infeliz de uma condenação. Maldição, ela prefere dizer, e a seguir fornece um nome para seu infortúnio: a "maldição de Potlatch". A escritora não está falando só de um sentimento mórbido, ou fazendo uma metáfora, ainda que excessiva, para sua solidão; ao contrário, diz estar segura de que existe uma energia nefasta que age sobre ela e seus livros, impedindo-a de ser reconhecida pelo que é. Hilda pode exibir, de fato, uma vasta obra, composta de ficções, poemas, textos para teatro, narrativas de humor, pequeno tesouro que permanece, entretanto, no quase absoluto esquecimento, e que o meio literário brasileiro, por ignorância, inveja ou outro motivo mais obscuro, se empenha em renegar. Foi por entender que sua literatura é sempre ignorada, e mais que isso, destruída, que Hilda adotou para si a ideia do Potlatch.

    O conceito não é dela. O primeiro intelectual a estudar o Potlatch foi o antropólogo Marcel Mauss, e, depois dele, no livro *A parte mal-*

dita, o filósofo Georges Bataille o desenvolveu, aplicando-o a outros momentos da história. Foi lendo Bataille que Hilda descobriu a noção de Potlatch, e nela julga ter encontrado um nome para a maldição que a atormenta. Os etnólogos identificaram o Potlatch, pela primeira vez, entre os índios da costa noroeste americana. Em um ritual incompreensível para nossa sociedade, os ameríndios tinham o hábito de pegar a parte mais importante de sua riqueza e simplesmente destruí-la. Bataille encontrou indícios do mesmo ritual de sabotagem em outras culturas, bastante diversas entre si, o que pode indicar que o homem carrega um elemento fixo, uma espécie de impulso para o aniquilamento, que ultrapassa as circunstâncias culturais. No século XIX, chefes *tlingit* apresentavam-se diante de rivais para, em cerimônias de truculência e desperdício, decapitar seus próprios escravos. Os *tchukchi* do nordeste siberiano, igualmente impulsionados por forças predatórias que não podiam definir, degolavam seus cães. Também os índios do noroeste americano, nos tempos de maior fartura, incendiavam aldeias inteiras, ou destruíam canoas, armas e reservas de alimentos. Dissipar riquezas, em todos esses casos, não era só um ato de autossabotagem, mas uma maneira de acumular outro tipo de poder, hoje bastante desprezado: a glória. O Potlatch se constrói sobre uma lógica bastante elementar, mas nem por isso menos cruel: a de que a maldição traz a glória.

A dilapidação gratuita de energia nada parece desejar em troca; mas Bataille mostra que ela busca, sim, uma forma secreta de prestígio, uma espécie de dom especial. "A dádiva nada significa do ponto de vista da economia geral", diz ele, apontando para a inutilidade das explicações baseadas nas relações materiais. O Potlatch ultrapassa o mundo da matéria: nesse exercício, gratuito e chocante, do poder de perder, o que se perde é o que menos importa. Ele conduz a uma forma invertida de glória, que nem por isso deixa de ser menos gloriosa, e que não está tão distante de nós quanto parece. Hoje em dia, a lógica do Potlatch pode ser identificada em muitos aspectos da ostentação social, do luxo exagerado, e no gozo com o desperdício, na supremacia do consumir sobre o produzir, no esbanjamento. "Uma vez volatilizados os recursos, permanece o prestígio adquirido por quem volatiliza", escreve Bataille. O Potlatch é o emprego inútil das riquezas, seu extravio insano, seu aniquilamento sem qualquer objetivo material. "Várias de nossas condutas são redutíveis às leis do Potlatch, possuem o mesmo sentido", afirma ele.

Hilda Hilst acredita que, agora, a lógica do Potlatch age sobre ela. Sua vasta obra faria parte daquele segmento da riqueza literária brasileira que o país, numa imitação impiedosa do ritual ameríndio, resolveu destruir gratuitamente. De fato, essa maldição, ou o que seja, parece exacerbar ainda mais o sentimento secreto de triunfo, que a escritora, mesmo quando se lamenta, não pode esconder, e aqui a lógica do Potlatch se cumpre à risca. Ao repórter Álvaro Machado, Hilda diz: "Eu sei que sou o maior poeta do Brasil, não tem importância me chamarem de megalômana. Escrevi de um jeito que ninguém escreveu. Foi a única coisa que eu soube fazer na vida." A insistência de Hilda no Potlatch é, se pensarmos bem, bastante razoável. Primeiro, ela fala da solidão pessoal em que, quase sempre, está lançada. Depois, do imenso desprezo que relega sua obra não só ao esquecimento, mas, o que é mais grave, à negação, como se os livros de fato não existissem. É ainda o sonho, nunca realizado, de "vender a alma", quimera faustiana que, mesmo quando se esforçou para isso, não pôde realizar.

Bem que Hilda tentou — e aqui não se pode dizer que ela não tenha se empenhado em seu projeto de ser lida e reconhecida. E, só para ridicularizar seus detratores e mostrar que a perseguição é indiferente à qualidade do que é capaz de escrever, chegou a publicar, no início dos anos 1990, uma célebre trilogia de narrativas pornográficas, na esperança de que assim viessem a lê-la. "Se é isso o que os leitores querem, eu agora lhes dou", explicou na época. A ideia era partir para a sedução direta, dando aos leitores mais teimosos a mediocridade e a grosseria que, aparentemente, tanto desejavam; mas essa estratégia evidentemente não funcionou, até porque a trilogia conserva o estilo impecável dos livros anteriores e nem pornográfica é, reafirmando o princípio de que nenhum escritor pode fugir de si. Talvez o que Hilda desejasse mostrar, e nesse ponto pode ter triunfado, é que, como uma adolescente sôfrega, pelo amor dos leitores ela seria capaz de tudo. Apesar de seus esforços para fracassar no texto e ser bem-sucedida na vida, a trilogia está à altura de toda a sua obra precedente, ou posterior — e assim, foi seu projeto de fracasso que fracassou.

Seu caso não é o dos escritores que têm uma obra vasta, mas não conseguem publicar por falta de um editor; Hilda, ao contrário, já teve nada menos que dezessete editores, ainda que a maioria deles exerça sua atividade de modo precário e irregular. Teve brigas violentas com quase todos, é preciso dizer ainda, e a fama de um temperamento difícil foi se tornando aos poucos, graças à ação dos difamadores, um apêndice da obra. Talvez, ao difamar, eles tenham, sem o desejar, tocado em sua ferida secreta, pois parece ser dessa posição contínua de combate que Hilda retira grande parte de suas energias criativas, hipótese que, em vez de desmerecê-la, só a dignifica.

Podemos pensar que, fosse compreendida, e não precisasse lutar para ser lida, Hilda Hilst não seria Hilda Hilst. Posta à prova, a opacidade de seus textos parece sempre prevalecer, e, se isso a abate, também faz dela o que ela é. Uma grande incompreensão, é verdade, cerca a literatura de Hilda Hilst, fato que atesta a inapetência e a preguiça de seus leitores; mas isso não nos impede de pensar que o desprezo talvez tenha se transformado em condição prévia para a obra, formando, à revelia da própria Hilda, a matéria-prima de seu projeto literário. A maldição, assim, se converte em bênção. Entrevistado por Truman Capote, o fotógrafo Richard Avedon disse, certa vez, que seus modelos, em geral artistas de idade avançada e rostos enrugados, eram santos terrestres. "Muito raramente descubro algo realmente belo em um rosto jovem", observou Avedon, e o mesmo reparo pode ser dirigido, agora, a Hilda Hilst. Os retratos de moça que ela tanto preza guardam uma frivolidade e rapidez que não combinam com seus livros e só estimulam a crueldade de seus detratores. O desprezo, como ocorre com as mulheres trocadas por seus maridos, os homens escorraçados por seus chefes e os cães largados nas ruas, torna Hilda ainda mais bela. Fato que deve ser posto não na conta da biologia, mas sim da obra, que, afinal, é a origem de tudo.

Não posso esquecer do sol derramado na estrada, a poeira me entrando pelos olhos, enquanto eu procurava, pela primeira vez, o caminho de seu sítio, uma chácara de 10 mil metros quadrados a dez quilômetros de Campinas, São Paulo. Toda a paisagem parecia fatigada com o peso da luz vermelha; as plantas tinham dificuldade de se sustentar de pé, as árvores se curvavam, e eu mesmo, um pouco tonto, tive que me concentrar em minha tarefa de repórter para não desistir. Então, pressionado pelo céu rubro, pude entender por que ela o batizara de Casa do Sol. "Meu medo, meu terror, é se disseres: / Teu verso é raro, mas inoportuno", escreveu Hilda. Eu levava esses versos rabiscados em um caderno, logo na primeira página, em letras bem grandes, como uma advertência, para não ceder ao impulso mais fácil da incompreensão. Hilda tem uma escrita intempestiva, e essa é a razão pela qual, se não nos agarramos com força às palavras, logo desistimos. Na estrada de terra, eu tinha a impressão de que a gosma de seus versos se espalhava pela atmosfera e a dissolvia. A leitura de Hilda Hilst fizera de mim um homem muito impressionável.

Assim que o táxi atravessou o portão de madeira, eu já podia ouvir um bramido que se aproximava em ondas, como se emanasse do chão. Ao sair do carro, cachorros de todos os tamanhos, cores e mestiçagens me envolveram em uma nuvem de barulho. "Já nem sei quantos são", Hilda me disse, muito calma. Talvez beirassem os 66, estimou, valendo--se de um número carregado de ameaças. Estão sempre adoecendo, morrendo, e outros chegam para tomar o seu lugar; é difícil saber ao certo quantos continuam vivos. Vira-latas sem nenhuma elegância, mancos, cegos, pernetas, despelados, desdentados se atropelavam à minha volta, mas nenhum deles, de fato, encostava os dentes em mim. Animais vadios, cansados, no limite de sua condição animal, que Hilda sabe amar com vigilância. A natureza, no que tem de mais torto, de mais sofrível, se encarnava naqueles cães.

Ela vinha atrás dos cachorros, arrastada por eles, com seu vestido largo, a bata da feiticeira, e um sorriso velhaco boiando sobre os cabelos. Tinha o rosto queimado, a pele áspera, e parecia um pouco ofegante, mas mantinha a postura senhorial, o queixo erguido, o olhar inquisitivo de quem jamais relaxa. "Não se assuste de encontrar uma velha carregando uma corcunda", Hilda me disse, com uma gargalhada, "pois isso sou eu." Nem cheguei e já estou diante da primeira lamentação: "A velhice é horrível, porque faz a gente entortar, ressecar e feder", enumerou, como se nada daquilo de fato a afetasse.

Hilda percebeu meu embaraço e sugeriu que nos abrigássemos sob uma imensa figueira que se ergue, há mais de duzentos anos, bem à frente da casa. Os cachorros, agora mais calmos, se espalhavam pela sombra. "É uma árvore mágica", ela me disse, como se anunciasse um segredo milenar, e eu não sabia se devia tomar o comentário como um consolo ou uma ameaça. À noite, diante de luas carregadas de presságios, Hilda promove pequenos rituais em honra da árvore. Seu (hoje falecido) amigo Caio Fernando Abreu, vestido de negro, muitas vezes a escoltou nessas cerimônias, que agora ela era obrigada a repetir sozinha. O mesmo gosto pelas fronteiras do humano a levou a montar em casa um equipamento de radiofonia destinado a captar mensagens emitidas por extraterrestres e falecidos, experiência que se iniciou ainda nos anos 1970, inspirada nos experimentos do músico suíço Friedrich Jungerson. Hoje, com a mesma abnegação, ela se dedica a ler o *Transcomunicação instrumental*, de Sonia Rinaldi, que registra experiências de contatos com os mortos através de telefone e fax. Esses espíritos especiais, entre os quais se perfilam os de Júlio Verne, Einstein e Paracelso, habitariam um planeta chamado Marduk, localizado fora do nosso espaço-tempo; Marduk quer dizer sol. Hilda pretende, um dia, transformar a Casa do Sol numa fundação de estudos psíquicos sobre a imortalidade, que é de fato a maior de suas obsessões.

Ela se exilou no sítio da mãe ainda nos anos 1970, abandonando uma vida agitada que a levara para os braços de personagens como Dean Martin, que namorou por um mês, e Marlon Brando, que tentou sem sucesso namorar, e depois a entregara a um cansaço incurável. Sempre no papel de mulher irresistível, viajou pela Itália, Grécia, França e frequentou banquetes, castelos, cassinos e salões reservados. Quando a beleza começou a se esvanecer, soube se retirar. Apesar do interesse na imortalidade, Hilda repudia a ideia de vir a ser reconhecida como escritora só depois de morta; lamenta que o presente não lhe traga esse reconhecimento, e, embora ainda lute por ele, não parece muito convencida de que de fato chegará. Num relâmpago, sou tomado pela impressão de que, apesar do tom lamentoso, Hilda chega a desejar o contrário. Se fala tanto sobre a maldição que a acomete, chego a pensar, é porque de alguma forma a deseja.

Olhei-a mais de perto, porém, e não reconheci a mulher que se refugiava em experiências tão extravagantes. Agora, eu via apenas uma mulher plácida, carregada de anos, é verdade, mas ainda disposta e pronta para os combates que a literatura impõe. Enquanto eu tentava afastar a perplexidade, vieram-me os primeiros versos dos "Dez chamamentos ao amigo": "Se te pareço noturna e imperfeita / Olha-me de novo", está escrito. Foi o que fiz, mas continuei a estranhá-la. O poema se desenrolou em minha memória, que costuma ser limitada, mas que ali, sob a figueira, se esgarçava: "Olha-me de novo. Com menos altivez. / E mais atento", recordei, embaralhando um pouco as palavras, mas sem perder o essencial. E enquanto me deixava levar pela voz de seu poema, Hilda me guiava para dentro da casa. É uma residência rosada e antiga, com pátio interno espanhol, decorado com janelões amplos por onde a luz escorre. A claridade chega ao interior da casa de través, entortando os cômodos, aumentando o volume dos móveis e distorcendo os ambientes. Ela me leva até a cozinha, onde me oferece chá inglês com bolachas. Sentamo-nos em torno de uma grande mesa de madeira, grossa, antiga, e de um bule fumegante. A voz de Hilda começa então a deslizar pelo silêncio pesado, pois os cães, livres de mim, pararam de latir.

Olhei-a de novo e pensei nas fotos da Hilda jovem e sedutora que tinha visto. Agora, velha, ela parecia fazer questão de reter em si, como uma das marcas da velhice, todo o peso do ambiente. Outros versos de Hilda, sempre com as palavras truncadas, mas o pensamento inteiro, me vieram. "Quisera dar nome, muitos, a isso de mim / Chagoso, triste, informe", diz ela em *Sobre a tua grande face*. Hilda, que já celebrou a beleza como um triunfo sobre o transitório, agora fazia questão de ser velha — e isso lhe dava, prematuramente, uma envergadura frouxa, um olhar perdido e também exagerado, pois ela mal passara dos 60 anos. Parecia tomada por um desprezo pelas aparências, de que a velhice seria o miolo; polpa cheia de ácidos, dores sem nome, duras rejeições, foco febril dos livros. Pensei ainda na obra e me veio o primeiro dos 21 problemas indecifráveis de Qadós em *Pequenos discursos*. E um grande: "De onde essa agonia febre-fulgor que eu carrego mil vezes cada dia?"

Hilda Hilst se sente como um dos ameríndios descritos por Marcel Mauss, um autor que está sempre a reler. Escreve para acumular riquezas e, logo depois, vê-las queimar na fogueira do desprezo. Sua obra, imensa, não repercute. Não é lida. A crítica, às vezes, cumula-a de elogios, mas eles não perduram e logo parecem inexistentes. As traduções no exterior, quase sempre na França, não ecoam no Brasil, nem mesmo chegam a ter um significado para o mercado europeu. Os problemas de dinheiro persistem. Nada funciona. Hilda Hilst se vê como uma mulher que escreve uma longa obra sem leitores, ou só para leitores silenciosos e camuflados. Escreve para não ser lida. Para ser recusada. É, no entanto, essa maldição que a leva a prosseguir.

Quando era jovem, e vivia cercada de homens bem-sucedidos, ninguém levava a sério o que escrevia, porque textos tão densos não podiam vir de uma mulher tão desejada; e deviam ser tomados como uma brincadeira inofensiva, ou uma fraude. "Achavam que era tudo psicografado", ela recorda, com sarcasmo. Frequentava os grã-finos, as rodas elegantes, mas também a juventude transviada, as festas secretas e os artistas de vanguarda. Gostava de atrair e de chocar, movimentos opostos que configuravam um só sentimento: o de estar imersa em seu tempo. Hoje, envelhecida, com o cabelo repartido num coque senhorial, metida em sua bata, exilada, já quase não sai de casa, nem mesmo para as homenagens que, às vezes, lhe oferecem. Mas afirma que o desterro não se deve ao sítio distante, à vida ensimesmada, ou às limitações da idade, e sim à obra que, por falta de leitores, parece destinada a não existir.

E Hilda se lamenta, sem parar, deixando-nos entre a piedade (que, no caso de uma obra tão magnífica, é ofensiva) e a indiferença, também odiosa, talvez o cansaço, e certamente a impotência. Os livros de Hilda Hilst se desviam dos padrões literários dominantes e não têm qualquer interesse em neles se confinar. Sua relação com a escrita não é formal, ou social, mas vital. Num momento em que as regras de mercado pedem clareza, ela parece opaca; o lugar-comum diz que ela não é "legível" e até que chega a ser fraudulenta. Parece ora enigmática e fechada em si mesma, claustrofóbica; ora excessivamente derramada, as palavras costuradas em um caudaloso fluxo de imagens e ideias à deriva. Embora queime a vista, pois Hilda trabalha com a superexposição das emoções que a língua evoca, sua literatura parece destinada às sombras, à opacidade, como o filtro severo que bloqueia uma lente. Seus livros mexem com paradoxos e com excessos que, diz-se, extrapolam o domínio do literário. Hilda é, então, vista como perigosa, enganadora, e, ciente do que esse destino tem de inexorável, dele tira ainda algum partido; então, exacerbando cada um dos elementos dessa condenação, adota-os como seus, como se fossem uma escolha.

A literatura de Hilda Hilst parece inconveniente — numa palavra: obscena. Hilda entendeu isso muito bem. Tentou dar uma resposta adequada a leitores e críticos partindo para a atuação, isto é, tentando ser obscena mesmo. Quando escreveu, no início dos anos 1990, sua trilogia marota (*O caderno rosa de Lori Lamby*, *Contos de escárnio* e *Cartas de um sedutor*), não foi muito feliz. O artista plástico Wesley Duke Lee se recusou a ilustrar *Lori Lamby*, considerando-o "um lixo absoluto". Intelectuais que respeitavam sua obra se declararam "chocados", e muitos, em nome do pudor ou da sanidade, cortaram relações pessoais com a escritora. Poucos, muito poucos, puderam perceber a qualidade da resposta que Hilda Hilst lhes estava dando. Em sua trilogia, ela nada mais fez que repuxar sua escrita até os limites da normalidade, pois nada mais "normal" que o obsceno, que não passa de um expediente que tenta domesticar o indomesticável. Ela manipulou as expectativas mais inconfessáveis de seus leitores, mexeu com seus pudores mais secretos e mostrou que a arte não pertence apenas ao domínio do voluntário. Não basta desejar fazer, ou mesmo saber fazer — alguma coisa "se faz", sempre, à revelia do autor. A arte lida com o obscuro, o não manipulável, os sistemas autônomos da mente, as sombras, e por isso, aos ingênuos ou apressados, lembra uma maldição. Nessa série obscena, Hilda tenta dizer que entende, sim, o que seus leitores sentem quando leem seus livros: abandono, desamparo, solidão. Sentem-se nauseados diante de algo que os perturba e que, talvez, preferissem evitar. Fala do intolerável que se manifesta quando ela, sem ceder ao desejo de agradar ou de desagradar, usa a literatura para afundar a face no essencial.

Cartas de um sedutor começa com uma citação do filósofo romeno E. M. Cioran: "A vida só é tolerável pelo grau de mistificação que se coloca nela." Uma dessas mistificações é a norma literária, nessa segunda metade da década acossada por exigências "profissionais" de legibilidade, efeitos inócuos e pressa. A literatura hoje tende à inocência, falsa candura que só vem disfarçar o horror pelo novo; Hilda não só não está preocupada em se adaptar a essa norma, como começa pelo fim: ela parte da borda do literário e, em vez de avançar rumo ao centro gerador de normalidade, lança-se numa viagem para fora da literatura. Por isso escreve livros que se distanciam das expectativas médias e se aproximam do susto.

Parece sempre que Hilda trabalha com as palavras erradas, com as palavras mal ditas e com a dissimulação, pois de um escritor tudo o que se espera, hoje, é a nitidez. Ela não parece temer, porém, o lado obsceno que ata a literatura ao homem e que torna todo escritor que dele tenta escapar um refém da futilidade, ou da afetação. Hilda sabe que a literatura só serve para algo quando deixa de lado os protocolos letrados e se oferece como instrumento de sobrevivência. Em *A obscena senhora D*, ela começa com um aviso bastante esclarecedor: "Vi-me afastada do centro de alguma coisa a que não sei dar o nome." Já na primeira frase, as palavras lhe escapam — isto é, a literatura falha. Hilda trabalha com o fracasso, e, por isso, sua obra não pode ser aferida pelos padrões do sucesso, erro que ela mesma, na aflição de escapar ao isolamento, não se cansa de cometer. O leitor deve se preparar para o medo, pois ler Hilda Hilst é acompanhá-la sem a garantia de equipamentos de segurança e sem um destino fixo — ou cair fora, cinicamente, reclamando do "peso" de sua escrita.

Em um dos dez poemas de *Da noite*, ela avisa: "Costuro o infinito sobre o peito. / E no entanto sou água fugidia e amarga." Hilda Hilst se propõe tarefas que, desde logo, sabe que não poderá cumprir. É a distância, o imenso intervalo entre o abismo da imaginação e a fraqueza do humano, que a interessa. Sua literatura se ergue sobre uma declaração de impotência; como se avisasse aos leitores, repetidamente, que dela nada devem esperar, pois o escrever não é objeto, é isca. Ela não teme a cisão que preside o ato de criar. Por isso pratica uma literatura que não se lê impunemente.

A obscena senhora D, a propósito, empaca numa palavra: "derrelição". Do latim *derelictione*. Abandono, desamparo. O que significa pensar em solidão, isolamento, esquecimento. Talvez derrota. Há uma acepção jurídica: "Abandono voluntário de coisa móvel, com a intenção de não mais a ter para si." A literatura de Hilda Hilst parece governada por esse não dar conta, esse largar, essa impotência original. Ao escrever, ela se abandona; escrever é, um pouco, desistir. Os diálogos entre a senhora D e Ehud, seu amor morto, se travam em terreno pastoso e sombrio. O tempo é viscoso, com suas bolhas de acontecimentos: diálogos que se interrompem, divagações que não chegam a um destino, recordações em farelos, cenas dispersas, imprecisões. A senhora D chega a dizer que, para ela, "viver foi uma angústia escura, um nojo negro". Escrever, mais uma vez, é fracassar.

Sua escrita dá a impressão de não ser trabalhada, de ser "jogada", talvez um pouco mediúnica, quando se trata bem do contrário: ela escreve com extrema vigilância para não embonecar a ficção, não decorá-la, nem facilitá-la. A literatura, para Hilda Hilst, é um ponto de partida para saltos longos e desgovernados, e não um ponto de chegada. Ehud pergunta à sua Hillé, a senhora D: "E o que foi a vida?" Ele mesmo responde: "Uma aventura obscena de tão lúcida." Obscenidade e lucidez sendo as duas faces do mesmo devassamento, laço que, no mundo asséptico desse fim de século, é bem difícil de aceitar, e diante do qual muitos leitores, enrubescidos, preferem fechar os olhos.

A literatura de Hilda mexe com as duas últimas fronteiras da modernidade: paixão e morte. A paixão desorganiza; a morte fulmina. A modernidade, por isso, as remete à margem. A paixão, então, é psicologizada; a morte, medicalizada. Procedimentos de contenção com os quais se tenta refrear o pavor que essas experiências provocam. Hilda, ao contrário, insiste em escrever a partir desses extremos longínquos e, por isso, parece estar sempre começando pelo fim, como um alpinista que preferisse, primeiro, experimentar a queda. Escreve de um lugar perigoso para os que pensam em eficiência, em rendimentos mensuráveis, em idoneidade, elegância e bom gosto. Isso desorienta aqueles que sustentam a independência absoluta da imaginação diante do real, falácia que Hilda desmonta habilmente em suas ficções.

Seu projeto literário quebra a fronteira que separa e protege o leitor do escritor, a vida da ficção. Nesse ponto, Hilda Hilst se aproxima dos poetas — torna-se poeta. Faz questão de mostrar que não tem compromisso algum com o literário — aqui entendido como a norma que diz o que é e o que não é literatura e que afere os patamares de competência e incompetência da escrita. Isso lhe outorga um poder letal: a literatura que se faz paixão tanto pode salvar como pode matar. Nunca é demais pensar nos métodos de exclusão que tornam Hilda Hilst, embora viva e atuante, uma autora "esquecida". A literatura em nosso país é hoje mais legitimada por seus efeitos externos — presença nas listas de mais vendidos, facilidade de digestão, poder de evocar a "brasilidade" e o que ela tem de excêntrico, vocação para as versões "leves" no cinema ou na TV — que por sua temperatura interna. O espaço entre o leitor e o livro, território clássico da intimidade, da emotividade e da reflexão pessoal, está conturbado por interferências violentas: exposição do escritor na mídia, imagem pública dos autores desenhada por especialistas, técnicas de marketing e de embalagem, conflitos de política literária, lutas de prestígio. Esse excesso de ruídos torna uma voz firme e dissonante como a de Hilda Hilst quase inaudível.

Essa negação aponta, quem sabe, para uma fobia. Ao se defrontar com a escrita suculenta de Hilda, o leitor anoréxico se sente denunciado; é também destituído dos anteparos aconchegantes que envolvem o leitor clássico, aquele senhor de robe acomodado no calor de sua poltrona e isolado dos perigos do mundo, sendo nessa ruptura que o medo do obsceno aparece. Pois o que é o obsceno, a rigor, senão aquilo que fere nossa suposta pureza e que, por isso, não suportamos ver? *A obscena senhora D* termina com um pedido: "Livrai-me, Senhor, dos abestados e dos atoleimados." Todos nos tornamos um pouco tolos e abestalhados quando deparamos com o essencial. Hilda Hilst, por princípio, só trabalha com essências, condição que a torna mesmo inconveniente e ameaçadora.

Um dos mais atentos estudiosos da obra de Hilda Hilst, o crítico literário Leo Gilson Ribeiro mostrou que ela reúne em sua escrita duas escatologias: a do *Eskhatoslogos*, a doutrina final do tempo; e a do *Skatoslogos*, a doutrina que disserta sobre as fezes. O grande personagem de Hilda é Deus, mas "um deus tão sujeito às paixões humanas do ódio, da crueldade deliberada ou da omissão quanto as divindades do Olimpo na Grécia antiga", como mostra Leo Gilson. Uma divindade bárbara, nunca compreendida, apenas esboçada; um deus com o qual se deve sempre brigar e no qual não se deve nunca confiar. Essa religiosidade aparece ainda em uma frase do teólogo Paul Tillich, que Hilda gosta de repetir: "Todo aquele que pensa em profundidade é um ser religioso." É exatamente por isso, porque pensa sempre em abismo, que ela dispensa as religiões institucionais, embora admire Brama, Buda e os santos católicos.

"Você se sente realmente vítima de uma maldição?", eu lhe pergunto. "Há coisas de fato estranhas", Hilda me diz, esforçando-se para me mostrar que não abre mão da lucidez. "Mas essa é uma pergunta que não sei responder." Ela às vezes pensa que a maldição emerge do texto, porque todos os seus personagens têm o mau hábito de pensar. "Mesmo quando decidi escrever pornografia, meus personagens viviam com a cabeça cheia de pensamentos", diz. "Eles pensam sem parar. Até no meio do sexo, decidem sempre fazer perguntas complicadas." Outras vezes, afastando-se do que escreve, chega a atribuir a maldição, de fato, a alguma força exterior, e então se sente cercada de inimigos. Mas, para se consolar, recorda o *Hípias Maior*, um dos diálogos de Platão, cuja autenticidade é contestada. A certa altura, Sócrates diz: "É melhor se desavir com todos do que com aquela única pessoa com quem se é forçado a viver depois de ter se despedido de todos." Hilda acha que, se um autor é coerente consigo mesmo, o resto é suportável, o que não deixa de causar um tipo difícil, mas verdadeiro, de alívio.

Hilda volta a pensar na maldição de Potlatch. Escreve há trinta anos e tem publicados quase trinta livros, que mereceram críticas elogiosas, traduções no exterior e prêmios de prestígio. "Estou continuamente exibindo minhas riquezas, entregando o que tenho de melhor, mas os outros jogam fora o que lhes ofereço", constata. Adquiriu, com o tempo, o "poder de perder" que Mauss viu nos ameríndios. Para mitigar a aflição, pensa numa frase de Chesterton: "Um homem pode ser gordo para certos lugares e magro para outros." E a refaz: "Meu texto é magro para uns, mas é gordo para outros."

Essa recusa produz nela, muitas vezes, uma sensação de estranhamento, experiência que, vista de fora, se assemelha mesmo à loucura. Há alguns anos, Hilda foi à Universidade Católica de São Paulo para assistir à defesa de uma tese sobre sua obra, *A linguagem delirante de Hilda Hilst*, assinada por Clara Silveira Machado. Um estudo de mais de quinhentas páginas, resultado de treze anos de dedicada pesquisa acadêmica. "Sentei-me quietinha na primeira fila e me pus a ouvir", relata-me. Mas nem assim escapou. Toda vez que uma senhora da banca falava em paranoia, ou esquizofrenia, apontava para ela — e Hilda olhava para trás, na esperança de que fosse para outra pessoa. Depois da defesa, que a deixou muito envaidecida, a autora veio cumprimentá-la. E, entusiasmada, revelou: "É a primeira vez no departamento que se defende uma tese sobre a obra de um escritor vivo." Hilda a olhou sem conter o desprezo e respondeu: "E você pensa mesmo que estou viva?" Na saída, cruzando com a senhora da banca que a olhava espantada, não resistiu e perguntou: "O camburão e a equipe médica já chegaram?"

Hilda não gosta de falar em público, por achar que os leitores a temem. Certa vez, depois de muita insistência, resolveu participar de dois debates sobre sua obra, promovidos pela Unicamp. No primeiro, depois de falar um pouco, e vendo que nenhum dos alunos tinha coragem de lhe fazer qualquer pergunta, virou-se para o coordenador da mesa e disse: "Por que, durante os debates, ninguém se dirige a mim?" O professor respondeu: "Ora, os alunos têm medo de você." No debate seguinte, tentando inverter as expectativas dos alunos, ela começou sua fala assim: "Não se preocupem, porque sou eu quem tem medo de vocês." De nada adiantou, o medo persistiu. Hilda me diz que tem uma amiga japonesa que sempre lhe promete de presente uma coleção de máscaras orientais. "Talvez assim, com uma máscara de brava, eu imponha respeito", consola-se. Ela não acredita mais que possa escapar da maldição que cerca sua obra. "Talvez, depois que eu morrer, ela estanque", me diz. "Talvez desapareça junto comigo." É uma esperança que, no entanto, não chega a consolá-la.

Cabe cogitar um pouco mais, por fim, a respeito das vantagens que Hilda Hilst pode estar retirando do papel de maldita. Empenhado em pensar os impasses da literatura contemporânea, o escritor argentino Ricardo Piglia defende a ideia de que o grande problema do escritor no mundo de hoje não é o fracasso, mas o sucesso. Até o século XIX, o escritor era um homem que vivia em eterna aliança com o fracasso.

Baudelaire é, desde muito, o símbolo desse escritor amaldiçoado e incompreendido, que vivia com problemas de dinheiro, era visto como inadaptado, desprezado pela família e condenado ao isolamento e ao desastre. Piglia diz que hoje, ao contrário, o escritor se tornou a imagem por excelência do homem bem-sucedido, ainda que essa representação se construa, muitas vezes, mais à custa de fantasias que de fatos. O escritor de hoje recebe adiantamentos em dólares, pontifica na televisão, viaja para feiras internacionais e seminários, recebe *royalties* de traduções no estrangeiro; é também adulado pela mídia e pelos leitores, ocupando, muitas vezes, o lugar de um verdadeiro guru, que está sempre à disposição, com seu currículo e a força de seu prestígio, para emitir opiniões e julgamentos. O escritor de sucesso pode ser solicitado, a qualquer momento, para estar em Nova York, em Frankfurt ou em Tóquio, para dizer isso ou aquilo, se engajar em tal ou qual movimento, e sua presença será sempre cercada de pompa e decorada por uma legião de fãs.

Nesse novo quadro, o êxito, e não mais a maldição, é o grande problema do escritor, já que o sucesso o obriga a se repetir e o impede de falhar, quando toda literatura que merece esse nome se constrói sempre à beira do abismo, sendo o fracasso sua condição primeira de existência. Além disso, o sucesso, conquanto traga vantagens pessoais, apresenta também muitos problemas — e que infinidade de problemas, a começar pela desconfiança imediata dos leitores mais cultos. Um escritor best-seller deve sempre justificar cada palavra que diz, que escreve, e cada atitude que toma, além de aceitar que a mídia vigie seus passos, que sua vida pessoal seja devassada e sua fortuna posta, sempre, sob suspeita. O escritor de sucesso, por mais que se esforce, nunca parece estar à altura da glória que lhe destinam; se assemelha, ao contrário, a um eterno devedor: deve o grande livro que não vem, a grande declaração que não é capaz de pronunciar, a grande iluminação que todos aguardam. A posição de amaldiçoado, ao contrário, destina ao escritor, mesmo ao mais arredio e imóvel, uma série de favores que ele não precisa se esforçar para merecer. Piglia fornece o exemplo de Franz Kafka, que desejou sempre ser invisível e, antes de morrer, chegou a manifestar o desejo de que toda a sua obra fosse queimada; paradoxalmente, foi esse desejo de invisibilidade que serviu de base para a construção do mito Kafka, pois, ao contrário das vantagens mundanas, que são transitórias, ele lhe trouxe a posteridade.

Ao repetir insistentemente que está condenada por uma maldição, Hilda Hilst nada mais faz, pode-se cogitar, que fugir do problema do sucesso e se refugiar no papel mais seguro da ruína, solução que pode não trazer vantagens imediatas, mas cerca sua literatura de sombras que apontam para o futuro. Podemos, quem sabe, inverter os termos da maldição de Potlatch e ver nela um modo que Hilda encontrou para escapar das grandes questões da literatura contemporânea, sendo a maior delas o sucesso e suas armadilhas. Agindo como uma couraça que a protege dos problemas do êxito, cercando-a do mistério necessário para que não seja esquecida em meio ao rebanho cinzento dos escritores fáceis, a maldição de Potlatch pode funcionar, quem sabe, como uma bendição, pois acaba cercando os textos de Hilda de segredos e promessas. Nada disso, no entanto, afeta as qualidades de sua obra, o que só vem provar que a literatura, se é grande, e a de Hilda Hilst é, perdura além de toda consagração.

Manoel de Barros

Retrato perdido no pântano

O destino do poeta Manoel de Barros, sina que ele mesmo ajuda a tramar e da qual tira bom proveito, é ser confundido com seus versos. Lemos os poemas de Manoel e, pouco a pouco, nos convencemos de que ele é um homem que não é. Mas, tomado pelo que não é, ele pode, enfim, realizar o sonho que constitui a poesia: ser apenas verbo. "Não saio de dentro de mim nem para pescar", ele escreveu no *Livro sobre nada*. No mesmo livro, porém, também está escrito: "Há muitas maneiras sérias de não dizer nada, mas só a poesia é verdadeira." A qual dos dois poetas seguir? Ao Manoel que jamais sai de si, sempre concentrado no que é, ou àquele que, além de estar ausente, desmanchando o mundo na borra das palavras, escreve sobre coisa alguma? A melhor solução, no caso de Manoel de Barros, é não excluir nenhum dos dois. Melhor solução, mas também a mais difícil, como costuma sempre ser.

A pressa e a aflição em fixar classificações levaram Manoel de Barros a ser tratado, em geral, como "o poeta do Pantanal". Logo o imaginamos, em consequência, com os pés afundados no charco, caminhando entre bois sonolentos numa paisagem úmida, um chapéu de couro e um cigarro de palha deslizando à frente do horizonte. Manoel vive em Campo Grande, a capital do Mato Grosso do Sul e do Pantanal mato-grossense. Herdou uma fazenda na região e é de sua exploração que, hoje, sobrevive, e não dos versos. Se falamos com Manoel por telefone, encontramos um homem avaro nas palavras, retraído, quase paralisado pelo pudor; e se o provocamos com o convite para uma entrevista, ele se esquiva com delicadezas assim: "Não vale a pena, você vai voltar de mãos vazias." É o nada, ele adverte, que iremos encontrar. É difícil não concluir que se trata de um homem arredio, que prefere ficar escondido no pântano a se expor às grandes luzes; e que, se escreve poesia, é só para externar essa inapetência para o mundo dos homens, pois parece se sentir muito melhor entre as coisas imóveis e os bichos tristes que entre os seres falantes.

Quando lhe pedi pela primeira vez uma entrevista, Manoel tentou me desencorajar. "Você erra em esperar coisas de mim. Sou só um bugre perturbado", ele me assegurou, e parecia estar sendo mesmo sincero. As palavras lhe pesavam, sua voz era um fio a se perder naquele interurbano, e eu imaginei um homem magro, de calças arregaçadas, pés atolados na terra, preso à linha de um telefone que ele arrastava, como um bicho sujo, até o quintal. Eu o vi agachado entre passarinhos, os pés metidos em chinelos de couro, o chapéu torto recortando a testa, a mastigar um toco de raiz, uma folha verde e amarga, ou a chupar jabuticabas, enquanto falava cheio de medo. Um homem em sua varanda, entre trepadeiras, moringas e espreguiçadeiras antigas, ou no fundo de um quintal, entre galinhas, cachorros alvoroçados e um cheiro de feijão a escorrer de dentro da casa.

Eu queria uma entrevista, e Manoel, com delicadeza, me negava. Ouvindo-o, consolidei a imagem de um homem arisco, desgarrado do mundo, que lutava contra o sucesso de sua poesia e não sabia o que fazer com ele. "Não tenho nada a dizer", Manoel argumentou. "Se você vier, vai se decepcionar comigo. É melhor que não venha e não se decepcione." Eu ainda argumentei que isso não me importava, que estamos sempre nos desiludindo com as coisas, e que é nesse desapontamento, que na verdade é mais um susto, que a força da arte está guardada. Manoel, paciente, respondeu que admirava minhas razões, mas que simplesmente não tinha o que dizer, e que também não queria aparecer. "Não sou dado a essas coisas de imagem", disse, levando-me a convencê-lo de que iria sozinho, não levaria um fotógrafo, mas nem isso o acalmou. Usei argumentos mais fortes, quis insistir ainda uma vez, mas sentia que Manoel estava recolhido a um mundo delicado, construído por objetos perecíveis, um panorama quebradiço e sensível, e tive medo de feri-lo.

Na verdade, eu já estava atolado nas palavras e, esbarrando no que é mesmo impossível, não conseguia separar o poeta das coisas que ele escrevera. Eu tinha terminado de ler o *Livro de pré-coisas*, onde encontrei ditos assim: "As coisas que acontecem aqui acontecem paradas. Acontecem porque não foram movidas. Ou então, melhor dizendo: desacontecem." E foi a partir de frases como essa que, antes de conhecê-lo, construí meu retrato pessoal de Manoel de Barros, a figura de um tímido a fazer versos inocentes construídos só de coisas, que na verdade me era muito vantajosa, pois não me colocava em questão. A voz hesitante do poeta vinha confirmar esses pensamentos odiosos. Eu não devia mesmo ir: se fosse, corria o risco de desorganizar aquele mundo tão imóvel, e causaria grande estrago por pouco, já que não traria de volta grande coisa. E, com o peito estufado de ideias, pensei que talvez até tivesse exagerado em meu fascínio pela poesia de Manoel de Barros, que havia muitos anos me dedicava a ler. Talvez, ainda me consolei, eu devesse primeiro reler seus livros, e então veria o que não desejava ver: que eram apenas exercícios sem malícia, jogos de um espírito casto, brincadeiras — e eu emprestava um sentido simplório a essa palavra.

Logo à entrada do *Livro de pré-coisas*, num tom que é quase de ameaça, está dito também: "Este não é um livro *sobre* o Pantanal. Seria antes uma anunciação. Enunciados como que constativos. Manchas. Nódoas de imagens. Festejos de linguagem." Eu devia ter prestado atenção. Se pudesse ler o que não consegui ler, veria que, naquela poesia torta, as coisas não se simplificam, mas, ao contrário, se complicam. Na página 31 do *Livro de pré-coisas* está escrito: "No Pantanal ninguém pode passar régua. Sobremuito quando chove. A régua é existidura de limite. E o Pantanal não tem limites." O Pantanal, pensei com minha pressa de jornalista, é Manoel — os limites borrados transformam homem e paisagem em uma só entidade. É Manoel quem não tem limites, e, em consequência, seu retrato não pode ser traçado. Mas eu, o repórter teimoso, insistia em querer penetrar naquele mundo inacessível, que ficaria bem melhor se o deixassem quieto. Se olhasse com mais atenção, perceberia que tudo estava, afinal, em seu lugar. Se fosse um homem decente, desligaria o telefone.

Eu estava errado, e só muito depois pude compreender a origem desse erro. Naquele jogo, o ingênuo era eu, e não Manoel. Ansioso para formar uma imagem daquele poeta cujos versos me enfeitiçavam, construí, acreditando na poesia, o "meu" Manoel de Barros. Meu engano, podia agora me dar conta, começara ao ler o *Livro de pré-coisas*, em que Manoel traça o retrato de Bernardo, um homem-coisa, mistura de ser humano e espantalho, que há muito se recusa a falar. Em sua cabeça, os pássaros e as galinhas se aninham; filhotes de porcos, cachorros, bezerros saltam para seu colo. Mesmo mudo, ou talvez por isso mesmo, Bernardo tem o dom de reger a natureza. Manoel descreve: "Era um ente irresolvido entre vergôntea e lagarto. Todos que externam desterro sentavam nele. Sua voz era curva pela forma escura da boca." O pântano estava em suas mãos.

O fascínio do poeta por Bernardo me levou a pensar que ele via naquele homem um rascunho de si mesmo. E eu, açodado na busca de uma imagem que me consolasse, apressei-me em tomar Bernardo por Manoel, o que só me permite pensar no número de tolices que cometemos em nome da poesia. Dissolvidas uma na outra, as duas imagens (uma arrancada do texto, outra de minha imaginação) se fundiram. Surgiu entre elas um terceiro: o "meu" Manoel, personagem que vinha sintetizado naquela voz, prestes a quebrar, que me respondia pelo telefone. O jornalismo é uma espécie de alçapão, que traga a realidade e a digere; é uma máquina de enganos. Não era a hora, porém, de ter uma crise de consciência; ao contrário, era com a crise que eu devia trabalhar.

Resolvi, por isso mesmo, que não desistiria. Em telefonemas seguidos, negociei com Manoel de Barros um encontro, que ele sempre tratava de adiar. "Você está perdendo tempo comigo", insistia. "Procure uma pessoa que tenha coisas a dizer." Por fim, só porque fui desagradável e insistente, ele aceitou responder por escrito a algumas perguntas, contanto que eu as enviasse por carta e ele pudesse desprezar as que não o interessassem. Vendo que essa era a opção que me restava, concordei. Apressei-me em redigir minhas perguntas e as despachei pelo correio numa tarde de janeiro de 1996. Depois, bastante desanimado, pensei: "São perguntas que ficarão para sempre aguardando uma resposta." Como os animais tristes que se espalham, lentos, pela paisagem do Pantanal, indo e vindo entre as cheias, simplesmente esperando. "Vou responder devagar e do meu jeito", ele me disse, e eu tentava me apegar a essas palavras de consolo, mas sabia que elas eram só uma recusa branda. Talvez nem viesse a ler minhas perguntas, que ficariam guardadas em algum fundo de gaveta, esperando que um dia alguém, sem nem mesmo lê-las, as jogasse fora.

Quase dois meses depois, encontrei em meu maço de correspondência um pequeno envelope, endereçado em letra miúda, talvez infantil. Olhei o remetente: era ele. "Deve estar se desculpando", pensei, e mesmo assim me sentia feliz. Eu estava enganado. Em folhas amarfanhadas, do tipo papel-ofício, Manoel respondia pacientemente, datilografando com esmero de estudante, cada uma de minhas perguntas. Respostas contidas, mas sinceras, que reafirmaram a imagem de um homem tímido, para quem as palavras têm um perigoso poder de erosão. Elas me renderam, ainda assim, uma entrevista, publicada depois em *O Estado de S. Paulo*. E, a começar pelas folhas castiças em que vieram escritas, confirmavam a figura de homem puro e arredio, dado a poucas manifestações de expansão. Havia ainda um bilhete anexo, rabiscado à margem: "Aí está o que pude fazer. Peço desculpas pela demora." Manoel corrigiu os erros com esferográfica, numerou metodicamente as questões e, como um aluno aplicado, grampeou as páginas. Depois, com perícia de agrimensor, dobrou as folhas até elas caberem no pequeno envelope.

As respostas traziam, porém, ideias bastante tensas, e minha imagem do poeta primitivo, debruçado entre aves e galinhas, acocorado à beira de um quintal, começou a tremer. Diante de uma primeira pergunta burocrática que tratava das relações entre sua poesia e o regionalismo, Manoel abriu sua resposta assim: "Há sempre um lastro de ancestralidades que nos situam no espaço. Mas não importa muito onde o artista tenha nascido. O que marca um estilo literário é a maneira de mexer com as palavras. Poesia é um fenômeno de linguagem." Talvez estivesse citando algum autor refinado que acabasse de ler, pensei, ainda resistindo. E, invertendo o susto, me convenci de que Manoel devia ser um homem mais tímido ainda do que pensei, pois precisava se esconder atrás das palavras dos outros, citar autores, para falar. Mais adiante, porém, o susto se confirmou. "De minha parte, confesso que fujo do regionalismo que não dê em arte, que só quer fazer registro", ele escreveu. "Não gosto de descrever lugares, bichos, coisas da natureza. Gosto de inventar. Quem descreve não é dono do assunto; quem inventa é." À frente um pouco, Manoel filosofava ainda: "Exploro os mistérios irracionais dentro de uma toca que chamo *lugar de ser inútil.*" E dizia também: "Tenho medo que a ciência acabe com os cavalos, com a luz natural, com as fontes do ser." Eu começava a vê-lo como um Rousseau, que tivesse trocado as florestas de Montmorency pelo pântano mato-grossense; a imagem do jeca pantanciro, desconfiado e temente às palavras, começava a se desfazer.

Essas confissões me levavam, enfim, a suspeitar de que eu tinha inventado, por comodismo, por inércia, por apego aos clichês que estão sempre rondando a escrita, um Manoel errado. A carta me apontava a fonte de sua poesia: o mundo das inutilidades, das coisas sem préstimo, da linguagem errante — e não o mundo prático e enlameado do Pantanal. Essa era a verdade: eu me sentia traído, porque, em meio ao pântano das palavras, não encontrava o retrato que tinha concebido;

em seu lugar aparecia outro, que me enchia de susto. Mas, e se aquele filósofo da linguagem que respondia minhas perguntas também fosse só um personagem? E se ali também, naquelas linhas, a poesia, e não a verdade, desse as cartas? Quem, afinal, falsificava quem? E, mais uma vez, eu começava a afundar no pântano das palavras.

Em busca de um chão, tratei de voltar à carta, mas, para meu desespero, ela me trouxe ainda mais incertezas. Perguntei-lhe qual era o papel da ignorância na atividade poética. Ele, para derrubar minha imagem de vacas silenciosas e campos alagados, disse: "Gosto de ver o que não aparece. Um que não era o adivinho de Tebas, o Tirésias, um que era apenas o Pote-Cru, andejo de beira de rios, criado em grotas de preá, me disse um dia: *Eu tenho vaticínios de lugares*." Pote-Cru se parecia com os adivinhos, os videntes, os bruxos, os urgos, os demiurgos, os curandeiros, os magos, gente que "usa muito a ignorância para nos conhecer", o poeta acrescentava. Ali estava não só um homem que sabia pensar, mas que também conhecia os artifícios do pensamento. Um homem preocupado com o futuro. Temeroso de que o idioma não sirva mais para celebrar, que se torne apenas um instrumento pragmático, cheio de objetivos e sem nenhum espírito. E de que, assim, o ser não possa mais comungar com as coisas. "A imaginação não vai mais desabrochar, porque os nossos desejos e fantasias serão realizados", Manoel me dizia, e era como se pudesse olhar para a frente e ver algo muito claro, mas que me escapava. Meu Manoel tinha desaparecido atrás daquela fala, e um outro sujeito, um Manoel muito diferente do meu, ocupava seu lugar. E, ainda sem entender muito bem, eu tive que me conformar. O meu Manoel não existia, só me restando retornar ao ponto de partida.

Mais de um ano depois, só porque eu não parei de insistir, Manoel de Barros aceitou me receber pessoalmente. Teimou que nada tinha a dizer além dos versos, que ia me decepcionar, mas disse que, se eu queria mesmo ir, que fosse. Em um voo da rota São Paulo-Campo Grande, cheio de dúvidas, passei a meditar sobre o homem que me esperava. Tentava, ainda sem saber em que referências me fixar, compor um retrato mais nítido do poeta. Uma tempestade fez o avião se agitar como um peixe erguido da água. Parecia ser um sinal: a poesia de Manoel me deixava assim, vendo presságios por todos os lados. Tratei de me distrair do medo me entregando à *Gramática expositiva do chão*, livro que reúne toda a obra de Manoel de Barros, desde os *Poemas concebidos sem pecado*, de 1937, até *O guardador de águas*. Mais uma vez, porém, os versos vinham mais para perturbar que para esclarecer. Uns versos assim: "Depende a criatura para ter grandeza de sua / infinita deserção. / A gente é cria de frases. / Escrever é cheio de casca e de pérolas." Ou assim: "Sou mais a palavra com febre, decaída, fodida, / na sarjeta. / Sou mais a palavra ao ponto de entulho." A sujeira que envolve os poemas de Manoel não é obra da natureza; é, sim, o resultado de uma longa e difícil depuração.

A aterrissagem em Campo Grande, depois de longa espera pelo que o piloto denominou "uma brecha", foi dramática — o aparelho, ciscando o asfalto, por pouco não rompeu a cabeceira da pista. Nessa chegada tumultuosa, todos os meus temores pareciam se confirmar: eu pisava, finalmente, um território primitivo, de natureza revolta e homens calados, avesso a tudo o que viesse da cidade grande. Ainda me consolava: talvez agora sim eu viesse a encontrar o meu Manoel verdadeiro. Cheguei a pensar se aquelas respostas de um ano antes não haviam sido ditadas por alguém, um assessor editorial, um filho universitário, um copidesque. A que ponto chegava o meu medo! O aparelho agora se movia rumo ao terminal de desembarque, mas eu ainda suava frio.

Nesse ponto, era a minha própria imagem, e não a de Manoel, que vacilava. "Manoel me achará ridículo com minhas teses de geladeira e minhas anotações de estudante", pensei. Levava seus livros rabiscados a caneta, com destaques, comentários rápidos, esboços de perguntas. Levava também um caderno de capa grossa e minha lista lamentável de inquisidor. Tentarei me agachar no quintal ao seu lado; cairei de quatro na lama e voltarei com as calças borradas. Tentarei acompanhá-lo em seu silêncio meditativo; mas afundarei no grotesco, serei ridículo como esses repórteres simpáticos que habitam a tela da televisão. Tentarei agradá-lo com insinuações a respeito de meu amor pela vida natural, pelo pântano e pela ecologia; ele entenderá que trapaceio, que não sou de confiança, e me odiará. E se fechará em seu silêncio de pedra e não poderei fazer entrevista alguma, e, como ele mesmo predisse, voltarei com as mãos vazias. Manoel, o sábio, me colocará em meu lugar: o de repórter curioso, disposto a fixar uma imagem, a domesticar seu entrevistado, quando ele, previdente, se esquiva e me escapa. Será um homem medroso e quieto que irá me receber. E eu, com minhas perguntas murchas, me apoderarei de sua vida pacata e, até, macularei o desenho cristalino de seus versos. Eu, o invasor — que figura patética e digna de desprezo. E o poeta que tanto prezo, que tanto me perturba, que vim lendo vorazmente em minha poltrona de avião, só sentirá repugnância.

Atravessei a cidade. A primeira impressão foi um desapontamento, mas devia ser o cansaço. De meu quarto de hotel, telefonei para avisar que já estava em Campo Grande. O próprio Manoel atendeu e se mostrou surpreso que eu tivesse mesmo ido. "Então você viajou tanto só para conversar comigo?", perguntou, sem acreditar. Minha chegada parecia criar um fato implacável. Ele não acreditava que eu fosse, e, por isso, a entrevista não lhe dava medo; tinha se acostumado à ideia da devassa porque acreditava que eu desistiria antes de ir. Mas eu tinha ido, e a entrevista que não o incomodava passava a incomodar. Eu, o repórter, existia mesmo — não era só um efeito marginal de seus versos, um eco do poema sobre o mundo. Também os poetas, não só os jornalistas, têm a ilusão de poder dominar o mundo com suas palavras, e Manoel de Barros não seria uma exceção a essa regra. Jornalistas ou poetas, quando falamos, todos mentimos, pois as palavras não passam de um instrumento imperfeito — mas é na imperfeição, também, que guardam sua beleza.

Marcamos nosso encontro para as dez horas da manhã seguinte. No café da manhã, limito-me a algumas fatias de mamão, um suco de maracujá, umas laranjas. Quero ter o espírito leve para me defrontar com o poeta. Para ser digno dele. Quero estar sincronizado com seu mundo de delicadezas. Quero ser sutil, o mais sutil que puder, para controlar meu arsenal de perguntas e não o massacrar. Esforço-me para estar à altura de Manoel, mas devo ser sincero: imagino-me ainda rastejando no pântano, às escuras, em busca de um retrato; mas ao fim só me restará o silêncio, pois o poeta deixará minhas perguntas sem resposta. Sim: a entrevista será um fracasso. Eu farei longas perguntas que ele responderá com monossílabos ou com grandes vazios. Talvez esteja velho demais, eu penso, e lhe falte paciência. E sou ainda mais cruel: talvez esteja envolvido demais com suas galinhas, suas jabuticabas e seus potes de doces caseiros e não possa perceber a importância do que acontece. Serei então um repórter ríspido diante de um poeta distraído. Mesmo sem desejar isso, ocuparei o posto do torturador. E, quando voltar ao hotel, só terei comigo um grande remorso.

    Quando o táxi me deixa à frente de sua casa, na rua Piratininga, porém, sou tomado pelo primeiro espanto. Por um breve instante, tenho certeza de que errei. Apresso-me a conferir o endereço: ele está correto. Combina com o que está anotado, mas não com o que eu esperava encontrar. Sou obrigado a admitir que é ali mesmo. O muro é alto, impecável em seu cimento lustroso, impessoal, e há uma porta bem trancada, discreta, com um moderno interfone. Eu, que esperava uma varanda ladrilhada dando para a rua, uns cachorros latindo, o piado de pássaros em gaiolas de bambu, um cheiro de bolo vindo da cozinha, topo com uma muralha que brilha a cera, uma calçada recém-varrida e uma fechadura de segurança. Volto a abrir a agenda para confirmar o número da casa. É esse mesmo: só me resta admitir que essa é a casa de Manoel de Barros.

    Ainda desconfiado, toco a campainha. Manoel, ele mesmo, vem me atender. É baixinho, sim, mas gorducho, com o ar bonachão, e uma certa sofisticação contida, uma nobreza que me desarma. Eu esperava um homem encurvado com calças arregaçadas; sou recebido por um sujeito que veste impecáveis calças sociais, camisa de linho, óculos modernos. Ele mora numa casa de arquitetura arrojada, ainda que discreta, espremida em espaços estreitos e bem planejados. A natureza, que eu supunha farta e caótica, é substituída pelo paisagismo. Árvores de espécies diferentes se enfileiram ao longo da parte interna do muro, impecáveis como talheres perfilados num bufê. O sol só pode entrar pelas frestas estreitas que os arquitetos lhe deixaram. Os jardins, murados com esmero, têm terra seca e bem-tratada. O Pantanal, com seus exageros, sua inconstância, seu horizonte vazio, está muito longe dali. Não vejo, na verdade, qualquer sinal dele.

Seguindo os passos de Manoel, entro na casa, que continua a desmentir tudo o que eu tinha imaginado. É uma casa burguesa, reluzente, com objetos distribuídos em posições estratégicas, móveis sólidos, tapetes aconchegantes, peças dispostas em ordem meticulosa, como num cenário. Há um cheiro de desinfetante que barra qualquer resto de odor natural. A claridade é controlada por um jogo bem arquitetado de pontos de luz. Água, só a mineral disposta em uma jarra na mesinha de centro. Recostado em um sofá, com o semblante plácido, levemente desanimado, Manoel de Barros se parece mais com o fazendeiro que de fato é. Quando começamos a conversar, ouço suas palavras retas, sem ambiguidades, o discurso seco de um senhor respeitável, e não a fala torta da poesia que eu vim lendo no avião. Chego a procurar os livros espalhados pelas estantes, releio os títulos nas lombadas, mas nem assim me convenço de que estou diante do homem certo. Manoel, aos 80 anos, é um *gentleman* que toma uísque importado, veste roupas vincadas, cita autores da moda, diz piadas convenientes e se esconde em gentilezas. Onde está o outro Manoel, aquele que inventei? O Manoel verdadeiro fala, e enquanto fala eu o olho e penso no outro Manoel de Barros que imaginei existir em seu lugar. Só me resta admitir que caí numa armadilha que provavelmente eu mesmo ajudei a armar.

A sala está decorada por telas abstratas, tapeçaria fina, plantas ornamentais apenas simulando a natureza, agora tomada como uma peça de museu, uma lembrança tênue disposta entre livros de Benjamin, Kafka e Barthes. A arrumação é impecável, indicando que empregados zelosos passaram por ali pouco tempo antes, retocando a cena para a minha chegada. É um mundo sensato e artificioso, em que os objetos se apresentam como peças numa vitrine, em um cenário nada parecido com a grande desordem que, os poemas me dizem, rege a vida no pântano. Num pequeno terraço, armado entre muros altos que cercam a frente da casa, um conjunto de móveis de jardim se impõe em meio a plantas aparadas, aguadas, perfeitas. Chego a me perguntar, um pouco tonto, se elas são verdadeiras ou se estou sendo iludido por peças artificiais. Minha insegurança aumenta. Manoel fala, eu anoto, tudo funciona como o previsto, e, no entanto, alguma coisa não corresponde ao que deveria ser. Falta aquilo que os poemas, traiçoeiros, me levaram a imaginar. Agora pago o preço de minha imaginação apressada. Todo repórter é assim: um falsário.

Eu o fantasiei magro e triste, mas ele é gorducho e tem o vigor de um empresário feliz. Eu imaginei um homem quieto e inadaptado, e ele é um senhor firme, que se move com nobreza e não esconde o desencanto. Eu imaginei um homem ingênuo, que passasse os dias entre cachorros e passarinhos, catando frutos no mato, os pés metidos na terra, e agora devo aceitar que Manoel de Barros não é a figura que tirei de seus poemas. Poemas e poeta estão separados por um abismo, e é ele que, a partir de agora, deve me interessar. A poesia está nessa divisão, é essa fenda que se abre à minha frente.

Tento controlar minha decepção e começo a expor minhas perguntas, anotadas em uma caderneta. Mas, quando as leio em voz alta, elas parecem ridículas, e tenho a sensação de que as dirijo ao interlocutor errado. Manoel parece perceber meu incômodo e, elegante, tenta me ajudar. Ele passa a rememorar, sem que eu saiba como chegamos a esse assunto, uma longa viagem sem destino que fez pela América Latina quando era apenas um rapaz. O jovem Manoel desprezava os cenários luxuosos oferecidos pelo turismo; só queria visitar lugares decadentes, sem futuro, paisagens destroçadas. "O que você fazia durante a viagem?", pergunto. "Não fazia nada", ele me diz, "eu simplesmente existia." Viagem de intoxicação, em que a paisagem foi se entranhando em seu corpo, curtindo-o, moldando-o para os versos. Nas estradas desertas, entre goles de chicha e noites maldormidas nos batentes de postos de gasolina, vestindo agasalhos surrados e comendo mal, ele começou a ruminar o *Livro sobre nada*. Ainda não sabia que aquilo que mastigava era um livro, mas isso não importa.

A ideia veio de uma frase de Gustave Flaubert: "O que eu gostaria de fazer é um livro sobre nada", ele escreveu. Um livro sobre desutilidades, sobre coisas inúteis, sem serventia. Há no *Livro sobre nada* um personagem, Mano Preto, que "não tinha entidade pessoal, só coisal". Um personagem despido das coisas humanas. Na trilha da Bolívia, empoeirado, sem destino, Manoel já buscava o coração das coisas, sabendo que ele está onde nada que é útil importa, mas só o inútil tem valor. Daí procurar as paisagens limítrofes, miseráveis, cheias de homens decaídos. Manoel fala mansamente, mas vai ligando as histórias, remetendo umas às outras, e com isso, sem que eu perceba, me tira o comando da conversa; posso também perceber que minha lista de perguntas não dá conta do poeta. Mais uma vez, minha estratégia de repórter falha. Já estou, porém, me acostumando, e tudo se torna mais fácil depois que aprendi que é nesses fracassos, quando a realidade desmente minhas suposições, que o texto aparece. Em dado momento, Manoel se recorda do avô que tinha o hábito de ler com o livro de cabeça para baixo. Estava "deslendo", ele explica. Também eu devo me esquecer da lógica para começar a entender Manoel. Devo deixar de ser jornalista, devo deixar de querer dominá-lo para, só então, ter a oportunidade de compreender. Não sei se conseguirei.

Manoel não coube na profissão que decidiu exercer — a de advogado. Depois da viagem à Bolívia, ele voltou para a vida comum das cidades e, para não decepcionar a família, formou-se em Direito. Tentou adaptar-se à rotina de escritório, delegacias e tribunais, mas não pôde ir em frente. O primeiro sinal desse desarranjo veio no dia em que, diante de um juiz togado, quando se preparava para começar uma defesa, vomitou em cima do processo. "Ali estava o meu nojo", diz. "Eu simplesmente não podia." Tempos depois, convidado a ler uns versos de Louis Aragon em uma rádio, o poeta desmaiou sobre o microfone. Ali estava seu limite. Passou, com dificuldades, a se entender. A poesia começava a se impor.

A palavra, para Manoel de Barros, não existe para ser dita, mas sim escrita — pois só as margens do papel podem sustentar sua natureza líquida e volúvel. As entrevistas que tem hábito de conceder, sempre por escrito, já se tornaram célebres: uma série delas fecha a *Gramática expositiva do chão*. Espanto-me que agora ele aceite falar; e que fale com tanta desenvoltura. Mas é Manoel, o fazendeiro do Pantanal, quem fala de Manoel, o poeta do Pantanal. A cisão é visível — ou sou eu quem ainda precisa dessas divisões para suportar um personagem tão contraditório. Só posso concluir que o poeta é mudo e que, tomado assim pelo outro Manoel mais prolixo, tem a chance ímpar de se esconder e, ainda assim, de se expressar. Irrito-me: não consigo ter ideias simples a respeito de Manoel de Barros. Caio em sua armadilha.

O poeta tanto batalhou com as palavras que, ao jogá-las no papel para compor seus poemas, descobriu: "Minhas palavras sofrem de mim." A lembrança desse verso, que me vem à cabeça como uma evocação de meu próprio sofrimento, faz Manoel de Barros se entusiasmar. O rosto vermelho, ele se agita no sofá, dando os primeiros goles no uísque de fim da manhã, um uísque aguado, e diz: "Poesia é coisa muito pessoal." Vem-me à mente a célebre frase de Felisdônio que abre *O livro das ignorãças*: "As coisas que não existem são mais bonitas." Talvez eu ainda prefira o meu Manoel que não existe. Espero que ele não possa ler meus pensamentos. Eu o imaginara como um homem plantado na terra, mas a terra para Manoel de Barros é só um trampolim, do qual ele salta para o inexistente. É ele quem diz: "Poesia é voar fora da asa." Entregar-se à queda e se espalhar nas coisas miúdas, nas inexistências a que ninguém dá atenção. Manoel quer desinventar objetos e colocar em seu lugar a palavra oca — só palavra, revirada como uma folha que secou. A palavra falada comunica. Já a palavra escrita entorta. Escrever poemas é empenar o mundo, que não passa de um grande depósito de objetos quebrados.

Manoel foi criado numa fazenda do Pantanal. O pai era arameiro — viajava, levantava acampamento na paisagem vazia e depois se punha a fincar estacas e a fixar cercas de arame. A delimitar o nada. Menino, o poeta vivia ali, cigano, entre formigas, cachorros, lagartos, mosquitos, a render seus dias às miudezas. Às insignificâncias. Depois, o pai o mandou estudar com os irmãos maristas. Foi no colégio de padres que ele, como se estivesse em Coimbra, teve a chance de ler Camilo, Eça, Herculano. E descobrir que Vieira, o padre poeta, era um pregador da palavra, e não da divindade. Vieira, que a Igreja insiste em ver como um profeta, atribuía caráter sagrado às palavras, e não às esferas superiores. As palavras eram os reflexos de um deus tênue, distante, de quem só elas restavam, como uma casca depois que a ferida secou. Deus é a ferida. E Manoel, lendo Vieira, aprendeu a se interessar mais pelas cascas, pelas pegadas, nelas encontrando a verdadeira beleza.

O jovem Manoel de Barros mudou-se para o Rio de Janeiro, onde morou em pensões, estudou e fez agitação comunista. Essas lembranças, embora bastante triviais, sem nenhum enlevo especial, o emocionam. Conforme nossa conversa avança, Manoel se ampara mais e mais no passado, e isso, eu percebo, o alivia. O passado o recorta em muitos pedaços, põe no lugar do homem de hoje uma série de personagens virtuais — inexistentes e, só por isso, poéticos. "Eu sou muitas pessoas destroçadas", ele escreveu. Sente-se melhor nessa posição de guia, como se não falasse de si, mas apenas apontasse para outros homens que já foi. Não precisa de heterônimos: Manoel é, em si mesmo, um nome em fragmentos. Aos 13 anos — está dito em *O livro das ignorãças* —, ele descobriu que não se interessava pela beleza das frases, mas sim pelas doenças que nelas se escondem. As falhas, os vazamentos, as imprecisões, os sentidos dúbios, as ciladas. Um dia, comunicou ao padre Ezequiel, seu preceptor espiritual, esse gosto esquisito. O padre disse: "Manoel, isso não é doença, pode ser que você carregue, para o resto da vida, um certo gosto por nadas." E completou com a frase síntese: "Há que apenas saber errar bem o seu idioma. Nada mais." É inusitado que uma lição de tanta destemperança, de tanta malandragem diante da língua, tenha vindo justo de um sacerdote. Lição que perdurou até se transformar no segredo do poeta. Manoel se cansa das palavras e me convida para o almoço. Uma salada verde, um frango com arroz, frutas da estação na sobremesa. Um longo silêncio. Stella, sua mulher, parece mais prática. Deve encontrar os documentos de um jazigo de família que vai ceder aos parentes de um ex-empregado que acaba de falecer. Manoel a olha, como se aquilo não existisse. E eu me vejo ali, naquela armadilha do poeta, diante de um homem sério que desconheço. Ele mastiga devagar, pontuando o silêncio. Pede um pouco mais de salada, um guardanapo, uma taça para a água. Não precisa de mais. Tenho muitas perguntas a fazer, mas nenhuma delas parece caber naquele silêncio. Mastigo, e me ouço mastigar, como uma interferência naquela zona de delicadezas em que Manoel de Barros existe. Quanto à natureza, com seus murmúrios e chiados, agora parece muito distante. Manoel de Barros, o poeta da natureza, o versejador do Pantanal, o guru dos ecologistas, não existe. "A coisa mais fácil que existe é fixar rótulos", digo num arroubo, pensando nesses rapazes dos supermercados que andam entre as prateleiras com seus marcadores de preços nas mãos. A vida é outra coisa.

Depois, Manoel me deixa sozinho por uma ou duas horas: deve assinar uns documentos em seu escritório, no centro de Campo Grande, e seria muito maçante acompanhá-lo, argumenta. É a vida civil do poeta, que ele, envergonhado, prefere esconder. "São bobagens", me diz. "Eu resolvo rápido." Nessa semana, não tem viagens marcadas para o Pantanal, aonde vai regularmente para inspecionar as fazendas. Viaja de avião, escondido sob óculos escuros, com a maleta de empresário sob o braço. Lá, é apenas um fazendeiro, o poeta desaparece. Digo que gostaria de marcar a visita de um fotógrafo à fazenda para uma seção de retratos, mas ele desconversa. Quem administra a fazenda não é o poeta, mas outro homem por acaso também chamado Manoel de Barros, e não lhe agrada a ideia de que eu os tome pela mesma pessoa. Isso eu posso entender sem grande esforço.

Enquanto o espero, percorro algumas livrarias do centro de Campo Grande em busca dos livros do poeta Manoel de Barros. Nas vitrines, nem sombra deles. Também não há sinal nas estantes mais destacadas, ou mesmo naquelas dedicadas à poesia. "Talvez estejam esgotados", me consolo. Dirijo-me ao caixa de uma livraria para tomar informações. "Manoel de quê?", o rapaz da caixa pergunta. Peço a presença do gerente, mas também ele só tem uma ideia vaga de quem se trata. "É um romancista aqui do Mato Grosso, não é?", me pergunta. "É aquele autor que escreveu...", e o nome do livro não lhe sai. Fico em silêncio, esperando para ver até onde suas dúvidas irão levá-lo. "Manoel de Barros, Manoel de Barros...", ele repete, enquanto folheia um caderno com folhas em espiral. Por fim, depois de consultar catálogos e listas datilografadas, encontra um exemplar de *O livro das ignorãças*. "Ah, então é isso", diz, perplexo. Em muitas livrarias, não só os livreiros não sabem que Manoel existe, como também não há um só exemplar de seus livros. Um deles me pergunta: "É um padre?" Ensaio um sermão sobre a ignorância, mas desisto nas primeiras frases. Saio enfurecido. "Como pensar em um padre?", resmungo, mas logo me recordo que também eu tomei o poeta por um homem que ele não é. E, constrangido, trato de esquecer o episódio.

No meio da tarde, conforme o combinado, Manoel e eu nos reencontramos no centro de Campo Grande. Começamos a caminhar, sem destino, para que ele me mostre a capital. O poeta me conta que gosta de dar longas caminhadas, às vezes em plena madrugada, só para meditar. O que é meditar?, pergunto. "Ora, é pensar em nada", diz, com uma risada. Leva, apesar dos confortos de que pode dispor, uma vida comum. Seu luxo é sair duas ou três noites por semana para tomar alguns chopes com um grupo de psicanalistas. Único homem entre as discípulas mato-grossenses do psicanalista francês Jacques Lacan. "Elas acham que sou meio lacaniano", ele me diz, sem disfarçar a ponta de humor, mas também a vaidade. "Eu falo, e elas ficam impressionadíssimas." Chego agora a um Manoel ainda mais sofisticado, que se embrenha em discussões sobre a função da língua e se corresponde com o psicanalista carioca M. D. Magno, outro discípulo, um tanto controvertido também, de Lacan. "A palavra é o nascedouro que acaba compondo a gente", Manoel me diz, fazendo Lacan tremer de felicidade em seu túmulo. Essa frase poderia estar num dos célebres seminários, e ninguém se surpreenderia. Jacarés, mosquitos e cachorros, sinto-me obrigado a concluir, também conduzem ao inconsciente. "Tudo é palavra", comenta Manoel, roubando meu pensamento, ciente de que um jacaré vale tanto quanto um ato falho, pois ambos são apenas efeitos da língua. A rigor, não existem.

Depois, de volta à casa, ele se oferece como cicerone e me conduz em uma visita cômodo a cômodo, a pose de grande senhor estampada em cada gesto. É uma casa moderna, que se volta toda para o centro, dando a impressão de ser muito maior do que realmente é. Manoel não se cansa de admirar esse engenho da arquitetura, que contrasta com sua fazenda de 12 mil hectares, onde ele cria 5 mil cabeças de gado e, diz-se, tem até um pequeno avião — mas ele não gosta de confirmar. "Nada temos, só as palavras", emenda. É um empresário do campo que, nas horas de lassidão, se diverte com formigas e palavras tolas. Um pai de família meio deprimido que passa a tarde lendo filósofos antigos e ouvindo sinfonias alemãs. Um sedutor que frequenta bares e ouve teorias difíceis só para desfrutar da companhia de mulheres bonitas. O homem que tenho à minha frente, Manoel de Barros, é tudo isso em um só.

A casa, cuja planta traz a assinatura de dois prestigiados arquitetos do Mato Grosso, tem um desenho em labirinto — como se quisesse expulsar o mundo exterior com suas selvagerias. Escadas reluzentes, paredes claras, móveis restaurados, telas modernas, indícios irrecusáveis dos confortos da civilização. A chave do pequeno escritório, lugar secreto que deixa para o fim da visita, fica, como nos filmes de mistério, sobre o batente da porta. É um cômodo minúsculo, atulhado de livros, peças de artesanato, fotografias. Há uma velha mesa de madeira na qual Manoel escreve — sempre em cadernos minúsculos, que ele mesmo fabrica, agrupando folhas coloridas com um velho grampeador. Objetos dispostos sobre a mesa revelam um pouco mais a respeito do poeta: brinquedos antigos, folhas mortas, fotografias, caixinhas, bonecos, um ovo engessado. É o poeta das miudezas.

Ponho-me a imaginar que grandes tesouros Manoel guardará naqueles cadernos minúsculos, que versos estarão ali recolhidos, em repouso, esperando apenas a hora de se converterem em livros. Ele se detém diante de um ou outro objeto, mas, como um guia experimentado, não se senta, nem me convida a sentar. Estamos de passagem em um território secreto, em que as coisas não devem ser tocadas nem examinadas, mas apenas evocadas. Todas as manhãs, quando se tranca em seu escritório, Manoel deixa a ordem expressa de que nada, mas nada mesmo, deve interrompê-lo. É como se estivesse em outro lugar, muito distante de casa, ainda que só uma porta o separe da família. "A gente precisa desses artifícios", ele pondera. Nessas horas secretas, em que ninguém sabe exatamente o que se passa ali dentro, Manoel pode estar escrevendo, mas pode também estar lendo, meditando, ou só olhando o tempo passar. A poesia, para ele, é a ausência de método, é um sobressalto — e sustos não cumprem agenda, nem têm hora certa para acontecer.

Manoel gira a chave com cuidado e volta a colocá-la sobre o batente da porta. "Muito obrigado", eu me limito a dizer. O poeta já não se esforça mais para esconder o cansaço, e, depois de passar sete horas a seu lado, trato de me despedir. De volta ao hotel, ainda perplexo com o retrato que encontrei, procuro algum consolo nos versos. Leio e releio, buscando o laço que une aquele homem sereno e austero que conheci aos poemas desassombrados que escreve. Passo a noite em claro, enleado na lama das palavras; elas têm uma força movediça, e quanto mais me debato, mais afundo. Ao tomar o avião de volta para São Paulo, carrego comigo só um esboço de retrato. Uma figura imperfeita, meio torta, com lados que não se correspondem e pontos borrados, que apenas evoca o personagem que conheci. Ocorre-me que retratos existem para representar as pessoas, mas o que carrego comigo só desrepresenta — e engasgo, surpreso, com a palavra que acabei de roubar de Manoel. Ele tinha me advertido que a poesia, como uma dessas epidemias que às vezes se espalham no gado, também contamina. Conformado, decido me entregar ao gozo da peste.

Nelson Rodrigues

Tapuia e grego

Numa entrevista antiga, Nelson Rodrigues se define como "o homem mais romântico que alguém já viu" e assegura que, desde menino, sonha com o amor eterno. A princípio, fica difícil aceitar essa confissão vinda de um dramaturgo que escreveu sempre sobre temas proibidos, como incestos, adultérios e perversões; e, ainda que se considere que ele tenha escolhido esses assuntos só para deles se livrar, como numa sessão de exorcismo, ou até que os tenha elegido unicamente pelo gosto baixo do escândalo, do sensacionalismo, como vários críticos que não gostam de Nelson já afirmaram, a confissão continua a soar inadequada e estranha.

Sempre empenhado em se defender da fama de libertino, Nelson, uma vez, disse também: "Eu sou uma alma da *Belle Époque*, quando as mulheres tinham ataque", e talvez por isso ele tenha desconfiado das feministas, das mulheres modernas, das mulheres em geral, que sempre lhe pareceram traiçoeiras e mentirosas. Como um freudiano ortodoxo, ele acreditava que as grandes paixões, as realmente românticas, só ocorrem na infância profunda, em torno dos 6, 7 anos, e tudo o que vem depois é só contrafação, restando apenas sombras, quase imperceptíveis, do verdadeiro amor. Em consequência, e porque vivia num mundo feito de sombras, cópias, mentiras e pornografia, Nelson

Rodrigues foi um homem triste, que se consolava com a escrita e que, escrevendo, produziu uma obra cheia de personagens melancólicos e desesperados.

Foi a tristeza, o desgosto contido sob a máscara do velho digno e cansado, o primeiro sentimento que enxerguei em Nelson Rodrigues, quando, no papel de repórter, tive a chance de conhecê-lo. No meu bloco de perguntas, antes mesmo da primeira delas, eu havia anotado uma frase de Nelson que, eu acreditava, servia para definir tudo o que ele escrevera: "Se eu não escrevesse, seria um desgraçado", disse ele, mesmo correndo o risco de parecer dramático, ou dominado pela autocomiseração. Havia uma aflição camuflada em seus escritos, e, desde o início, decidi que essa agonia era o que realmente me interessava, pois é dela que a força da obra se origina. Artistas arrancam sua genialidade de muita dor, e no caso de Nelson, apesar de todos os mitos sujos que o cercavam, não poderia ser diferente.

Nos quadros da Renascença aparecem, frequentemente, aquelas figuras cinzentas, apagadas, desnecessárias, que no entanto desempenham papel fundamental no equilíbrio da cena e que, mesmo acessórias, não podem ser suprimidas, sob pena de todo o cenário desmontar. É o que se passa, por exemplo, no *Jardim das delícias*, a célebre tela que Hieronymus Bosch pintou na virada do século XV para o XVI. Quem for ao Museu do Prado poderá testar se é possível imaginá-la com alguns daqueles personagens fora de seu lugar, ou apagados. Não é. Nenhum deles, provavelmente, é mais importante que o outro, e, mesmo se pararmos um longo tempo diante do quadro, muitos ainda assim nos escaparão, e no entanto a ausência de alguns deles quebraria todo o equilíbrio do conjunto.

Algo semelhante se dá nas relações entre o repórter e seu entrevistado. Ainda que contidas nos limites do protocolo jornalístico, elas guardam aspectos obscuros que na maior parte das vezes nos escapam, mas que estão todo o tempo presentes, agindo em silêncio. A relação entre o repórter e sua vítima é, ou deve ser, uma relação formal, calcada na clareza, na confiança mútua e na objetividade, e não deve passar disso, mas quase sempre passa. E, quando passa, nem sempre entendemos, nem depois que os anos avançam e a maquiagem desbota, o que se passou, simplesmente porque muitos aspectos ficaram (e ficarão) para sempre perdidos. Sobrará só a história enigmática, cheia de rombos e de borrões, e, por mais que nos esforcemos em encontrar a palavra adequada, não saberemos sequer lhes dar um nome. É como se as palavras não servissem para nada, e isso irrita muito, mas é a partir desse ponto, quando as ideias feitas se esgotam, que temos a chance de começar a ver.

Foi o que se passou, certa vez, entre mim e Nelson Rodrigues. Esse *mim* que aqui aparece não se refere exatamente à minha pessoa, já que em meu lugar podia estar qualquer outro repórter; aqui se trata mais do jornalismo e de suas sutilezas que de uma experiência pessoal. Mais uma vez, vejo-me obrigado a ocupar o papel de personagem em um relato no qual, a rigor, eu deveria aparecer como um simples espectador ou narrador oculto. É o que ensinam aos repórteres: eles devem se limitar a ver, guardando a devida distância, sem permitir que sua sombra deturpe a realidade que à sua frente se desenrola, e sem ceder a impulsos como a pena, a solidariedade, o desejo ou a paixão. Mas a realidade é maleável, embaralha seus objetos com desdém e com frequência nos transporta para pontos da cena que, a princípio, não nos são destinados. Digo tudo isso porque não vou relatar esta história para falar de mim, mas de Nelson Rodrigues. No entanto, e aqui está a contradição que quero expor, sou obrigado a falar de mim, já que Nelson, sem que eu o desejasse, sem mesmo me pedir licença, me destinou um pequeno papel, uma ponta modestíssima, em um período tardio de sua existência. E não há melhor maneira de falar de alguém quando, por alguma razão, esse alguém nos inclui em sua vida

Conheci Nelson Rodrigues no início de 1980, o ano em que ele viria a morrer (no dia 21 de dezembro, às oito horas da manhã, por coincidência a mesma hora em que nasci; mas devo afastar esses paralelos pessoais antes que me tomem como narcisista), quando trabalhava como repórter na sucursal carioca de *Veja*. Algumas semanas antes da estreia daquela que viria a ser sua última peça, *A serpente*, que teve sua primeira sessão no dia 6 de março no Teatro do BNH, no Rio de Janeiro, a revista decidiu publicar um perfil — jargão jornalístico que designa uma breve biografia — do dramaturgo. Como Nelson morava no Leme, na ponta norte da avenida Atlântica, a missão caberia à sucursal do Rio de Janeiro. Mesmo sendo um repórter de polícia, ou talvez por isso, já que o teatro de Nelson sempre foi associado à violência e ao escândalo, fui designado para entrevistá-lo. A tarefa me encheu de orgulho, mas também de medo, e foi dividido entre esses sentimentos conflitantes, e por isso muito tenso, que o procurei.

Tivemos quatro ou cinco encontros de trabalho. Foram momentos simpáticos, em que Nelson, envaidecido, me atendeu sempre com polidez e uma certa ânsia, que a princípio (às vezes somos realmente muito tolos) me pareceu só cansaço. Sua mulher, Elza, com quem ele voltara a viver três anos antes, depois de uma separação de cerca de vinte anos para dois outros casamentos fracassados, nos vigiava a distância, sempre com indiferença, e até com uma pequena dose de má vontade. Eu me esforçava para atribuir essa rejeição à saúde precária de Nelson, que já tinha sido operado de duas úlceras perfuradas, de um aneurisma da aorta, entre um total de doze cirurgias ao longo da vida, tivera um infarto agudo e, quando jovem, sofrera várias recaídas de uma tuberculose. A essa altura, duas enfermeiras se revezavam em seu apartamento do Leme, localizado em um prédio antigo e simpático, e decorado com sobriedade.

Vivíamos os momentos derradeiros do regime militar. Nelson era cronista de *O Globo*, o jornal preferido dos militares, e eu, seu leitor apaixonado desde menino. Um ano antes, seu filho mais velho, Nelsinho, que se engajara na resistência de esquerda ao regime autoritário, recebera a liberdade condicional depois de um longo período de prisão, mas nem assim as esquerdas o poupavam. Nelson Rodrigues era odiado pelos progressistas, que se compraziam em ridicularizar seus artigos e o tratavam como um conservador desprezível, e pelos reacionários, que viam nele um homem depravado e desprovido de freios morais. Nelson, invertendo as ofensas em elogio, se gabava publicamente da fama de reacionário; em 1977, chegou a publicar um livro, *O reacionário*, em que não só reagia, mas encampava o estigma que lhe destinavam, brincadeira reativa que, evidente, exacerbou mais ainda o ódio de seus inimigos. Fazia também questão de chocar, sublinhando a fama de pornógrafo, e, na verdade, sempre adotou as máscaras que lhe destinaram para ridicularizá-las.

Por isso, era uma ousadia de *Veja* elegê-lo como personagem de capa. Era uma decisão correta. Nelson, o conservador insensível, era também o maior dramaturgo vivo do país. A esquerda preferia Dias Gomes, com suas peças engajadas e aborrecidas, ou Oduvaldo Vianna Filho, mais competente, mais sedutor, mas também muito inferior a Nelson. A discriminação de que era vítima, o desprezo premeditado tornavam-se odiosos. Nelson era reacionário, sim, embora se declarasse só um democrata, mas era um gênio. A revista vinha apenas reafirmar esse fato, que as pessoas mais atentas, mesmo aquelas formadas nas tradições da esquerda, se apressavam em reconhecer. Mas não era fácil, e, por isso, eu devia me cercar de todos os cuidados. Não sabia se estava preparado; com muitos receios, decidi que não deixaria aquele personagem me escapar.

Nelson Rodrigues viveu quase sempre, mesmo nos longos anos em que esteve casado, na solidão. Preferia atribuir esse estado à sua alma de suburbano, que considerava um estilo de vida, e não pensava duas vezes para dizer que Deodoro ou Vaz Lobo, obscuros subúrbios do Rio de Janeiro, lhe agradavam mais que Ipanema, o bairro dos boêmios e intelectuais. Isso já era um modo de se isolar, estado que os fatos agravavam mais ainda: orgulhava-se de ser um reacionário, mas, nos anos turvos do regime militar, foi um dos autores mais censurados do país. Nem esse isolamento ideológico, porém, basta para explicar a origem de sua solidão. Seria muito perverso, também, reduzi-la à solidão indiferente dos velhos. Nelson era quase um septuagenário (estava com 68 anos), mas, cheio de projetos e conectado ao mundo a seu redor, conservava a cabeça de um rapaz de 28. Vivia, sim, uma espécie de marginalidade filosófica, pois os tempos eram contrastados demais para aceitar espíritos paradoxais. Além disso, a obra, a essa altura agigantada, parecia agir sobre seu criador e fazia dele um ser incompreensível, provavelmente até para si mesmo.

Na época em que nos encontramos, Nelson era dado a rotinas escrupulosas, essas sim próprias das idades extremas, que ajudavam a amortecer a solidão. Preenchia a solidão falando sem parar, e aqui pode-se entender sua opção pelo teatro, apesar de ser um leitor de novelas, um apaixonado por Dostoievski e Tolstoi, e de ter o sonho, nunca realizado, de um dia escrever um grande romance. Toda madrugada, sem falhar, Nelson dava um longo telefonema para seu amigo Salim Simão, na época um eminente redator do *Jornal do Brasil* e um de seus companheiros mais antigos. As conversas podiam durar uma, duas horas, e os dois não se cansavam de falar, falar, desfiando comentários inúteis, críticas azedas, caçoadas íntimas, caçando temas e polêmicas que justificassem ligações tão longas noite adentro. Os interlocutores noturnos de Nelson variavam: ele podia conversar também com o psicanalista Hélio Pellegrino, com quem travava ásperas discussões sobre a psicanálise e a obra de Freud, que desprezava; ou com o escritor Otto Lara Resende, o sociólogo Gilberto Freyre, o cronista Paulo Mendes Campos. Conversavam sobre tudo, qualquer tema era motivo para divagação, mas, depois que desligava o telefone, enquanto os outros, exaustos, iam se deitar, Nelson ia escrever. Hélio, Otto, Gilberto, Salim, além de amigos fiéis, foram também transformados em personagens de suas crônicas — e era pelo telefone que ele se alimentava de ideias.

Todos se atrapalhavam na hora de definir o amigo, e as soluções que encontravam vinham sempre marcadas pelo bizantinismo e pela indecisão. "Ele é um misto de tapuia e de grego", me disse Gilberto Freyre, tentando encontrar uma fórmula que sintetizasse a figura de Nelson, talvez a mais perfeita que ouvi. "Ele é um búfalo", definiu Hélio Pellegrino, preferindo uma metáfora mais instintiva. "Ele é um feixe de paradoxos", contentou-se em dizer Otto, escapando das metáforas e assim se aproximando mais da verdade. Nelson, de fato, parecia uma dessas figuras do cubismo, em que os vários lados se superpõem e se misturam, e que olhadas de longe parecem monstruosas, quando são geniais. Mas ele odiava Picasso e todos os cubistas, então essa comparação não deve mesmo servir.

Foi Hélio quem me disse o que, aqui, é o mais importante: "Nelson é um obsessivo, um homem que vive passando o pires entre os amigos com uma grande dignidade." Mas eu, naquele momento, não pude entendê-lo e achei que Hélio me dava, apenas, uma boa imagem, carregada pelas tintas da retórica, arte na qual foi um exímio estilista. Antes fosse assim. Além de mendigar uma companhia que suportasse seus longos monólogos pelo telefone, Nelson ainda exigia que ela estivesse à altura de sua ânsia de falar, pois o que não suportava mesmo eram os homens discretos e quietos. Até mesmo os mais falantes — como Hélio, que parecia ter um ventilador preso ao céu da boca, levando as palavras a girar e girar até o esgotamento, o que não era compatível com a figura de um psicanalista, de quem se espera que ouça mais do que fale — terminavam, diante de Nelson, por fraquejar.

Além disso, Nelson, mesmo quando falava dos outros, estava falando de si. "Quando me perguntam sobre meu pensamento, minhas obras e minhas ideias, sou obrigado a repetir que me baseei unicamente em mim mesmo", ele me disse em uma de nossas entrevistas, sem nenhum constrangimento, autorizando essa tese. Até quando se tratava da obra, descartando influências, ascendências e outras marcas de origem, Nelson estava sozinho, contava apenas consigo mesmo e com sua imaginação fogosa. Sozinho também estava em seu gosto pelas vertigens, pelas situações sem saída e pelas mitologias, o que o levou a dizer, numa receita inadequada aos tempos em que vivia: "Só gosto das mulheres que têm ataques e depois desmaiam." Um homem assim, tão exigente e desajustado à sua época, só podia preferir a solidão.

Nelson me disse que, na infância, gastava grande parte de seu tempo pensando na morte e que fugia da escola para ir ao cemitério para assistir, como um aficionado em sua tribuna de honra, aos velórios. A confissão dessa paixão precoce é assustadora, e talvez até seja exagerada ou mesmo falsa, mas ainda assim serve para esclarecer muitos enganos. Tem-se o hábito de atribuir a morbidez e o pessimismo de Nelson à morte precoce de seu irmão Roberto, assassinado aos 23 anos de idade, em plena redação de *A Crítica*, pela escritora Sylvia Thirau, vítima de uma série de reportagens escandalosas publicadas no jornal. Sylvia foi à redação disposta a matar o pai de Nelson, Mário Rodrigues, diretor do jornal. Como ele não estava no momento, foi recebida pelo filho Roberto, um brilhante ilustrador. Na ânsia de se vingar, e diante da ausência do pai, Sylvia assassinou o filho em seu lugar. Dramática substituição que levou Mário Rodrigues, o pai, devastado por uma forte tristeza, a falecer quatro meses depois, vítima de uma trombose. Atribui-se a melancolia crônica de Nelson, ainda, à morte do irmão Paulo, com toda a família, no desabamento de um prédio em Laranjeiras, durante uma enchente. Mas essa revelação sobre o gosto mórbido da infância revela, ao contrário, que a obsessão pela morte já vinha de muito antes, provavelmente desde o berço, certamente de um ponto nebuloso que se perdeu para sempre, mas nem por isso deixou de persistir. E, ao pensar assim, estou apenas dando crédito ao que o próprio Nelson me disse, um dia, sobre si. Andávamos pelo calçadão de Copacabana, acompanhando o fotógrafo para uma sessão de retratos, quando um menino de seus três ou quatro anos, vendo-o passar com a lentidão de uma nuvem, se aproximou para um afago. "Estou fazendo carinho em mim mesmo", ele me confessou, enquanto acariciava os cabelos do garoto.

Nelson também gostava de satanizar o mundo, de ridicularizá-lo, o que era outra forma de se conservar sozinho. Em suas crônicas na imprensa, seus inimigos eram ou vítimas de zombaria ou até transformados em demônios, o que no fundo era a mesma coisa, pois o levava à mesma solidão. Ele ficava acompanhado depois desses personagens, vultos tomados dos outros e transformados em sua propriedade particular, e isso parecia consolá-lo, o que, em se tratando de um escritor, não era novidade. Nelson dividia entre eles suas aflições, desassossegos, seu desconforto de homem inadaptado ao presente e preso a um passado que na verdade nunca existiu, um tempo que era mais parte de sua imaginação. Será que Nelson gostava dos espíritos severos e virtuosos que, ridicularizando a imperfeição humana, parecia defender? O mais provável é que não. Eu lhe perguntei um dia se ele desejava de fato um mundo equilibrado e casto, habitado só por moças que desmaiam. Ele me respondeu: "Sabe o que eu quero mesmo? Só um pouco de paz." E em sua face havia um cansaço que parecia milenar.

Sempre imaginamos que os personagens consagrados vivem cercados de admiradores e também de sujeitos inoportunos, e isso não deixa de ser verdade. Eu mesmo, ao incomodar Nelson Rodrigues para entrevistá-lo, confirmava isso. Mas, ao contrário, Nelson estava sempre perdido em seu deserto interior, e de nada servia ser tão solicitado, se não se sentia compreendido. Talvez por isso, em nossos encontros, ele parecesse sempre ansioso. Essa era, ao menos, a explicação que eu me dava, sem saber de que outro modo justificar aquela inquietação constante que o agitava, levando-o a falar sem parar até tropeçar nas palavras, quando o inseguro deveria ser eu. Tentei considerá-la simplesmente como desinteresse, e também como ausência de vaidade; criado praticamente dentro do jornalismo (quando tinha 4 anos de idade, o pai, recém-transferido do Recife para o Rio de Janeiro por motivos políticos, iniciava sua carreira de repórter no *Correio da Manhã*), Nelson conhecia muito bem todas as manhas da profissão e, eu pensava, não devia se impressionar nem um pouco com a *performance* de um jornalista inexperiente como eu. Depois, tentei apreciá-la como uma espécie de vício — uma maneira de se comportar que, indiferente aos fatos, sempre se repete.

Só comecei de fato a perceber o que se passava depois que a reportagem de capa, com texto final impecável de Jairo Arco e Flecha, foi publicada. Na manhã do domingo em que a revista chegou às bancas, Nelson Rodrigues, cumprindo o roteiro que minha vaidade esperava, me telefonou para agradecer. Eu me surpreendi um pouco com a emoção intensa que o dominava, mas não precisei de muito esforço para compreendê-lo. Apesar de seu prestígio como dramaturgo, e também da paixão dos leitores comuns por suas crônicas em *O Globo*, ainda faltava a Nelson, e provavelmente ainda hoje lhe falta, aquele reconhecimento pleno que, de fato, ele merece. Sua emoção vinha, provavelmente, envolvida pelo cansaço, pela decepção e ainda por um tipo muito particular de desespero, que só atinge as pessoas cujas imagens públicas não correspondem às ideias que elas mesmas têm de si; mas, para complicar as coisas, havia também uma indiferença, uma avareza, como se ele quisesse conter aqueles sentimentos só para si, e porque jamais aceitamos que os outros nos rejeitem, ela me incomodou. Ainda assim, havia emoção, e esse, eu pensei satisfeito, era um fecho bastante simpático para nosso breve encontro.

Enganei-me. A segunda parte de meu encontro com Nelson Rodrigues, a mais inesperada delas, e que reputo a mais importante, ainda estava por começar — e ia muito além dos domínios da imprensa. Eu sempre soube que, muitas vezes, as melhores reportagens começam depois de serem publicadas, situação em que o repórter parece condenado à inoperância e ao silêncio. Refiro-me àqueles acontecimentos que ocorrem só depois — só depois que os fatos já se fixaram em letras, só depois que o repórter desistiu de investigar, não importa se porque se deu por vencido, ou porque se considerou prematuramente vitorioso, só depois que a notícia parece esgotada. São acontecimentos que prescindem do leitor, até o denegam, e assim, na sombra da intimidade, podem de fato tomar corpo. Nelson Rodrigues me ajudou a entender isso, e essa é uma descoberta que fere a vaidade jornalística, já que desloca o centro dos acontecimentos para a obscuridade. Se agora escrevo este relato é para inverter essas posições e lançar alguma luz, uma luz tardia, é verdade, sobre o que ficou nas trevas.

Na tarde do mesmo domingo em que a revista chegou às bancas, Nelson voltou a me telefonar. Minha vaidade, sentimento que por mais que o amordacemos está sempre a agir, me levou a julgar, de imediato, que ele telefonava para me repassar elogios de terceiros. "Liguei para saber como você passou o domingo", ele me disse, para minha surpresa, e ainda tomei esse comentário como uma última gentileza. Respondi que aquele tinha sido, afora a alegria com a publicação da reportagem, um domingo absolutamente normal. E que alguns amigos haviam me procurado para, entusiasmados, comentar o artigo de capa que eu ajudara a escrever. "E o que você almoçou hoje?", Nelson me perguntou de repente. Jamais me esquecerei dessa primeira pergunta, que arrastou toda a cauda de perguntas e mais perguntas que vinha logo atrás. Ainda a entendi como uma delicadeza, talvez um pouco exagerada, mas a cortesia é sempre excessiva, e respondi: "Um assado com batatas", ou algo assim. "E como estavam as batatas?", Nelson insistiu, sem me deixar respirar. A vaidade, ainda a vaidade, me fez descrever em detalhes, com a pose de autor, uma receita que na verdade não era minha. Nelson parecia muito interessado, e julguei, para me aliviar, só para me acalmar um pouco, que a culinária fosse um de seus passatempos. Ainda prometi enviar pelo correio a fórmula completa do assado, feito num molho de cerveja com cravos, o que nunca cheguei a fazer. E me despedi, certo de que ali, sim, tudo se encerrava.

Eu já estava deitado, e ainda gozava a satisfação de ter sido procurado, quando o telefone tocou mais uma vez. "Desculpe se o acordei", era Nelson novamente. Nesse momento, pela primeira vez, estranhei sua insistência, que me pareceu, mas eu ainda não ousava pensar assim, o início de uma invasão. "É que eu queria saber se você já estava deitado", ele se justificou, com educação. Não controlei a raiva, que surgia sem que eu a pudesse reter e que me parecia uma grosseria, talvez um efeito maléfico do sono, e disse que sim, que estava quase dormindo, em sono profundo, enfatizei. "Então me perdoe", ele disse, com a elegância que sempre carregava, "e boa noite." Desligou. E eu julguei que ali, com aquela minha reação destemperada, nosso encontro chegava ao fim, conclusão que parecia me aliviar, mas só parecia, porque na verdade eu a sentia como uma frustração. Sim: eu queria que Nelson continuasse. E, pelo tom de voz, ou por alguma expressão mais entusiasmada, devo ter dito isso mesmo sem o desejar.

Naquela noite, meditando no escuro, comecei a refletir sobre a imensa solidão de Nelson Rodrigues. Esse era um aspecto que me escapara por completo em minha reportagem. Toda a minha suposta sensibilidade de repórter, minha capacidade de formular boas perguntas e de saber ouvir as respostas adequadas e em seguida retirar delas novas perguntas ainda mais pertinentes, tudo isso, agora, começava a desmoronar. Eu agira às cegas: estivera cinco vezes com o dramaturgo Nelson Rodrigues, e a sua paciência me envaidecera, mas fora incapaz de estar com o homem chamado Nelson, e ele agora, sem ter a intenção, vinha denunciar essa falha. A solidão de Nelson Rodrigues, seu isolamento trágico do mundo que nos cercava me escaparam, e agora, que era tarde demais para o repórter, voltavam como um susto. Eu tentara negar essa solidão me amparando em seu reencontro com Stella, seu amor pelos filhos, seu afeto pelos amigos, sua risada. Um homem que vive assim, cercado de afeto, eu pensava, não pode estar sozinho. Mas não era dessa solidão que se tratava; eu estava apenas confundindo as coisas.

Incomodado, ainda dormi na esperança de que, no dia seguinte, Nelson se esquecesse de mim e que, assim, eu pudesse considerar aquela minha meditação noturna como um exagero que, na verdade, só prenunciava o sono. A presunção, porém, me fazia acreditar (ou desejar, devo admitir) que ele não se controlaria, que voltaria a me procurar mais uma vez, e outra vez, e mais outra, e isso me enchia de satisfação. Satisfação um tanto ambígua, pois havia um medo que era ao mesmo tempo um desejo, e o limite entre ambos era imperceptível. Havia, ali, um segredo, talvez pequeno, mas precioso, que eu era incapaz de decifrar. Por mais que eu refletisse, não havia — e realmente não podia haver — nenhum motivo do interesse repentino de Nelson por um repórter inexperiente. Só havia um, que era o verdadeiro: a solidão. Mas que solidão era essa? A solidão a que me refiro, e que agora me desafiava, era aquela própria do homem que cria. Criar — eu não podia escapar dessa ideia que parece fácil e previsível —, criar era estar só.

Eu não podia imaginar o quanto estava certo. Na manhã seguinte, fui acordado por outro telefonema. "Bom dia, você já tomou café?", Nelson me perguntou, muito animado. Respondi, secamente, que não — e mais uma vez devo confessar que essa afetação odiosa que tomava conta de mim nada mais era que vaidade misturada com vergonha. Era como se eu não merecesse a atenção que ele me dava. Nelson se desculpou, pois podia perceber que eu ainda estava deitado, e disse: "Vou deixar passar uma hora, depois telefono de novo." Passada exatamente uma hora, ele cumpriu a palavra. "E o que foi o seu café da manhã de hoje?", perguntou, com o entusiasmo de uma criança. Já nervoso, eu disse: "Ora, Nelson, café. Café com leite." Ele, porém, não perdeu a elegância. "Café e o que mais?", insistiu. Eu ainda tentava me controlar: "Bem, café com torradas, Nelson", eu disse. "E uma fatia de queijo de minas", acrescentei, tentando ser mais preciso para simular, assim, uma segurança que na verdade eu não sentia.

Quando pareceu satisfeito, Nelson pediu desculpas novamente por ter me acordado, me desejou um bom dia e desligou. As coisas eram simples assim: ele simpatizara comigo e me contemplara com o posto de um de seus interlocutores; mas, pressionado pela distância que nos separava, eu sentia necessidade de complicá-las. Eu é que não estava preparado para o presente que ele me dava, presente, sim, pois não é todo dia que um rapaz tolo tem a chance de conversar com Nelson Rodrigues. E voltei a me agarrar à esperança, que na verdade era uma manifestação de meu medo, de que ele desistiria. Achei que flagrar-se em uma situação embaraçosa, a de ter me acordado tão cedo, o faria parar. Não parou. A partir daí, Nelson continuou a me telefonar, regularmente, várias vezes por dia. Era sempre gentil, é justo que eu diga, enchia-me de atenções, de manifestações de amizade e até de admiração. Ora elogiava a reportagem que eu assinara na *Veja*, ora destacava o modo sereno com que, ele afirmava, eu o tratara durante nossas entrevistas, às vezes detinha-se em considerações informais sobre o tempo, a baixa qualidade de nossos programas de televisão, o calor, ou as vantagens de ter nascido no subúrbio. "Repórteres são sempre afobados, você não", ele me disse um dia, como elogio. E eu me embaraçava naquele movimento duplo: por um lado, satisfeito porque o dramaturgo mais importante do país (eu já achava isso, e continuo ainda hoje a achar) me elegera como objeto de suas atenções. De outro, assustado com essas mesmas atenções, perseguido pela ideia de que devia haver ali alguma trapaça, uma armadilha que eu não podia perceber e que, por isso mesmo, me intimidava.

Passei a cogitar, inseguro, quais seriam suas razões. Talvez estivesse compondo um personagem inspirado em mim, pensei, levando a vaidade ao extremo. Um jornalista, talvez um jornalista tolo com sua fé na verdade ou, o que era pior e mais provável, algum parente próximo da estagiária de calcanhar sujo, aquela repórter raivosa e pouco feminina a quem os fatos teimam em não obedecer. Essa suposição me levou a vigiar, discretamente, as crônicas de Nelson em *O Globo*, na esperança, e no temor, de nelas encontrar uma figura qualquer que se parecesse comigo. Não é preciso dizer que não encontrei. Talvez eu estivesse lhe servindo, pensei ainda mais ousado, como modelo para um personagem de teatro. Quem poderia desejar mais? Mas até essa ideia, se me enchia de satisfação, também me angustiava. Nelson é o escritor dos personagens extremos, em situações limites, amorais, sem máscaras e desprovidos de freios e sensatez. E eles começaram a desfilar, ameaçadores, por minha mente. Pensei no Idiota da Objetividade, com que desafiava a mentalidade pragmática e os dogmas da ciência, no Padre de Passeata e em sua versão feminina, a Freira de Minissaia, que levaram a esquerda à exasperação, na Estudante de Psicologia da PUC, uma figura alvoroçada e tola com que ele ridicularizava as feministas, além do Óbvio Ululante, que lhe servia para expressar as verdades incontestáveis, cristalinas, que a mente moderna se recusava a ver. Mas o personagem que talvez melhor representa o espírito irascível de Nelson, habitante de uma zona sombria situada entre a metafísica e o subúrbio, é o Sobrenatural de Almeida, personagem que está eternamente, a toalha no ombro e a escova de dentes na mão, perfilado em uma fila de banheiro numa casa de cômodos do Irajá.

E o medo se alargava cada vez que o telefone de minha casa soava outra vez. Medo não só do devassamento, mas também daquele sentimento sem nome, constante e irrefreável, que fazia Nelson me procurar com tanta obstinação. E quanto mais os dias passavam, mais Nelson me cercava com seus telefonemas: ligava para saber se eu tinha almoçado, ligava depois do almoço para saber que prato eu havia apreciado mais, ligava no meio da tarde para controlar minha digestão, ligava à noite para saber se eu estava cansado, se pretendia sair, se estava deprimido, se pretendia dormir cedo.

Mais tarde, por intermédio de um amigo chegado ao meio teatral, soube que ele não fazia isso apenas comigo, mas que havia outras vítimas. Que ele sempre tinha dois ou três eleitos de plantão, pessoas que escolhia como seus preferidos temporários e que eram, na verdade, personagens-tampões de sua imensa solidão. Nelson se alimentava de nós, não porque fôssemos grande coisa, mas porque ele sim era um grande criador. Nós, os escolhidos, éramos suas criaturas, não como a obra que o escultor retoca, mas como a vítima de quem o vampiro suga o sangue. Nelson, o grego do subúrbio, era também um tapuia: às vezes eu via nele até um pouco de selvageria. Era assim que eu me sentia: assando em seu caldeirão.

Tenso, sentindo-me incomodado com algo que não compreendia e que por isso mesmo me apavorava, passei a não atender os telefonemas de Nelson Rodrigues. Hoje, muitos anos depois, começo a ter uma noção, ainda muito vaga, do quanto perdi. Naquela época, eu dividia um apartamento no Jardim Botânico com dois amigos, que se empenharam em me salvar. Ainda não tínhamos nem mesmo o conforto, a proteção da secretária eletrônica. Eram tempos mais diretos, sem intermediários, em que a vida estava menos cercada de barreiras e as pessoas se aproximavam com menos temores. Com o passar dos dias, Nelson passou a ligar menos, cada vez menos, até desistir em definitivo de mim. Eu ouvia meus amigos responderem seus chamados, com as mesmas desculpas programadas de sempre, e me sentia muito mal, mas não estava preparado para outra solução. Nem mesmo desfrutar daquelas atenções transitórias eu me permiti, o que hoje só posso lamentar.

Tratei de ler as peças de Nelson Rodrigues — era a resposta que eu poderia me dar. Quer dizer: que ele poderia me dar. Mas não achei respostas claras, só encontrei mais desencontro e confusão. Nelson Rodrigues tinha o projeto de escrever um grande romance, que nunca realizou, e talvez se possa entender por quê: ele foi um escritor de rompantes, que escrevia aos surtos, e que precisava da realidade para sobreviver, enquanto os romances exigiam um apego radical à fantasia. Levava uma vida reclusa e, por isso, sequioso de realidade, se consolava com o telefone, pois precisava de fatos para viver. Não posso deixar de dizer que chegou o dia em que Nelson Rodrigues deixou de me telefonar. No fim daquele mesmo ano, ele morreu.

Nos anos 1970, numa entrevista a *O Pasquim*, o poeta e crítico Ferreira Gullar produziu uma frase que sintetiza tudo o que os intelectuais sentiam a seu respeito: "Não o leio para não amargar diariamente o suicídio moral de um bom sujeito", frase reproduzida em minha reportagem de *Veja*. Releio hoje essa frase e nem sei se Gullar ainda a assinaria, ou se foi mesmo dita assim; apesar dessas ressalvas, ela sintetiza, melhor que qualquer outra, toda aquela ira santa que Nelson Rodrigues sempre despertou. Creio que as pessoas continuam despreparadas para suportá-lo e não consigo imaginar como ele sobreviveria num mundo chapado e sem sutilezas como o de hoje.

Ainda me lembro, vagamente, de nossa última conversa. Ele me telefonou para perguntar se eu sentia, às vezes, alguma melancolia. Temendo ser invadido em meu mundo pessoal, vacilante, desconversei, com uma resposta detestável: "Sinto só um pouco, como todo mundo." Não se importando com minha evasiva, que provavelmente já esperava, Nelson me falou então de uma antiga vizinha que, nas horas de amargor, se punha a cantar árias de ópera. Estava na área de serviço, debruçada sobre o tanque, esfregando suas calcinhas, e, de repente, súbita como um fantasma, a tristeza aparecia. Mas não havia depressão que uma boa ária do *Rigoletto* não solucionasse, e era assim, gorjeando entre espumas e pregadores, que a pobre vizinha se salvava de si mesma. "Sempre odiei ouvi-la cantar", Nelson me confessou. "Tinha a sensação de que um maçarico me perfurava o coração." Perguntei, envergonhado, que solução ele próprio costumava dar para suas melancolias. Nelson não vacilou em responder: "Se fico triste, escrevo."

ADOLFO BIOY CASARES

À meia-luz

Adolfo Bioy Casares, o grande escritor argentino, tem sua imagem, desde o início, turvada por uma sombra: a de Jorge Luis Borges. Por mais que a crítica o exalte e a história lhe faça justiça, Bioy Casares trará sempre sobreposto a seu nome o nome do autor de *O aleph*. Mesmo no futuro remoto, alguém lerá "Adolfo Bioy Casares" e sua mente imediatamente registrará: "o parceiro preferido de Borges". Mesmo que leitores espertos saibam delimitar as diferenças entre eles, Bioy e Borges aparecerão sempre como parceiros, como esses cantores sertanejos que cantam em dupla e jamais se descolam, ou essas duplas de comediantes que parecem não sobreviver quando separadas. A sombra, vista de hoje, parece não ter fim.

Por conservar o senso do infinito, Bioy Casares luta, desde seus primeiros livros, para deixar seladas as diferenças que os separam. Trava uma batalha sutil, sem escândalos, porque existe outra coisa que também irá perdurar: a amizade de Borges. É bem mais fácil opor-se quando uma relação é marcada pelo atrito, pela inveja e pela impaciência. Mas Bioy Casares e Borges foram os maiores amigos um do outro.

Num breve ensaio sobre Franz Kafka, que serviu de prólogo para uma edição argentina de *A metamorfose*, Borges se refere à importância dessas marcas infinitas. Muitos críticos deploram a "incompletude" da obra de Kafka, já que, nas três novelas que deixou, muitos capítulos intermediários desapareceram para sempre. Ao contrário deles, Borges vê essa imperfeição como parte capital da obra. "Franz Kafka não as concluiu porque o primordial era que fossem intermináveis", argumenta. Se a crítica trata essa falha como uma maldição, pois Kafka foi um homem atormentado e chegou a determinar que sua obra fosse queimada após sua morte, Borges a vê como o foco gerador da própria obra, como seu coração.

Também no caso de Bioy Casares, aquilo que muitos apontam como um defeito, a relação exagerada e quase simbiótica com Borges, deve ser visto de forma positiva. Mesmo sendo verdade que o autor de *A invenção de Morel* sempre tenha estado à sombra de Borges, ninguém poderá negar que ele soube tirar proveito, e até construir sua identidade literária, a partir dessa suposta posição inferior. Bioy não lutou contra a condenação que o assolou desde o início, preferiu fazer dela uma forma de triunfo. Pensando bem: que escritor não gostaria de ter Borges tão perto?

O importante em Bioy Casares é que ele não permitiu que sua relação de dependência com Borges o diminuísse, nem que lhe amputasse as asas. Bioy nasceu em Buenos Aires, em 1914. Borges, em 1899, também na capital argentina, e essa diferença de quinze anos entre ele e o amigo lhe permitiu ocupar a posição de pai. Bioy jamais o hostilizou por isso; preferiu celebrar esse vínculo em vez de renegá-lo, solução que outros escritores, movidos pelo medo ou pela inveja, colocariam na ordem do intolerável. Sua obra parte desse laço, que pode ser visto como sombrio, e até maldito, mas nem por isso é negativo. Reverente à ascendência de Borges, Bioy fez, ao longo da vida, tudo aquilo que um filho deve fazer: contrapôs-se ao estilo do pai, rebelou-se contra seus argumentos, afirmou-se como um indivíduo, mas também o amou. E fez isso sempre com suavidade, afastando qualquer rancor, qualquer ressentimento tolo, transformando o vínculo doloroso em uma bendição.

Foi pensando nessa difícil relação entre os dois que cheguei ao apartamento de Adolfo Bioy Casares, no número 1650 da Calle Posadas, em Buenos Aires, no fim de uma manhã de domingo, no mês de junho de 1997. O motivo da visita era fazer uma entrevista para *O Estado de S. Paulo*. Enquanto o velho elevador se arrastava até o quinto andar, protegido pela solidão que essas velhas máquinas propiciam, com seus trincos dourados, suas grades aparentes e seu ranger de desgosto, tive coragem suficiente para formular uma ideia simples, mas que, por força dos cânones literários em vigor, é quase proibida: a de que, mesmo tendo Jorge Luis Borges na conta de um dos meus escritores preferidos, e mesmo sabendo que sua obra é superior à de Bioy Casares, ainda gosto mais de Bioy que de Borges. E senti um tremor na fronte, estigma desse pequeno sacrilégio que eu ousava cometer em pensamento.

Ainda tive tempo de parar para refletir sobre as origens desse tremor. É claro que esse não era um sentimento particular; ele refletia uma certa organização no mundo dos valores literários a que eu, como jornalista especializado, estava submetido. Encaradas as coisas na perspectiva da história literária, concluímos facilmente que Borges fez uma obra de ruptura, enquanto Bioy apenas atualizou alguns gêneros (sobretudo os das histórias de amor, de suspense e dos relatos fantásticos) que outros, desde muito tempo, vinham praticando. Eu estava nesse início de reflexão quando uma governanta gorducha, metida em um ridículo uniforme rendado com apliques em seda, me fez entrar e, arrastando os pés em chinelas escandalosas, me guiou através de salões e corredores. O amplo apartamento de Bioy Casares, com seu pé-direito alto e suas janelas exageradas, se parece com um cenário híbrido, a meio caminho entre uma biblioteca e um hospital. Desde a larga sala de estar até os quartos que se enfileiram ao longo do corredor, quebrado em ângulo reto, todos os cômodos estão atulhados de livros, que se equilibram em desenhos arriscados sobre prateleiras voltadas para o céu. Não estão muito bem arrumados, mas apesar disso parecem impecavelmente limpos. Um cheiro repulsivo, entre o éter e o clorofórmio, anestesia o ambiente, emprestando a essa biblioteca a fragrância de uma enfermaria. A claridade escorre das janelas e se choca, com seus movimentos de claro e escuro, contra aquele cenário imóvel, que evoca um museu.

Mas a serenidade é só uma ilusão. Por entre as prateleiras, logo circulam enfermeiras, serventes e faxineiras, entrando e saindo apressados, batendo portas e arrastando móveis, ignorando-me como se eu fosse — e sou, porque Adolfo Bioy Casares tem sempre uma visita a seus pés, cuja identidade varia, mas cujos desejos pouco mudam — um objeto da casa. Encontro o escritor em seu quarto, sentado atrás de sua mesinha de trabalho, estático entre cadernos, canetas, livros e envelopes. Parece ter sido colocado ali e depois esquecido. Contra aquele mundo que se move com indiferença, Bioy me faz lembrar — a comparação é absurda, mas só consigo me fixar nela — uma criança presa a seu cercado. Ele está, porém, com 82 anos de idade. Quando me aproximo, ainda inseguro, ele me estende a mão e, com um sorriso suave, mas cansado, se desculpa por não se erguer. "Seja bem-vindo ao meu labirinto", diz. A palavra "labirinto", com seu fundo borgiano, ocupa todo o espaço entre nós; o fantasma de Borges já chegou.

Em 1991, Bioy Casares caiu de um pequeno banco, que agora mesmo está ali a seu lado, um assassino de quatro pernas. Carregava uma pilha de livros e tentava alcançar uma das prateleiras mais altas de sua biblioteca, quando pisou em falso. "Foi uma cena muito ridícula", rememora. Não sentiu dores muito fortes, mas os médicos constataram depois que ele rompera a cabeça do fêmur, e as sequelas desse acidente agora o impedem de andar com segurança. Vive, em consequência, uma vida cheia de restrições, deslocando-se o mínimo possível, e não pode mais dar suas caminhadas diárias pelas ruas de Buenos Aires, passeios cheios de entusiasmo e inspiração que alimentavam sua escrita, hábito que trazia desde os tempos de rapaz.

Toda a história desse incidente parece agora resumida no olhar triste de Bioy Casares. Ainda assim, ele se esforça. "Sinta-se em casa", diz. E logo, irônico, acrescenta: "Embora, ultimamente, com os movimentos limitados, não a sinta muito como minha." Eu me sento diante dele e de um grande espelho que tem às suas costas. Um desses antigos espelhos de três faces, em geral encontrado nas penteadeiras e nos toaletes, que têm o poder de multiplicar as imagens ao infinito. Colocadas em determinado ângulo, as três faces do espelho parecem tragar o mundo real, multiplicando suas imagens dez, cem, mil vezes, criando um abismo de luz e repetição. "A literatura é o que se vê nesses espelhos", Bioy interrompe minha divagação, demonstrando ter percebido meu interesse. "É algo que está ali, mas na verdade não existe. É só um abismo de imagens." Bioy Casares, como Borges, admira nos espelhos seu poder de tornar presente, de materializar o inexistente. De criar todo um outro mundo de falsos objetos sobreposto ao mundo real. Essa repetição fantasiosa, ainda que severa, é para ele a melhor imagem para a literatura. Escrever, para ele, é espelhar — não no sentido de reproduzir, mas no de simular.

Sentindo que o escritor está tenso, proponho que comecemos nosso encontro com uma série rápida de fotografias, que tomarei em minha primitiva Pentax de turista. Logo surge um novo tipo de embaraço, que na verdade não está na máquina, que afinal das contas é impessoal e sem sentimentos, mas em mim. Todo ritual técnico me inibe, todo contato com uma máquina me é sempre difícil e tortuoso. O quarto também não ajuda, não oferece muitas opções: além da pequena mesa diante da qual o escritor está sentado, há a cama de casal, alta, dourada, imponente, ancorada à parede como um navio, mas que, como as macas e as cadeiras de rodas, tem uma aparência asséptica e cheira a hospital. Está coberta com lençóis amarfanhados e sem colorido, não inspira nenhuma sensação de conforto, mas apenas a obrigação de dormir. Não é o cenário que eu esperava encontrar para minhas fotografias, mas sou obrigado a aceitá-lo.

A mesinha de cabeceira está coberta de remédios, vidros e caixinhas de pastilhas. Há uma mesa maior, que era originalmente o posto de trabalho do escritor, mas que hoje está tomada por pilhas imprudentes de livros. Os livros, acumulados às dezenas, simplesmente expulsaram Adolfo Bioy Casares de sua escrivaninha, levando-o a improvisar a mesinha menor — antes destinada às refeições, que agora são feitas na própria cama — como lugar para escrever. "Eu sou, um pouco, uma vítima dos móveis", ele diz, com humor. "Eles se cansam de mim e me expelem, e eu vou obedecendo."

Bioy, ele também, é hoje tratado um pouco como um objeto. Um efeito da velhice e da doença, com que ele convive sem choramingos. Os empregados entram e saem sem pedir licença, batem portas, abrem gavetas, arrastam cadeiras, carregam bandejas, comportando-se como os verdadeiros donos do quarto. O escritor, imóvel, um pouco encolhido, concentrado apenas nas palavras, os ignora; a repulsa é correspondida. O importante é que eles não perturbem, com sua barulheira e indelicadeza, os relatos que o escritor anota em seus cadernos. A literatura deve se conservar imune a esses aborrecimentos mundanos. Isso ele aprendeu com Borges. Vestido com uma jaqueta em cinza-claro com cinturão da mesma cor, indumentária que se assemelha aos uniformes dos porteiros, Bioy Casares ajeita os cabelos, o colarinho, os punhos da camisa, preparando-se com vaidade para a fotografia. "É bom que ele seja fotografado atrás de mim", diz, apontando para o espelho que, no passado, ficava no quarto da mãe. "Só assim a literatura será fotografada a meu lado." E arrasta a cadeira um pouco, para dividir com o espelho o centro da cena.

Ainda inseguro, apenas ensaiando, tiro a primeira, a segunda, a terceira pose. Mas, quando já me sinto um pouco mais à vontade e me preparo para as tomadas mais estudadas, definitivas, minha Pentax simplesmente para de funcionar. Exaspero-me, irrito-me com a máquina, mas ela resiste. "Essa é a maldição da literatura", Bioy Casares me diz, muito tranquilo. "Eis mais uma prova de que ela não pode ser fotografada, de que ela não se deixa fixar", diz, divertindo-se com o meu desespero e, ainda assim, consolando-me. Não tenho escolha. Não posso tirar outras fotografias e devo me conformar com as três ou quatro poses do escritor que fiz a título de exercício.

O mistério, ou a maldição, reafirma-se horas depois, quando retorno ao hotel, na Calle Maipu, centro da capital federal. Antes de levar a máquina para o conserto (indicam-me a pequena loja de um judeu, a dois quarteirões dali), resolvo fazer um novo teste, fotografando a parede de meu quarto. A máquina, sem nenhuma resistência, volta a funcionar, configurando os contornos malditos que envolveram minha entrevista. Só me resta admitir que Adolfo Bioy Casares está certo: se a literatura é uma imagem falsa, um simulacro, como eu poderia retê-la em uma fotografia? É minha vez de pagar um castigo por meu atrevimento. Levarei de volta comigo só aquelas imagens que o espelho me permitiu. E devo me consolar com isso. Bioy, sorvendo a pequena vingança que a literatura impõe àqueles que a manipulam, ri de mim.

Agora, na serenidade do hotel, posso meditar. Outros sinais, nada desprezíveis, da ação do acaso me foram enviados durante a entrevista, pequenos avisos que, na hora, desprezei, mas que Bioy Casares, atento, não deixou de me apontar. Logo que começamos a conversar, notei sobre a mesa do escritor, bem à sua frente, um caderno francês em espiral, da marca Clairefontaine, em que ele tem o hábito de anotar as primeiras versões de seus relatos. Bioy Casares surpreende-se ao perceber uma coincidência estimulante: que também eu uso um Clairefontaine — o dele é verde, o meu é vermelho, essa é a única diferença — para anotar nossa entrevista. Rimos muito, mas depois, sempre empenhado em puxar rastros ali onde homens comuns como eu nada podem ver, ele tenta encontrar uma explicação. Primeiro diz: "Esses cadernos têm as folhas muito macias, são próprios para a escrita rápida", observa. "E nós dois somos homens que não gostamos de perder tempo." Depois dessa avaliação mais pragmática, ele medita um pouco e acrescenta: "Mas isso pode significar também que falamos a mesma língua, que estamos aptos a conversar." E fica subentendido que, se usássemos cadernos de marcas diferentes, ou se eu me apresentasse portando um gravador, a entrevista fracassaria. Houve ainda mais um sinal: logo que cheguei, os raios de sol que entravam pela janela se derramavam diretamente sobre a face de Bioy. Preso à cadeira, ele não podia se mexer e deles se protegia franzindo os olhos. Foi assim, com os olhos em pregas, que me cumprimentou. Percebendo seu desconforto, ofereci-me para abaixar a veneziana, mas me atrapalhei com os cordões e não consegui descê-la até a posição adequada. "O sol quer que eu mude de lugar", Bioy me disse. Mas é difícil arrastar a cadeira. Pergunto se deseja que eu chame um enfermeiro. "É melhor esquecê-los", Bioy me adverte. "Se entrarem no quarto, poderão cortar a magia de nossa conversa." Mas logo depois, sereno, o sol se afasta e ele pode abrir os olhos. O pequeno incidente, que desprezei, teve para ele o valor de uma autorização. Movendo-se, o sol nos autorizara a conversar.

Sem mais tempo a perder, pois Bioy Casares me advertiu desde o início que não poderia me dar mais que hora e meia de entrevista, saco do bolso um pequeno bloco em que esbocei minhas perguntas. É um rol, caótico e irregular, de quase cinquenta questões que preparei durante uma noite de leitura e meditação. Logo acima da primeira pergunta, em letras vermelhas, anotei: "Fugir do previsível. Não falar de Borges." Ia abrindo meu bloco sobre a mesa, quando meus olhos bateram nessa advertência, e, envergonhado, recuei. Depois de muito pensar durante a noite, concluí que falar de Borges seria, mais uma vez, diminuir Bioy Casares, lançá-lo novamente na posição de mero "assistente" daquele que, ele sim, foi o grande escritor. É o que todos fazem todo o tempo e o que eu me proibira de fazer. Mas iria conseguir?

Depois de publicar, em 1940, aos 26 anos, *A invenção de Morel*, que é até hoje seu livro mais famoso e celebrado, Bioy Casares se transformou em um dos mais eminentes escritores da história da literatura argentina. Sua amizade com Jorge Luis Borges é talvez o mais importante acontecimento da história literária do país, pois ultrapassou o domínio privado e resultou em uma série intensa de colaborações que tiveram sua expressão mais criativa na figura de Bustos Domecq, pseudônimo único que usaram em quatro dos seis livros que escreveram a quatro mãos. Bustos Domecq deve ser considerado mais que um personagem criado pelos dois; é uma terceira pessoa que se interpõe entre eles, agindo com independência e lhes pregando muitas peças. Bustos Domecq, a rigor, é a literatura, que se interpõe sem cerimônia quando há vocação, e dita as regras mesmo quando não queremos saber de regras. Nem os grandes escritores, como Borges e Bioy, escapam disso. E agora a literatura se materializava em um personagem.

Borges e Bioy Casares se encontraram pela primeira vez, rapidamente, em 1930, quando Borges já caminhava para os 31 anos e Bioy era apenas um rapaz de 17. Mas só se aproximaram dois anos mais tarde, quando passaram a frequentar as reuniões literárias organizadas na casa da escritora Victoria Ocampo, no subúrbio de San Isidro. Eram os tempos da revista *Sur*, fundada em 1931, que se tornou a revista literária mais influente da América do Sul. Borges já era, nessa época, um jovem escritor muito conhecido — em 1932, ele publicaria *Discusión*, seu quinto livro, que depois se tornaria a mais célebre de suas coletâneas de ensaios. Por essa razão, Victoria Ocampo passou a se julgar a madrinha da dupla. Afirmou diversas vezes ter incentivado essa aproximação, pois julgava que o jovem "Adolfito" precisava de "um mentor". É assim, no papel de discípulo, que Bioy afirma seu desejo de se tornar escritor e se aproxima de Borges.

A aproximação decisiva entre eles acontece em 1937, quando passam uma semana juntos na estância que a família de Bioy Casares tinha em El Pardo. Ali, isolados, começam a trabalhar em folhetos publicitários para o iogurte e as coalhadas La Martona, fabricados por Miguel Casares, um tio de Bioy. Em El Pardo surge também a ideia de escrever ficções a quatro mãos. Chegam a planejar um primeiro conto, que nunca terminaram e que é a origem de *Seis problemas para dom Isidro Parodi* — o primeiro livro que escreveram juntos, que só apareceria em 1942, editado pela *Sur* e já assinado por Bustos Domecq. Nascia ali não só Honorio Bustos Domecq, mas também B. Suárez Lynch, os dois pseudônimos que inventaram para assinar suas seis parcerias. Antes disso, escreveram para La Martona, ainda, um folheto sobre a importância do leite e outro sobre o papel dos ovos na alimentação. Apesar dessa experiência na publicidade, Borges deu a Bioy um conselho, que resultou decisivo, a respeito de sua vocação literária: "Se você quer ser escritor, não seja advogado, nem professor, nem jornalista, nem diretor de revistas literárias, nem editor.

Seja escritor." Bioy Casares considera que essa advertência delimita o início de sua obra.

Bustos Domecq, o grande terceiro entre Bioy e Borges, é um personagem rebelde, que não se submete aos desejos de seus criadores. Borges certa vez o descreveu assim: "É um personagem que nos impõe sua estética e nos faz escrever contos e crônicas de que não gostamos, mas cujo ditado devemos obedecer." Bustos Domecq nasceu na casa de número 174 da avenida Quintana, em Buenos Aires, onde viviam os pais de Bioy Casares. Nasceu em pleno almoço de família, numa tarde de domingo. A inspiração veio de um senhor muito lento, suave, que conheciam do cabeleireiro que ambos frequentavam. Era, ele próprio, um cabeleireiro. Bustos Domecq escreveu o conto "As doze figuras do mundo", e depois, por longo tempo, não parou mais de escrever. O mais importante em Domecq é que ele não é a soma de Borges e Bioy, muito menos representa suas diferenças. É um personagem-escritor que nada tem que ver com eles, e só por isso sobreviveu às circunstâncias. Por ser quinze anos mais velho que Bioy, Borges foi visto sempre como o verdadeiro pai de Domecq. Mas nenhum dos dois jamais soube dizer quem escreveu o quê por Bustos Domecq. "Ele era a celebração da ausência de vaidade", Bioy me diz. "Com Domecq, a literatura era o que deve ser: um prazer gratuito." Mas o personagem também os encarcerava. Frequentemente se perguntavam: "Como vamos sair dessa? O que vamos fazer com Bustos Domecq?" A verdade é que sempre se sentiram prisioneiros de sua criatura.

Os que tentam encontrar onde está Borges e onde está Bioy Casares nos escritos de Bustos Domecq sentem-se sempre frustrados. Os dois escreviam juntos não para medir forças, mas para desfrutar do prazer que é ser um terceiro. Era como vestir uma fantasia, não ser reconhecido e poder então brincar com isso. Quando escreviam juntos, Borges e Bioy se divertiam muito. Entre 1942 e 1977, eles escreveram seis livros a quatro mãos. Como Bustos Domecq, publicaram *Seis problemas para dom Isidro Parodi*, de 1942, e *Duas fantasias memoráveis*, de 1946, além das *Crônicas de Bustos Domecq*, que apareceram em 1967, e dos *Novos contos de Bustos Domecq*, de 1977. Com o pseudônimo de B. Suárez Lynch escreveram *Um modelo para a morte*, de 1946. Com seus nomes verdadeiros, assinaram juntos dois roteiros cinematográficos. Com Silvina Ocampo, a mulher de Bioy, organizaram ainda duas antologias: uma de literatura fantástica e outra de poesia argentina. Bustos era um bisavô de Borges; Domecq, um bisavô de Bioy Casares. O personagem selou o casamento intelectual entre os dois escritores. Quando publicaram *Um modelo para a morte*, novela de detetives, apresentaram B. Suárez Lynch como um discípulo de Bustos Domecq, que aliás assina o prefácio do livro. "B", naturalmente, era uma referência a Borges e Bioy. Suárez se referia ao outro bisavô de Borges, e Lynch ao outro bisavô de Bioy. *Um modelo para a morte*, ao contrário dos livros de Domecq, não teve boa aceitação da crítica, que o considerou prolixo e confuso; de certa forma, ele sela o fim da parceria entre os dois. Os textos que escrevem a quatro mãos, a partir desse livro, são tão cheios de referências a piadas pessoais e episódios privados, que se tornam quase incompreensíveis. A intimidade tinha ido longe demais e começava a sufocar a literatura, que precisa da liberdade, do arbítrio, para existir.

Foram amigos por toda a vida. Depois de casados, Silvina e Bioy criaram o hábito de, todas as sextas à tarde, abrir as portas de sua casa para uma reunião informal de escritores, artistas e intelectuais. Borges sempre estava presente, e a amizade entre eles se estreitou. Só se afastaram um pouco quando Borges, já velho e cego, se casou com Maria Kodama, sua última mulher. Muitos anos depois da morte do amigo, Bioy achou que já era tempo de descrever seu sofrimento ao lado de Kodama; como ela o maltratava e o tratava como um objeto de uso pessoal; como o afastava dos amigos e o proibia de visitar a ele, Bioy, coisa que Borges quase sempre só fazia às escondidas. "Mas não gosto de falar a respeito do que não é meu", desculpa-se e muda de assunto. Jamais se intrometeu na vida pessoal de Borges, ou permitiu que ele tomasse parte na sua. Tiveram uma amizade profunda, baseada no entanto mais na fantasia que na intimidade. Quando se encontravam, eram transportados para outra esfera, em que os fatos da vida perdiam a importância. Falavam de personagens como se fossem pessoas de carne e osso, de crimes jamais cometidos, de traições nunca sentidas, de tramas inexistentes, e desfrutavam o poder de trocar as peças livremente de lugar, de substituir os nomes, torcer as biografias, distorcer os acontecimentos e deturpar o que, minutos (ou melhor, parágrafos) antes, era dado como certo. "Era como se dividíssemos o mesmo sonho", o escritor me explica. "O sonho é talvez o único terreno em que estamos absolutamente sozinhos. Pois eu não: quando sonhava, tinha Borges a meu lado."

Apesar de habitar outros estratos literários, bem mais elevados que aqueles por onde Bioy circulava, Borges sempre tentou aceitar as diferenças que o separavam do amigo. *A invenção de Morel*, a mais azeitada trama concebida por Bioy Casares, apareceu em 1940, mesmo ano em que ele se casou com Silvina Ocampo, tendo Borges como padrinho. Ainda nesse ano, Borges e Silvina publicam a *Antologia da literatura fantástica*, que organizaram juntos. O livro é um sinal inquestionável de que Borges, ao contrário do que Bioy afirma, privava da mais absoluta intimidade com o casal. No prólogo que escreveu para a primeira edição da novela, Borges lembra que, já no século XIX, Stevenson dizia que mais difícil que escrever uma novela "de peripécias" era escrever uma novela "sem argumento"; e que o crítico espanhol José Ortega y Gasset foi um dos nomes eminentes a acompanhar Stevenson nesse diagnóstico, quando disse que "é muito difícil que hoje se possa inventar uma aventura capaz de interessar nossa sensibilidade superior". Borges reconhecia, porém, que alguns escritores julgavam razoável discordar dessas teses, e entre eles se destacava Bioy Casares — um escritor que, contra todos os modismos modernistas, nunca negou que Rudyard Kipling, Eça de Queiroz, Joseph Conrad e G. K. Chesterton eram seus escritores preferidos.

Vale a pena considerar aqui algumas ponderações de Borges a respeito do tema. Com uma paciência que em grande parte pode ser atribuída à sua amizade com Bioy Casares, Borges gostava de relembrar alguns dos melhores argumentos a favor da trama. Se contraposta à "novela psicológica", a novela "de argumento" apresenta a vantagem de não se pretender uma simples transcrição da realidade; ela se apresenta, ao contrário, como um objeto artificial, que só deve explicações a si mesma. Se contrapostas às novelas dos séculos passados, Borges continua a refletir, as narrativas produzidas em nosso século são francamente superiores. Os argumentos de Stevenson, diz, são inferiores aos de Chesterton. De Quincey, outro exemplo, não pode ser comparado a Kafka. "Suponho-me livre de toda superstição de modernidade", Borges adverte. Mas assegura que nenhum outro século produziu novelas da qualidade de *O processo* ou — e aqui entra Bioy — *A trama celeste*. Borges argumenta, a esse respeito, que em espanhol são raras as obras de "imaginação raciocinada". Uma dessas exceções seria *A trama celeste*, coletânea de relatos que, em sua avaliação, apresentam intrigas perfeitas.

Mas se Borges fez sempre questão de destacar a perfeição das tramas concebidas por Bioy Casares, este, por seu lado, garante que foi Borges quem lhe ensinou a superioridade da trama sobre o estilo e sobre o pano de fundo erudito. "Borges punha a trama acima de tudo", ele me diz. "Aprendi isso com ele." Bioy se vê como um escritor a quem ocorrem, quase sempre, histórias muito complicadas. Sabe que isso lhe traz problemas, mas nem assim as despreza, ou desiste delas. Trata apenas de narrá-las da forma mais clara possível, pois acredita que o estilo não deve aumentar as dificuldades do leitor, não deve ser um obstáculo, mas sim uma brecha através da qual ele pode avançar. Se vai contar uma história fora do comum, Bioy trata de contá-la da forma mais direta possível, para que o estilo não dificulte ainda mais a leitura. Quanto mais espinhosa for a trama, mais franco e direto o estilo deve ser. Foi também Borges, ele diz, quem o ensinou a valorizar o gênero policial, já que considerava que as narrativas de detetive são aquelas que mais exercitam a inteligência dos escritores e seu gosto pelos relatos bem construídos.

Não me contenho e, já que estamos nesse ponto, sinto-me obrigado a esquecer meus propósitos iniciais e lhe pedir uma definição de sua relação com Borges. Bioy Casares, sempre elegante, responde: "Eu tive a sorte de ser seu amigo. Foi basicamente isso." Tento ser mais claro: "Não o incomoda que, sempre que se fala em Adolfo Bioy Casares, se fale imediatamente em Jorge Luis Borges?" Apesar de seu temperamento firme e de suas maneiras inglesas, percebo que a pergunta o perturba. "Tive tanta sorte em conhecê-lo, que não me livrar mais de seu nome parece ser, em comparação, apenas uma pequena moléstia", ele me repreende. E diz esperar que, depois de sua morte, os argentinos o respeitem tanto quanto a Jorge Luis Borges. Nesse desejo, penso, aparece a ponta disfarçada, muito tímida, de um ressentimento. A crítica, na Argentina ou fora dela, jamais o colocou no mesmo patamar de Borges, mas sempre alguns palmos abaixo. Tornou-se, assim, uma espécie de "sub-Borges", um aluno privilegiado, um amigo que teve a sorte de dividir um pouco da intimidade e da assinatura do grande mestre.

Bioy Casares, é verdade, sempre se esforçou em não ceder ao mito Borges. "Borges é um escritor extraordinário", diz, "mas o mito Borges pode fazer bastante mal à literatura." Julga-se, em consequência, imune a ele. "O que tive com Borges foi uma colaboração muito íntima e uma amizade muito especial", ele insiste em definir. Se existia algo a mitificar na relação entre eles, era a literatura. Só ela interessava, e diante dela se sentiam no mesmo patamar. Quando se encontravam, Borges podia dizer: "Hoje pela manhã estive com Y. e conversamos muito." Y. era, apenas, um personagem, mas Borges o tratava como uma pessoa.

Ao contrário de Borges, que estava sempre preocupado em construir teorias que dessem conta do mundo, ainda que soubesse que elas sempre falhavam, Bioy despreza as construções teóricas. Esse desdém está estampado em uma pequena fábula de apenas 33 linhas guardada no livro *Grinalda com amores*. O título é esse mesmo: "Fábula". Um bote está demasiadamente carregado de náufragos. Tentando impor certa ordem, e para provar que alguém deve se atirar ao oceano para que o bote não naufrague, o "Dr. Moreno" aponta para um dos passageiros, a respeito de quem levanta uma breve teoria. O homem é um tirano, ele argumenta, um indivíduo cruel, que cometeu muitas atrocidades. Agora é justo que morra para salvar os outros, quase todos homens simples e bons que passaram a vida a trabalhar. Os náufragos ainda não parecem muito convencidos de seus argumentos, quando um homem, que até ali dormia a um canto, pede a palavra. Sem qualquer culpa, ele confessa ter sempre desejado a morte do tirano e se oferece para ser seu verdugo. Não chega a terminar seus argumentos porque algo o interrompe: o "Dr. Moreno" acaba de se atirar no mar. Esse personagem de Bioy é um belo exemplo do fracasso da teoria. Argumentos perdem qualquer eficácia quando alguém, em vez de pensar, decide simplesmente agir — ainda que esse alguém seja o próprio pensador. Quando publicou seu segundo livro mais importante, *Diário da guerra do porco*, em 1968, Bioy ouviu de Borges uma advertência: "Será que você suportará ter, para sempre, um porco na capa de teu livro?" Ele desprezou o comentário do amigo, que parecia aliás bastante sensato — e esse é hoje um de seus títulos mais celebrados. Borges também lhe sugeriu que trocasse o título de *Grinalda com amores*, um livro de estrutura híbrida, com contos que se mesclam a sofismas, que apareceu em 1959. Achava-o um pouco sem sentido, o que era verdade. Bioy não o ouviu e mais uma vez acertou.

Fala-se muito da influência de Borges sobre Bioy, mas quase nada se diz sobre a influência que Bioy exerceu sobre Borges. A mística amizade entre os dois começou em 1931, quando passaram curtas temporadas de descanso na casa de Victoria Ocampo, em San Isidro, a 22 quilômetros do centro da capital. Nessa época, Marta Casares, mãe de Bioy, já estava convencida do talento literário do filho. Um dia, perguntou a Victoria Ocampo quem seria o melhor mentor para guiá--lo para a carreira de escritor. Sem vacilar, Victoria apontou Borges e passou a estimular os encontros entre eles. Foi na casa de Victoria que Borges começou a conceber o projeto de "Tlön, Uqbar, Orbis Tertius", seu primeiro relato de ficção, que seria depois integrado em *Ficções*, a primeira antologia de narrativas que publicou, em 1944. "Tlön, Uqbar,

Orbis Tertius" fora publicado em separado quatro anos antes, quando Borges já estava com 41 anos de idade. Desses encontros com Bioy Casares surgiram ainda os primeiros esboços de alguns contos de *O aleph*, livro de 1949. É verdade que, quando conheceu Bioy Casares, Borges já havia escrito e publicado um texto de ficção, "Homem da esquina rosada", que mais tarde se tornaria uma de suas narrativas mais famosas. Mas não teve coragem de assumir a paternidade da obra e a assinou sob o pseudônimo de Francisco Bustos, o nome de um de seus tataravôs. E que assim se tornou um precursor de Bustos Domecq.

Mais tarde, Borges admitiu ter gastado seis anos de trabalho até encontrar o tom final de "Homem da esquina rosada", o que basta para atestar a insegurança que, a essa época, cercava sua vocação de ficcionista. A partir daí, ele começou a infiltrar seus esboços de ensaios e de biografias com uma munição cada vez maior de dados falsos — ou fictícios. Borges sempre admitiu sua admiração por Marcel Schwob, o simbolista francês que escreveu biografias falsas de homens verdadeiros. O que resultou numa marca borgiana, a quebra de fronteiras entre a realidade e a ficção, Bioy nos faz ver, começou talvez como um efeito da imensa timidez de Borges, como uma clássica "solução de compromisso" entre o desejo de dizer e o medo de dizer. Borges só conseguia criar inventando, sem admitir que realmente inventava. Só mais tarde deixou de precisar de pseudônimos para justificar suas falsificações, porque elas se tornaram "borgianas". E, para que Borges se torne mais "borgiano" ainda, a crítica sempre se empenhou em apagar a presença de seu jovem "mentor", Adolfo Bioy Casares.

Já em *História universal da infâmia*, de 1935, Borges começava a afirmar uma tendência, ainda disfarçada e envergonhada, para a ficção. Muito tímido, ele dá a esse livro, em sua primeira edição, o subtítulo de "Exercícios em prosa narrativa", conforme relata seu biógrafo Emir Rodríguez Monegal. A escolha da palavra "exercícios" indica com clareza seu sentimento de uma vocação ainda incompleta, ou vacilante. É bom lembrar que os contos de *História universal da infâmia* foram publicados inicialmente em separado no suplemento dos sábados de

Crítica — eram, portanto, em sua origem, exercícios jornalísticos. Inseguro, Borges ainda inclui no fecho do livro um "Índice de fontes", dando-lhe assim certa aparência universitária. No prólogo, ele chega a apontar, com ênfase exagerada, algumas limitações de seu trabalho, o que parece indicar timidez, mas pode na verdade apontar para o desprezo que ainda conservava pelo gênero. Ao escolher o título do livro, um tanto melodramático, Borges tinha a intenção declarada de atrair um público popular. Quando decidiu reunir esses relatos em livro, ele ainda considerava a ficção algo "menor". Bioy lembra que, ainda nesse livro, "Borges fingia que não eram textos inventados, ou pelo menos que havia uma parte não inventada naqueles relatos". Foi jogando com essa ambiguidade que Borges terminou, talvez sem querer ou perceber, firmando seu estilo e sua reputação de contista. Ele mesmo lembrou em sua *Autobiografia* que só ao publicar o conto "A aproximação a Almotásim", escrito em 1935, deu-se conta dos efeitos que tal ambiguidade provocava em seus leitores.

Esse conto é, como ele próprio descreve, "ao mesmo tempo uma invenção e um pseudoensaio", que fingia ser uma resenha de um livro publicado em Bombaim três anos antes. Borges chegou a dar a esse livro fictício um editor real, Victor Gollancz, e um prefácio assinado por uma escritora real, Dorothy L. Sayers. Mas se tratava, no fundo, de pura invenção. Para confundir ainda mais os leitores, o conto apareceu no ano seguinte no volume de ensaios legítimos *História da eternidade*, e Borges só admitiu publicamente que se tratava de um conto ao republicá-lo em 1942, em *O jardim das veredas que se bifurcam*, sua primeira antologia de narrativas. Muitos amigos, entre eles o próprio Bioy Casares, chegaram a escrever para Londres encomendando *The Approach to Al-Mu'tasim*, do advogado Mir Bahadur Ali, o livro inexistente resenhado no conto.

Mas, depois de conhecer Bioy Casares, as histórias não param mais de trabalhar em sua cabeça, e a vocação para a narrativa se afirma. A amizade entre Borges e Bioy Casares foi mais vantajosa para Borges do que a crítica tem o hábito de reconhecer. Um dos mais célebres contos de Borges, "Pierre Menard, autor do Quixote", foi publicado pela primeira vez na revista *Sur*, no ano de 1939. Em 1941, um ano depois de Bioy publicar *A invenção de Morel*, Borges entrega a seus editores os relatos fantásticos de *O jardim das veredas que se bifurcam*. Esse livro será, depois, integrado ao volume *Ficções*.

É muito difícil separar a convivência imposta pela amizade das ideias que eles, juntos, perseguiram. Bioy Casares cultivou durante longo tempo o hábito de dar caminhadas noturnas, sempre acompanhado de Borges e, frequentemente, de Silvina. Livros como o *Diário da guerra do porco* e *Dormir ao sol* foram em parte concebidos durante esses passeios a pé por Buenos Aires, tendo Borges como privilegiada testemunha. Eram longas caminhadas após o jantar, já perto da meia-noite, que terminavam infalivelmente na Puente Alsina, no Barrio Sur. "Não sei explicar essa necessidade que Borges e eu tínhamos de ir todas as noites a Puente Alsina", admite Bioy. "Sofríamos de uma espécie de ansiedade, que nos obrigava a ir até lá. E chegar lá nos bastava." Depois, satisfeitos em cumprir esse ritual, esticavam a noite em casas de tango, ou de *blues*. Desses passeios noturnos surgiram também os projetos, que realizaram a seis mãos, da *Antologia da literatura fantástica* e da *Antologia poética argentina*. Organizaram, mais tarde, outras antologias em colaboração para a editora Emecé. Liam Kipling, Quevedo, Thomas Brown, Conrad, e faziam anotações à mão no fim de cada livro. "Não sofríamos nem da vaidade nem da inveja", diz Bioy. "Aprendíamos um com o outro sem nenhum pudor, sem nenhuma restrição." Por isso, é injusto que o nome de Adolfo Bioy Casares seja encarado, quase sempre, como um satélite do grande Borges. Mas a maldição parece longe de se esgotar. Desde cedo, Bioy Casares era visto como um "discípulo" de Borges, e essa contrafação persiste até hoje.

Bioy Casares pergunta se desejo ouvir uma história. Não é uma gentileza de sua parte, adverte, mas sim um favor que eu lhe prestarei. Antes que eu possa responder que, sim, ficarei muito contente em ouvir uma história relatada por Bioy Casares, ele me fala um pouco a respeito de seus hábitos de escritor. Escreve diariamente, sempre pela manhã, nunca mais que duas páginas de caderno. "Depois disso, já se começa a escrever tolices", justifica. Acrescenta que, na verdade, escreve todo o tempo, não com as mãos, mas com a cabeça. "Ah, eu nunca paro de escrever", me garante. Um exemplo? Está, suponhamos, fazendo a barba. Enquanto espalha a espuma sobre o rosto, vai contando uma história para si mesmo. Em seguida a esquece. Durante o almoço, retoma a mesma história e a relata para uma amiga que o acompanha. Se o relato desperta interesse, sente-se estimulado e na manhã seguinte começa a passá-lo para o papel. Mas se a amiga fica entediada, se muda de assunto, prefere esquecer da história. "É porque ela não presta", conclui rapidamente.

Mas nem sempre, mesmo quando consegue agradar, Bioy Casares passa sua história para o papel na manhã seguinte. Prefere ruminá-la mentalmente pelo maior tempo possível, aguardando o momento adequado para a transcrição. "Quando tenho a trama esboçada, começo a pensar: bem, esses serão os pontos difíceis, as partes que podem me derrubar." Então, sempre mentalmente, sem anotar uma única linha, trata de solucioná-los, um a um. "Só assim, com a estrutura pronta, posso me sentar para escrever com a certeza de que não serei enganado pela história", diz. Mas esse é mais um engano; a literatura é feita de enganos. Bioy admite: "O problema é que, quando começo a escrever, todas as minhas soluções falham." Quando está diante do papel, por mais que tenha ruminado a história, todas as dúvidas reaparecem. "Esse preparo mental só serve, no fundo, para que eu me engane e assim fique menos tenso para escrever", diz. "Engano-me, mas já sei que, na hora de escrever, minhas soluções maravilhosas não funcionarão e então serei obrigado a partir do zero." E, com um sorriso no rosto, conclui: "Sou apenas um charlatão." Poucas vezes terá definido melhor a literatura.

Já nos desviamos e eu chego a outra pergunta: "Como são esses relatos enquanto existem apenas em sua cabeça?" Bioy retoma o fio perdido: "Proponho que façamos uma experiência prática, em vez de eu lhe dar uma resposta. Vou contar-lhe um conto que imaginei.

Aceita me ajudar a testá-lo?" Respondo que será uma honra. Bioy, então, começa a narrar, enquanto eu deixo de lado meu caderno e simplesmente o ouço. Um médico e um inventor estão conversando, ele começa a relatar. O médico afirma: "Estamos destinados ao isolamento absoluto, porque nossos sentidos e nossas sensações não podem ser transmitidos de uma pessoa para outra." O inventor sente-se obrigado a concordar. Mas, para vencer essa limitação humana, inventa uma máquina, que se parece com um guidom de bicicleta, por meio da qual podemos transmitir nossos sentidos e sensações para outras pessoas. Quando a máquina lhe é apresentada, o médico fica muito entusiasmado. "Agora sim poderemos entender o que se passa com nossos doentes e fazer diagnósticos exatos", comenta. Mas outros médicos se desesperam, temendo que seus pacientes possam usar a máquina contra eles e descobrir sua insegurança, fato que colocará seu domínio sobre os doentes em perigo. O inventor tem um compromisso marcado num centro médico. O médico resolve acompanhá-lo. Fica na sala de espera, aguardando, enquanto o inventor é recebido para uma reunião privada. O tempo passa e o inventor não sai da sala. O médico se impacienta, mas nada pode fazer a não ser esperar. Até que a porta da sala de espera se abre e alguns homens entram carregando um caixão, que é levado para a sala de reuniões. O médico compreende que o inventor foi assassinado por seus colegas de profissão, que agora se preparam para enterrá-lo.

"Por enquanto, a história termina aqui", Bioy me diz, mudando o tom de voz, que agora é mais inseguro. "O que você acha?" A primeira ideia que me ocorre é que os médicos não vão gostar nem um pouco desse conto. "Com certeza os inventores também não, porque a história não lhes promete um grande futuro", Bioy acrescenta. Mas não se preocupa com isso. "Eu sou um inventor de tramas. Para mim, a trama é a única coisa que realmente interessa", diz. Bioy Casares considera-se um inventor — como esses homens que testam novas máquinas, ou que projetam utopias. "Sou um simples inventor de tramas." A trama é, para ele, o coração da literatura. Tudo o mais, o estilo, a maneira de contar, as experimentações, deve estar a seu serviço. A função do escritor é inventar histórias, criar tramas. Depois ele as escreve, porque elas precisam ser escritas para que possam ser lidas. Mas escrever é só uma consequência, algo que se faz *a posteriori*. Inventar, e não escrever, ele diz, é o verdadeiro ofício do escritor. No conto que Bioy me relata, sinto-me levado a pensar, os críticos são representados pelos médicos. São eles que podem matar para que algo não lhes escape ao controle, mesmo porque seu poder vem mais desse controle que de um saber organizado. Proponho essa interpretação a Bioy, mas ele se limita a rir. "Essa pode ser uma boa explicação, mas cada leitor deve construir a sua." É o mestre, outra vez, que me pega no contrapé.

Ao sair dos aposentos de Bioy Casares, cruzo com uma enfermeira gorducha, toda engomada de branco, que vem carregando uma bandeja sobre a qual se equilibram, com dificuldade, uma garrafa de água mineral e alguns comprimidos coloridos. Olhar arrogante, gestos automáticos, como se circulasse por uma enfermaria, ela se põe a vigiar minha saída. "Boa tarde", ela se despede, mas o tom é de quem diz: "Agora ele é só meu." Respondo fechando a cara, o que é inútil, pois ela já me deu as costas. Irrito-me ainda mais quando vejo, na sala de estar, a figura de uma mulher magra, pálida, severa, que espera o escritor, algo contrariada, para o encontro seguinte, pois eu o atrasei em quase uma hora. Penso: "É a amiga que vai levá-lo para almoçar hoje." E agora sou eu quem, dividindo o sentimento daquela enfermeira odiosa, se sente enganado. Não me surpreendo com esse ciúme de leitor que me transfigura; nós, leitores, não passamos de pobres apaixonados, que o autor joga, no correr das linhas e parágrafos, para lá e para cá.

Já no *hall*, enquanto espero o elevador, deparo com a porta de serviço, que está entreaberta. Um cão vigia meus movimentos, enquanto uma empregada, vestida em um uniforme rendado, lê *A trama celeste*, livro que o escritor publicou em 1967 e que é uma de minhas novelas preferidas. A imagem, revelada por acaso, liquida com meu mau humor. E me estimula. "Borges jamais será lido por uma empregada", penso com uma ponta de orgulho, como se aquela cena casual que apenas entrevi estivesse ali só para confirmar minhas suspeitas. E entro no elevador, sentindo que começo a entender por que prefiro Bioy Casares a Jorge Luis Borges, ainda que, ao parar e pensar melhor, essa certeza sempre se abale. Felizmente, na literatura, não precisamos escolher; ao contrário, podemos ter tudo.

O sentimento me estimula a prosseguir, agora em segredo, em minha pequena investigação. Saio do edifício e, alguns passos adiante, como um detetive de segunda categoria, atrapalhado e sem método, posto-me no balcão de um bar que fica na esquina oposta ao restaurante Lola, aonde Bioy Casares, segundo me disse, costuma levar seus convidados para almoçar. É uma situação deprimente, e me sinto como um criminoso que espreita para cometer seu pequeno assassinato. Para justificar minha presença, peço uma cerveja e me deixo ficar, na esperança de surpreender Bioy Casares, de vê-lo em ação fora do cenário constrangedor da entrevista, de vigiá-lo em seu mundo íntimo, quando está em absoluta liberdade. Meu desejo é atravessar a rua, entrar no Lola, pedir uma mesa bem ao fundo e simplesmente esperar que Bioy Casares entre com sua convidada do dia. Sonho em pedir, como entrada, uma musse de agrião com aspargos, e depois quem sabe uns raviólis de ricota, os pratos que Bioy Casares mais admira no cardápio da casa. Gostaria de ter um pouco de sorte e poder ouvir a história que Bioy relatará à amiga que o acompanha, curioso como um iniciante, só para testar a qualidade do que escreve. Repetirá a história que me contou durante a entrevista, ou escolherá outra? Aquela terá sido só para mim?

Mas me contenho e continuo a vigiar a distância, pois sei que entrar no restaurante seria uma traição intolerável. Sei o quanto o admiro e não desejo que essa admiração se transforme em manipulação. O tempo passa, quinze minutos, meia hora, uma hora, mas o escritor não aparece. Aos poucos, sou obrigado a admitir: o almoço de hoje, por certo, será em casa. Envergonho-me de minha posição de *voyeur*, vício de profissão, misturado, é verdade, com um grande fascínio pela figura de Casares. Perdoo-me e, para provar que me perdoo, entro no Lola; mais tranquilo, peço uma mesa, certo de que, agora, não sou mais um perseguidor, mas só um viajante brasileiro que almoça em um restaurante argentino. Inquieto, não consigo comer em paz, e, depois de provar a musse de agrião, que de fato é deliciosa, volto para o hotel. Deito-me e, entregue a lembranças que não quero perder, repasso mentalmente meu encontro com Casares.

Antes de partir, perguntei a Bioy Casares se ainda hoje, quando escreve, ele dialoga com Borges. "Quando escrevo, não dialogo com ninguém", ele me respondeu com disfarçada rispidez, e pensei em atribuí-la ao cansaço, pois eu já ultrapassara em muito a uma hora de conversa que me oferecera. E logo tratou de acrescentar: "Talvez com Conrad", me disse. "Conrad é um escritor que carrego sempre comigo." Adolfo Bioy Casares descende de Conrad por semelhança, e de Borges por contraste. O escritor inglês Joseph Conrad morreu em 1924, quando Bioy era apenas um menino de 10 anos. As marcas de parentesco espiritual entre eles, no entanto, não podem ser desprezadas; os livros estão aí para confirmar. Como viveram sempre juntos, num diálogo que parecia infinito, Bioy se tornou "borgiano" por contraste. Esteve sempre preso a Borges, mesmo quando discordavam, mesmo quando não podiam se ver.

Ao contrário de Borges, que sempre mereceu a veneração da crítica, Bioy Casares teve ao longo da vida uma relação bastante tensa com os críticos literários. Num dado momento, por causa de juízos adversos dos especialistas, que o deixaram muito abatido, chegou a pensar em abandonar o ofício de escritor. Decidiu se dar uma chance e fazer uma última tentativa: escreveria um livro — que resultou em *A invenção de Morel* — sem se preocupar com as recomendações que a crítica gostava de lhe fazer. Talvez se não pensasse nos críticos, considerou, conseguisse enfim escrever. "Eu estava diante de um dilema", me diz. "Devia sobreviver às críticas negativas, ou não teria mais sentido continuar. A única saída era esquecer os críticos e pensar só nos leitores." Hoje ele se apressa em renegar os livros que escreveu antes de *Morel* — os mais conhecidos são *17 disparos contra el povenir* publicado pela Editorial Tor quando ele tinha apenas 19 anos, e *Caos*, lançado no ano seguinte pela mesma editora —, por julgar que não os escreveu em liberdade, mas sob coação intelectual. "O título de *17 disparos* revela minha convicção de que eu me arrependeria mais tarde de tê-los publicado", avalia. "Hoje prefiro que ninguém os leia, que desapareçam." Conclui ainda que, tivesse cedido aos argumentos dos críticos, teria não só perdido a fé na literatura, como também na própria inteligência. "Pergunto-me, sempre muito aflito, quantos talentos não se perdem por causa disso", lamenta.

Por trás de Adolfo Bioy Casares veremos sempre a sombra de Jorge Luis Borges, e essa região obscura, em que suas identidades se dissolvem, parece destinada a perdurar. Penso aqui num comentário que Borges fez, certa vez, a respeito de Herman Melville, o autor de *Moby Dick*. Ele lembrou que as tradições americanas de luminosidade, grandiosidade e publicidade conspiram contra os homens de espírito secreto, e por isso Melville, assim como Edgar Alan Poe, ficaram sempre um pouco ofuscados. Bioy Casares também parece deslocado no meio literário argentino. Os críticos o colocaram à sombra, numa região de pouca visibilidade e muito perigo. Mas, como Melville e Poe, é dessa sombra que Bioy Casares retira seu poder.

Seu fascínio por Borges jamais se traduziu em qualquer tipo de submissão. Apesar da amizade sincera, Bioy Casares tem, desde muito cedo, uma visão crítica, ainda que bastante positiva, em relação à obra do amigo. Já na *Antologia de literatura fantástica*, assinada a quatro mãos com o próprio Borges e publicada em 1940, Bioy discorre sobre o novo gênero literário, a meio passo entre o ensaio e a ficção, que seu amigo inventara, e a que ele chama de "relato metafísico". "São exercícios de incessante inteligência e imaginação feliz", Bioy escreve. Mas, logo depois, adverte que os livros de Borges interessam apenas a "leitores intelectuais, estudiosos de filosofia, quase especialistas de literatura", apontando assim a grande ressalva que se pode fazer à obra de Borges: a de ser, a rigor, uma "literatura para literatos", aspecto que limita bastante sua difusão e influência. Bioy Casares, ao contrário, mesmo sem fazer concessões, sempre escreveu pensando no prazer dos leitores, e não dos escritores.

Em sua *Autobiografia*, Borges, invertendo os papéis que normalmente lhes são destinados — Borges, o mestre, e Bioy, o discípulo —, reconhece explicitamente a grande influência que a ficção de Adolfo Bioy Casares teve sobre ele. "Em oposição ao meu gosto pelo patético, pelo sentencioso e o barroco, Bioy me fez sentir que a calma e a contenção eram mais desejáveis", escreve, para logo completar: "Bioy me levou gradualmente até o classicismo." Há uma frase de Borges que desmente boa parte dos argumentos que a crítica construiu a seu respeito. Ele disse: "O importante é sonhar e ser sincero com o sonho quando se escreve, ou seja, somente contar fábulas nas quais se acredita." Foi Borges quem disse ainda acreditar que os escritores são copistas de objetos secretos. A tradição homérica chamou esse segredo de "musa". A tradição hebraica, de "espírito". Já nos tempos modernos, falamos em "inconsciente". Borges prefere a definição cunhada pelo poeta irlandês William Butler Yeats, que chamou esse segredo de Grande Memória. Tenha o nome que tiver, o importante é que ele se refere a algo que pertence ao reino do incontrolável. A uma força sem nome, que não pode ser nomeada, mas que, apesar disso, atua com intensidade descomunal.

Lembro-me ainda de que Bioy me disse: "Borges é muito mais humano do que o apresentam." Sinal de que também sobre a obra de Borges uma camada sombria de preconceitos jamais deixou de atuar. Borges morreu em 1986, aos 87 anos de idade. No momento de minha visita ao apartamento da Calle Posadas, já se haviam passado onze anos. Bioy Casares, contudo, parece ainda não acreditar inteiramente nessa morte. "Ainda hoje cedo conversamos", me diz, mas ninguém verá Bioy debruçado sobre a mesa de uma sessão espírita, e sim sobre uma folha de papel.

Adolfo Bioy Casares faleceu em Buenos Aires em 8 de março de 1999.

Raduan Nassar

Atrás da máscara

> *Nós buscamos outras realidades porque não sabemos como desfrutar da nossa; e saímos de dentro de nós mesmos pelo desejo de saber como é o nosso interior.*
> Montaigne

Raduan Nassar não suportou ser um grande escritor e desistiu da literatura para criar galinhas. Trocou a criação estética, que é complexa e desregrada, pela mecânica suave da avicultura, e parece muito satisfeito com isso, tanto que, resistindo a todos os apelos, se recusa a voltar atrás em sua decisão. Meteu-se assim em uma situação embaraçosa na qual o exterior (a figura do escritor) e o interior (o ato de escrever) se confundem, armadilha em que, de modo mais discreto, todos os escritores de alguma forma estão presos, e que não chega a configurar uma escolha, mas um destino. Raduan abandonou a ordem do verbo, que está sempre contaminada pelo vazio e pelo espanto, para retornar à ordem natural dos animais, que é mais silenciosa, mas também mais previsível. Ovos, poeiras, rações, pequenas pestes podem ser controlados; a escrita, não.

O sucesso de seus dois primeiros livros, *Lavoura arcaica* e *Um copo de cólera*, parece ter excedido em muito aquilo que Raduan esperava de si, e, ultrapassado pela própria obra, ele tomou a decisão de recuar. O sucesso, em seu caso, tornou-se uma carga: ele é aquele que não suporta vencer e, assim que a vitória se configura, precisa fracassar para se tornar menos infeliz. Restou a sombra de algo intolerável, a literatura, que, vista sem as pompas da reputação e da fama, tem a aparência de uma emboscada. Escrever não é só seguir uma rotina, manter-se atento e cumprir as regras dos manuais.

Mas por que terá Raduan, ao tomar a decisão de abandonar a literatura, conservado para si a imagem de escritor? Por que terá resolvido ser um homem com duas sombras — uma do escritor consagrado, outra do sujeito que desistiu de ser escritor? Raduan não é um Rimbaud, que, ao resolver que a escrita não o interessava mais, virou a página de sua biografia e, trocando de máscara, foi viver como um mercenário na África. Ao contrário, mesmo desistindo da literatura, ele não deixou de se apresentar, quase obstinadamente, como um escritor militante. Raduan é, ninguém tem dúvida, um grande escritor. Por isso, a solução que deu a seu impasse chega a parecer, às vezes, mentirosa. Quem estará dizendo a verdade: o Raduan que desistiu da literatura e se tornou só um homem silencioso com suas galinhas, ou o Raduan que, mesmo sem escrever, insiste em se ver como um escritor?

É verdade que Raduan Nassar deixou desde muito cedo, por todos os lados, pistas do conflito que nunca resolveu. Ele continua em plena luta, só que agora as palavras se transferiram do papel para a dimensão mais fluida das entrevistas, dos seminários, das declarações; abandonou a personalidade de escritor militante para se tornar um entre tantos personagens híbridos da cena literária, escolha que pode ser vista, apressadamente, como um retrocesso. Mas será mesmo? Resta-nos pensar, como leitores estupefatos, que Raduan quer, mas não quer — e isso só perturba. Há quem chegue a pensar até que sua atitude não passa de um jogo, aliás bastante banal, para chamar a atenção; outros preferem achar que Raduan está só fazendo uma ironia e que seu jogo de esconde-esconde nada mais é que uma figura de linguagem — talvez um zeugma, forma em que o enunciado, uma vez excluído, na verdade permanece em cena, agora subentendido, e cada vazio (ou aparente negação) apenas o repete. Seja como for, Raduan conseguiu transformar a literatura num enigma, decisão que, contrariando os que veem nisso um jogo de aproveitador, só o torna um escritor ainda mais apaixonante.

A carreira de Raduan Nassar é breve. *Lavoura arcaica*, seu primeiro livro, é de 1975, e *Um copo de cólera*, o segundo, de 1978. Logo depois de publicá-lo, Raduan tomou a decisão repentina de parar de escrever. Mas ainda assim, já nos anos 1980, transferiu sua pequena obra de editora e, mais tarde, permitiu que seu novo editor publicasse, em "edição comemorativa" datada de 1994, um antigo inédito, *Menina a caminho*, seu primeiro texto de ficção, escrito ainda nos anos 1960 e que só havia aparecido numa remota coletânea de contos brasileiros publicada na Alemanha. Um pouco depois, Raduan resolveu também aceitar a edição de outros quatro inéditos, reunidos no volume *Menina a caminho e outros textos*, de 1997. Três deles foram escritos nos anos 1970 e andavam mofando na gaveta, mas o quarto, "Mãozinhas de seda", surgiu em pleno ano de 1996, como uma encomenda dos prestigiados *Cadernos de Literatura Brasileira*, de cujo número 2 ele é o personagem de capa. Depois de terminar o conto encomendado, porém, Raduan não permitiu sua publicação nos *Cadernos*, atitude ambivalente que ilustra a cisão que carrega dentro de si. O escritor que decidiu parar de escrever ainda assim escreve, mas precisa esconder que escreve e por isso decide não publicar. Uma pergunta, que dividimos com muitos leitores, nos é então permitida: será que, entre quatro paredes, ele trabalha secretamente em outros livros?

Pode-se atribuir essa ambivalência às obrigações de um personagem, Raduan, "o ex-critor", conforme alguns amigos mais desconfiados e maliciosos gostam de brincar; um sujeito que, se escreve, é só para retocar sua imagem acabada — aquele retrato imenso fixado na capa dos *Cadernos*. Raduan talvez pense que esse "escrever por encomenda" não é escrever — é apenas se exibir, como os tenores que largam o palco do La Scala de Milão para se apresentar em shows populares no Central Park e não chegam a considerar que aquilo seja música, mas só uma complacência. A qualidade de "Mãozinhas de seda", o conto encomendado, no entanto, desmente essa hipótese. Publicado mais tarde na antologia de inéditos, "Mãozinhas de seda", além de ser um conto magnífico, revela alto teor corrosivo; mais que um conto, e ainda que ostente a forma de uma recordação infantil, ele parece ser uma resposta antecipada que Raduan dá a seus futuros torturadores. Nele, o escritor medita sobre as vantagens do silêncio, ou pelo menos da ambiguidade, esse jogo de sombras que, como uma dançarina do Oriente, ele agora exercita diante de nós.

A primeira frase de "Mãozinhas de seda" já vem carregada de significados que extrapolam, em muito, o terreno do imaginário e configuram, mais que tudo, uma confissão pessoal. "Cultivei por muito tempo uma convicção, a de que a maior aventura humana é dizer o que se pensa", ele começa. Ao contrário, o bisavô desse narrador dividido sempre lhe dizia: "A diplomacia é a ciência dos sábios." E é sobre essa questão, entre o dizer e o silenciar, ou pelo menos o se conter em meias palavras, que o relato, de apenas sete páginas, se desenvolve. Surge, logo a seguir, a confissão de um vício que é, na verdade, um recado aos intelectuais de seu tempo: "Daí minha mania, se esbarro com certos intelectuais, de olhar primeiro para suas mãos, mas não só. Tenho até passado por algum constrangimento, pois me encaram com um viés torto no olhar, se, como bom empirista, demoro demais no aperto de mão." O contato com as mãozinhas de seda dos intelectuais pedantes, com seus melindres, vaidades e suas questões de prestígio, desencadeia uma longa meditação e nele inspira até ânsias de vingança. "Eruditos, pretensiosos, e bem providos de mãozinhas de seda, a harmonia do perfil é completa por faltar-lhes justamente o que seria marcante: o rosto", Raduan escreve. Esses homens cultos não passam de seres desencarnados, que têm corpos gelados como os dos vampiros, vultos que, mesmo atravessando milhares de páginas, não chegam a aprender a ler.

Enfurecido, Raduan (ou seu narrador) diz mais: "Tenho notado também que estão entregues a um rendoso comércio de prestígio, um promíscuo troca-troca explícito", que é tudo aquilo de que ele, o escritor que desistiu da literatura, deseja escapar. Mas, depois de escrever o conto, Raduan Nassar decide não o entregar aos *Cadernos de Literatura Brasileira*, e nesse gesto aparecem seu decoro e timidez, sentimentos que, mais tarde, durante a longa entrevista que concede à publicação, não conseguirá mais controlar. No fecho de "Mãozinhas de seda" aparece ainda a reflexão: "Custou mas cheguei lá, sou finalmente um diplomata, cumprindo à risca a antevisão de regozijo do bisavô." Mas, na última linha, entre recatados parênteses, ele arremata: "(Saudades de mim!)" É o desabafo de um homem que já não tem certeza de que se pertence. Se ainda é um homem, ou se é apenas a máscara que aceitou vestir.

Há, entre esses inéditos de juventude publicados em 1997, um outro relato, "Aí pelas três da tarde", que também merece atenção, já que traz, desde tão cedo, o desejo de parar, de silenciar. "...largue tudo de repente sob os olhares a sua volta, componha uma cara de louco quieto e perigoso, faça os gestos mais calmos quanto os tais escribas mais severos, dê um largo *ciao* ao trabalho do dia, assim como quem se despede da vida", ele escreve. Escolhendo o tempo imperativo, o narrador ordena a seu personagem que, em pleno meio de tarde, volte para casa e, sem pressa, sem alarido, simplesmente fuja da obrigação de escrever. E que depois, desistindo de tudo, vá ao terraço e se deite na rede envergada entre plantas. "Largue-se nela como quem se larga na vida, e vá ao fundo nesse mergulho", ele sugere. Vinte anos depois, Raduan, mesmo cheio de dúvidas, cumpre o desejo de seu narrador e abandona a escrita.

Não é, porém, uma decisão fácil e envolve muitas contradições. Quem não deseja mais ser escritor, ou ser visto como escritor, não continua a cuidar com tanto zelo da própria obra, não remexe as gavetas em busca de inéditos, tampouco se oferece como personagem de capa da maior publicação especializada em literatura do país — os *Cadernos de Literatura Brasileira*, editados pela Fundação Moreira Salles, de São Paulo. Não aceita a adaptação de um livro seu para o cinema — como o recente projeto de filmagem do romance *Um copo de cólera*. Quem não quer aparecer simplesmente desaparece, mas Raduan, depois de um tempo de recolhimento, passou a aparecer mais ainda, e por isso sua recusa à escrita passa a ter, para os mais desconfiados, a aparência de uma provocação. Quem simplesmente deixou de escrever, preferindo o recolhimento, não quer mais saber dos constrangimentos da publicidade; mas Raduan se deixa submeter, e só podemos pensar que alguma vantagem tira disso.

Quem não quer mais saber de literatura não dá palestras no exterior, não aceita convites para feiras e seminários, não continua a se comportar como escritor, seja lá isso o que for. Não dá entrevistas para grandes jornais, ou revistas, nem aceita homenagens públicas — e aqui temos os paradigmas clássicos: no Brasil, Dalton Trevisan, e no exterior, J. D. Salinger, dois escritores que têm alergia ao mundo. Na abertura de seu romance mais famoso, *O apanhador no campo de centeio*, de 1945, Salinger escreve: "Se querem mesmo ouvir o que aconteceu, a primeira coisa que vão querer saber é onde eu nasci, como passei a porcaria da minha infância, o que meus pais faziam antes que eu nascesse, e toda essa lenga-lenga tipo David Copperfield, mas, para dizer a verdade, não estou com vontade de falar sobre isso." Raduan, ao contrário, mesmo hesitante, submete-se à "lenga-lenga" da publicidade e fala, sem parar, de si.

Há portanto um enigma na escolha de Raduan, opção por um silêncio que é, na verdade, bastante ruidoso. Ele parece ter abandonado o ofício de escritor, mas não o papel de escritor — e aqui faz um movimento oposto ao de uma escritora tímida, sufocada em conflitos, como Clarice Lispector, que não gostava de ser chamada de escritora, fugia dos rituais que configuram a "vida de escritor", mas ainda assim continuava a escrever furiosamente. É verdade que as duas novelas que Raduan publicou não podem simplesmente ser apagadas (embora ele, se quisesse mesmo fugir, pudesse até ter impedido sua reedição, o que seria uma decisão lamentável e tenebrosa, pois elas estão entre as melhores coisas escritas neste país na segunda metade do século). E há também um desejo de exposição, de que ele retira um tipo escorregadio de prazer e que não pode, no entanto, ser reduzido à vaidade. Há algo mais forte em jogo, que é, a partir daqui, o que deve nos interessar.

Nesse ponto, a entrevista concedida aos *Cadernos* está cheia de pistas preciosas. Insistindo em se apresentar como alguém que "abandonou a literatura", Raduan ainda assim aceita ocupar o lugar do entrevistado — e ao repórter, é inevitável, resta o papel de seu torturador. Não sendo mais um ofício, a literatura aparece como aquilo que tem de mais essencial — mostra-se como uma espécie de vício, que de fato sempre é. Roubo aqui as palavras de E. M. Cioran a respeito de Paul Valéry: "Ele levou até o vício a mania de explicar-se." Esse "ele" pode ser, também, Raduan, que, tendo desistido de escrever, não se cansa de explicar por que desistiu de escrever. O mais perturbador é que, ao continuar a se explicar mesmo depois que os textos silenciaram, Raduan nos deixa diante daquilo que não se explica, condição de que ele, ao contrário dos interrogadores que o torturam, tem absoluta consciência.

Mas, com um pouco mais de paciência, é possível ver o que incomoda Raduan Nassar e também o que ele faz com aquilo que o incomoda. Uma luta exemplar foi travada entre ele e seu entrevistador anônimo no depoimento aos *Cadernos*. Fixo-me nessa entrevista porque penso que nela, mais que em qualquer outra, Raduan, acuado por um repórter severo que lhe cobrava "posições literárias" e respostas "de escritor", acaba por revelar o paradoxo em que decidiu viver. Raduan é o que "já não é", mas ainda é "o que continua sendo". Não pode fugir do que fez e não esconde o justo orgulho que retira do que fez, argumentando apenas que nada mais tem a dizer. A literatura é, assim, empurrada para o passado; mas sua sombra persiste no presente e se projeta para a frente, como um destino de que ele já não pode se livrar. Talvez como uma condenação.

Raduan nos põe diante do inexplicável, e esse inexplicável inclui até o motivo que o levou a deixar de escrever. Sempre que é solicitado a dar uma entrevista, ele primeiro responde que "não". Nada tem a dizer, argumenta, não há por que falar sobre o que já não o interessa. Mas as entrevistas não param de ser publicadas. Raduan Nassar permanece nesse espaço turvo entre a obra e a figura de escritor que a obra, à sua revelia, constrói. Estamos diante de um triângulo: primeiro, há o escritor; e simultaneamente, pois ela o constitui, a obra; e por fim, luminosa, mas despregada dos dois, a imagem pública do grande escritor, isto é, a máscara. É contra essa máscara, me parece, que Raduan passa a lutar. Desistindo de escrever, Raduan não desiste porém da máscara de escritor. Expondo-a como um objeto vazio, ele consegue mostrar tudo aquilo que ela guarda de artificial e de fantasioso. Desistindo de escrever, e se escondendo atrás da máscara, ele preserva aquilo que a literatura tem de mais escandaloso: a nudez do espírito.

Se a obra se concluiu, se esgotou, ele já não pode deixar de ser o que é. Já não é "o homem que escreve", mas ainda é "o escritor". A imagem depressiva do "ex-critor", do homem que fala de seu ofício como algo que já se consumiu, é ainda aquela imagem que surgiu para compor o triângulo. "Ex-critor" ou não, Raduan não perderá o seu título. E depois, o fato de não mais escrever lhe dá, é preciso entender, um tipo especial de força. Raduan nada mais tem a defender: o que está feito está feito. Conserva a imagem do escritor, mas já não precisa lutar por ela; não precisa conservar postura alguma, nem agradar, ou simular qualquer tipo de papel. Está sozinho com sua obra.

Volto à entrevista que Raduan Nassar concedeu aos *Cadernos*. Sua importância se deve menos às qualidades do repórter anônimo, que, justamente por se apresentar como anônimo, e como um especialista em "temas literários", representa uma voz mais geral (a crítica, o saber universitário, o leitor culto, ou que nome se lhe queira dar), e mais à posição resistente, de combate, de Raduan. Ao ver seu esforço frustrado, o repórter se enfurece; e se instala então aquele mínimo de tensão sem o qual os alicerces da criação não poderiam aparecer. Se as respostas são negadas, ou convertidas pelo escritor em novas perguntas, ainda assim obrigam Raduan a clarear sua posição "antiliterária" — e aqui será preciso definir muito bem o que essa expressão pode significar. Não se trata de uma postura contra a literatura, mas sim contra as exigências secundárias que o ato de escrever demanda. Um escritor tem suas obrigações: deve apresentar um original a cada dois anos, deve estar disponível para as cerimônias de lançamento, deve se oferecer como divulgador de si mesmo. Não se trata, provavelmente, de desistir da literatura, mas sim de abrir mão dos ritos que a envolvem e que hoje, num mundo dominado pelas regras de mercado, por fim a definem. Ser escritor, hoje, é comportar-se como escritor; é isso, provavelmente, que Raduan ironiza.

A princípio, a entrevista tem apenas a aparência de um duelo tedioso, que não leva a lugar algum. Compenetrado em seu papel de estudioso da literatura e devidamente amparado em um rol de perguntas formulado por eminentes especialistas, o entrevistador (talvez haja mais de um) tenta extrair, à força, uma "estética" das palavras de Raduan. Seu propósito fracassa, pois o escritor reluta todo o tempo em satisfazer esse desejo de teoria. No fim, contra as esperanças do repórter, o leitor fica com a resistência de Raduan Nassar, que maneja um instrumento, a criação literária, irredutível a qualquer sistematização, indiferente ao desejo de ordem, e que é tão solta e oscilante, o escritor nos diz, quanto a vida. Uma atividade tão humana e "suja" quanto criar galinhas.

Mas, feitas as contas, o esforço do entrevistador é compensado. Mesmo sem satisfazer seu desejo de clareza, Raduan termina por expor de forma contundente a perplexidade, a ausência de muletas, a intimidade com o acaso, aquela "sujeira" humana — e mais uma vez é preciso usar aqui as aspas como ressalva — que presidem todo trabalho criativo digno desse nome. Raduan acaba por mostrar que o escritor só pode trabalhar com as trevas. Ele deve ter sua disciplina, suas leituras, seus vícios, seus esquemas, suas muletas de toda sorte, mas, quando está diante do papel, é a mente vazia que toma a frente, ou o que se escreve é só repetição, e não invenção. O escritor é um desamparado, que vaga às cegas, sem controle sobre o próprio caminhar. Poderia até dispor de algum controle, mas de que lhe serviria? Não passaria de um entrave, ainda que tivesse a aparência de um trilho.

"Fosse o caso de forjar uma escora, quando muito se poderia falar na estética do bagaço", propõe em dado momento da entrevista Raduan Nassar, vencido pelo cansaço. Pois o que se lê é a recusa de Raduan contra a obsessão de quem o entrevista. Para ele, mais importante que ler os grandes críticos, ou mesmo os grandes clássicos, é ler o "livro da vida". "Nunca senti muito apego pelos livros", diz, para fúria de seu interlocutor, pois isso vem roubar à conversa aquela dignidade culta, aquele brilho que o repórter parece desejar. "Valorizo livros que transmitam a vibração da vida", insiste Raduan, e nesse ponto pode estar pensando em paixões, em cenas banais do cotidiano, ou apenas em suas galinhas. Suas palavras, naquele contexto, parecem inacreditáveis, pois desarmam todas as regras do interrogatório, impedem a formação da polêmica, quebram as expectativas inerentes a qualquer entrevista — o repórter parece não entender, mas é justamente por isso que a entrevista funciona! O repórter reage em defesa da literatura, como se a literatura, seja ela o que for, necessitasse de defesa. "É difícil acreditar que você tenha passado ao largo da teorização estética", comenta, perplexo, o repórter dos *Cadernos*. Mais à frente, ele não se controla e põe Raduan contra a parede. "Por que essa atitude de recusa radical em relação às teorias literárias? Você acredita que um autor possa dispensá-las?", pergunta, quase ofendido, enquanto o escritor, desgastado, se limita a resistir.

A resposta que Raduan Nassar lhe dá é definitiva: "Por decisão mesmo, sempre me mantive a distância de toda especulação teorizante ou programática, sobretudo por uma questão de assepsia." E repete que o único pressuposto para alguém se tornar escritor é não a teoria, ou o saber acumulado, ou a bagagem de leituras, mas só a "leitura da vida", o resto não passando de contaminação. Só através do apego à vida o escritor tem acesso ao bagaço — o sumo vital, que ele injeta nas palavras para transformá-las em escrita. Fazer literatura, podemos pensar, é como fazer sexo: manuais de boa conduta jamais substituirão o calor da experiência, conduzindo apenas à esterilidade, ou à falação vazia. E Raduan, atormentado, vai falando, mas ao mesmo tempo se irrita com o que fala, porque falar é realizar um jogo que não é o dele.

Mas fica então a pergunta — por que aceitou ser entrevistado? Talvez Raduan tenha desejado expor a absoluta incompreensão de que se sente vítima, condição que só poderia exibir entregando-se ao velho jogo das perguntas e respostas, encenando-o pacientemente para que, então, ela viesse a surgir. Entrega-se aos leões para demonstrar que os leões existem, e sai cheio de feridas, desgastado, porque não havia mesmo chance de vitória. As dezesseis páginas de entrevista terminam por compor, à revelia do repórter, um dos testemunhos mais radicais já produzidos no país a respeito do fazer literário — e da crítica que sobre ele se debruça. A entrevista interessa menos pelas respostas de Raduan às perguntas de seu interlocutor e mais por sua recusa em aceitá-las, seu árduo exercício de resistência, seu empenho em não sucumbir. A postura reverente do repórter, que se prostra piedosamente diante da literatura, esbarra na relutância de Raduan em aceitar o papel de "teórico". Se alguns sacralizam a voz dos escritores, Raduan Nassar não pode compactuar com eles. "No ritual de castração", ele diz, justificando seu humor arredio, "foram sempre os seguidores que deram em oferenda os próprios testículos." Foi dessa ablação que, com o silêncio, resolveu escapar.

Terminada a leitura da entrevista, podemos compreender por que Raduan Nassar tomou a decisão radical, e aparentemente intempestiva, de parar de escrever. O crítico José Paulo Paes pareceu chocado ao formular uma pergunta a respeito de uma declaração famosa do escritor: a de que "não há criação artística ou literária que se compare a uma criação de galinhas". Lembro-me inevitavelmente, e mais uma vez, de Clarice Lispector, que disse: "Quanto a escrever, mais vale um cachorro vivo." Mas é claro: mesmo os melhores teóricos recusam-se a aceitar que a literatura, quando é para valer, se produz no domínio do privado, ali onde o mistério tem mais força que a convicção. Vivemos os restos de um século dominado pelo mito da ciência. Objetividade, aferição rigorosa, funcionalidade, sistematização, racionalização são nossos deuses. Esses pressupostos foram transplantados pelas ciências humanas para o mundo etéreo da criação. A entrevista dos *Cadernos* é exemplar porque ilustra a falência e o desespero dos especialistas diante do que lhes escapa. Toda teoria é sempre um pouco paranoica, cheia de ambições descabidas, delírios de clareza e perseguidores inexistentes. A entrevista termina por deixar à mostra a imensa coragem de Raduan. Seu silêncio, agora, já não parece tão insensato.

Não fosse por sua identidade ambígua, do homem que "é mas não é" escritor, Raduan não teria se dado (e nos dado) a chance de expor sua posição "antiliterária". Ele decidiu habitar uma fronteira, adotando então o papel de sentinela, posição limítrofe que, ainda que tenha a aparência de um fracasso, é na verdade muito original. A posição de Raduan é bem diferente daquela exibida por escritores tímidos e rabugentos (Dalton Trevisan, J. D. Salinger, Rubem Fonseca...), que fogem e fogem de seus interlocutores até o cansaço por puro mau humor. Eles parecem ainda mais radicais, quando são, na verdade, mais conservadores. Continuam a escrever e, desaparecendo atrás dos livros, só se valorizam. Raduan, ao contrário deles, tomou a decisão de parar de escrever — e, ao contrário deles também, continua a se expor. Essa posição, que alguns consideram "exibicionista", é na verdade muito corajosa. Ainda no papel que já não pode mais renegar, pois tem três livros publicados, Raduan no entanto se põe fora do jogo e, agora com as armas do livre-atirador, investe contra o tabuleiro.

A posição de sentinela empresta a Raduan Nassar uma independência que, de outra forma, ele não poderia obter. O repórter aproveita a distância que o escritor tomou de sua obra para incitá-lo a falar como um crítico; mas Raduan Nassar mostra, ao contrário, que em literatura não há conhecimento de causa, nem títulos ou saberes acumulados que garantam a competência de ninguém. O escritor escreve, e isso lhe basta. É de fora que lhe imputam desejos, projetos, intenções, maquinações — como eu mesmo, aliás, trato de fazer aqui. A literatura, na verdade, é outra coisa: ou bem surge de um impulso interior, como algo que o escritor se obriga a dizer, ou nada será além de um lance de mercado. E hoje, quando o mercado parece onipotente, é bem sensato que, às vezes, se prefira o silêncio.

Uma rápida retrospectiva da vida de Raduan Nassar pode ajudar a compreender a posição ambígua, mas desafiadora, que ele decidiu assumir. Raduan nasceu em Pindorama, uma pequena cidade, hoje com 5 mil habitantes, situada no norte do estado de São Paulo. Foi um menino agitado e atrevido, apaixonado por animais — entre eles, as galinhas. Quando lhe perguntavam o que queria ser quando crescesse, sempre respondia que desejava ser criador. Não criador de livros, ou de arte, mas criador de animais. A palavra criação, para ele, parece estar sempre impregnada desse primeiro sentido, e foi a ele que Raduan, ao desistir de escrever, retornou. Criador é aquele que faz nascer, não importa o quê. Galinhas, por exemplo.

A mãe de Raduan foi uma criadora de perus, e havia nesse ofício uma dignidade que as indústrias de hoje, com suas máquinas sangrentas de abate e esteiras de aves degoladas, fizeram desaparecer. Na infância, Raduan caçava borboletas e criava pombos. Na adolescência, criou peixes. Mais tarde, coelhos — em depoimento a Edla van Steen, em 1982, o escritor rememora que chegou a ser até presidente da Associação Brasileira de Criadores de Coelhos. São revelações singelas, desafetadas — como sua dificuldade infantil em pronunciar o r, que o levava a dizer que seu nome era "Haduan", e não Raduan —, mas que parecem pegar o paradoxo de Raduan pela garganta. Nos tempos de escola, o futuro escritor desmentia sua vocação: tinha dificuldades com o estudo das línguas, inclusive o português. Sofreu também uma série de sete ou oito estranhas convulsões, que o acometeram no breve intervalo de dois dias, quando ainda estava na quarta série do ginásio, causando-lhe a perda temporária de memória. Primeiro, elas foram diagnosticadas como efeito de um vírus estrangeiro, de origem imprecisa, mais tarde como vulgares "epifenômenos da adolescência", o que evidentemente nada quer dizer. As crises trouxeram mudanças radicais no comportamento do futuro escritor, que se tornou um menino muito fechado e, efeito mais benéfico, voltou a ser um bom aluno. Surgiu, como sequela boa da doença, o grande leitor, o que abriu caminho para todo o resto. A literatura o esperava logo à frente.

Depois, Raduan cursou até o quinto ano da faculdade de Direito e dela desistiu para estudar Filosofia, guinada que atesta seu empenho no pensamento. Mas a USP não era seu destino. Escreveu *Lavoura arcaica*, romance em que recupera a atmosfera da infância, entre 1969 e 1974 — mas dois terços do livro foram efetivamente escritos durante oito meses do ano de 1974, período em que, metódico, trabalhou todos os dias. Escreveu livros curtos, disse, mesmo à custa de longos períodos de trabalho, porque não simpatiza com exageros e excessos. Também não simpatiza com teorias. Há, na longa entrevista que concede a Edla van Steen, pelo menos um momento emblemático. Raduan diz: "Tenho cruzado com gente erudita que é tão perdida quanto uma dona de casa em meio aos eletrodomésticos. Me dá em geral a impressão, o erudito, de que não sabe combinar informações; a dona de casa, de que não sabe mexer com os botões." A essa altura, ele já afirmava a tese de que, para o escritor, a teoria só traz destruição. "Nada pode contra a soberania do leitor, quando essa soberania, está claro, é conquistada, o que é raro. Para o leitor independente, que não tem vocação para a obediência, as autoridades no assunto perdem a existência." A teoria se afirma através da noção de autoridade, ainda que autoridade atribuída ao saber, e faz dela uma ética, já que se anuncia como representante da verdade e, manipulando os conceitos de bem e mal, procura sempre se impor. Raduan, é claro, está mais uma vez se definindo. Que não esperem dele ideias sobre o que faz; e, para evitar mal-entendidos, já que nossa cultura liga a criação à crítica de modo tão inexorável, que agora não esperem nem mesmo que faça.

Recusando a literatura, Raduan parece se tornar mais livre para dizer tudo o que pensa, sem nada precisar defender. E mais livre até para escrever secretamente. Essa constatação é perturbadora, porque o espaço de liberdade que ele conquista ao abandonar a escrita é, por definição, a marca do literário, aquilo que o define e o distingue da retórica, da teoria, das divagações e outras manifestações da língua. Raduan, no entanto, teve que abrir mão de si, teve que deixar de escrever e bradar isso com orgulho, para reconquistar o que nunca deixou de ser seu. Situando-se "fora da literatura", na posição do comentarista sem compromissos que especula a respeito do passado, a liberdade lhe é restituída. A história de Raduan exibe os desconfortos, os desgostos, as pressões a que os escritores, e os artistas em geral, estão sempre expostos. Ele precisa se descolar dessa identidade, recusá-la, para então existir. Só assim, na recusa, pode voltar a fazer uso da palavra sem que essa lhe pareça roubada, vigiada, ou ferida pela ingerência alheia. Ao se permitir falar o que bem entende, e mesmo sem escrever, Raduan se afirma como escritor, mas só os que estiverem mais conectados aos textos que às ideias sobre os textos poderão compreendê-lo.

Ao optar pela criação de galinhas, e a ela nivelar, em posição de desvantagem, a criação literária, Raduan Nassar restituiu à literatura um vigor que havia muito lhe tinha sido tomado. Esse sacrifício, pois evidentemente há uma abnegação em tudo isso, só o enobrece. Era preciso que um escritor, um grande escritor, se negasse a aceitar parte do status que a obra lhe confere para que pudéssemos pensar mais seriamente no quanto a literatura é hoje manipulada. Quantos escritores conhecemos que são apenas título, como livros que tivessem só a capa e, dentro dela, nada mais que um miolo vazio? Pena que, com essa recusa, Raduan tenha sacrificado também a obra, e nossa esperança de leitor é que isso seja só um evento transitório, o desafogo de um mal-estar, ou quem sabe até uma simulação bem planejada. Separando-se da máscara, permitindo que ela tome toda a frente da cena, Raduan tem a chance de se livrar dela, permitindo que ela seja apenas aquilo que é — um disfarce. Há alguém por trás da obra, mesmo quando ela não existe mais, ou quando deixou de se multiplicar; há um homem que a precede, mesmo quando, para ler um livro, não precisamos nos lembrar desse homem. É isso, essa obviedade que teimamos em esquecer, que Raduan, sendo mas não sendo um escritor, insiste em nos lembrar.

Volto a Clarice Lispector, que, ao ler um romance pela primeira vez, perguntou-se de que maneira os livros nasciam, e só muito mais tarde, ao descobrir que havia um escritor por trás de cada livro, pôde entender o que eles guardam de vivo. Em "O ventre seco", um texto do início dos anos 1970, Raduan Nassar escreveu: "Já cheguei a um acordo perfeito com o mundo: em troca do seu barulho, dou-lhe meu silêncio." A máscara, que continua a matraquear, é agora só um artefato vazio. Quanto à literatura, Raduan nos faz ver, ela é bem outra coisa.

Ana Cristina Cesar

A deusa da Zona Sul

> *Escritor não existe mais*
> *Mas também não precisa virar deus.*
> Ana C.

Ana Cristina Cesar foi uma personagem do século XIX que viveu no século XX. Desfilou sob o sol de Ipanema, entre peles queimadas e trajes sumários, portando sua tez de bailarina e suas luvas de pelica, e dançou pelas noites frenéticas do Rio de Janeiro com a pose estudada de quem pisava o mezanino de um café inglês. Não há nenhuma novidade nessa constatação, porque foi ela mesma a primeira a se desculpar, dizendo que, num golpe de má sorte, errara de século. Mas foi ao errar de século, e parecer etérea e irreal, tão inacreditável que um dia, para ser coerente, sentiu-se obrigada a se matar, que Ana C., em minúsculos cadernos que escondia como joias, se pôs a escrever. Quase duas décadas após seu suicídio, quando sua poesia começa enfim a merecer edições mais competentes, ainda pensamos nela como uma moça bela e fútil, com seu ar de madame meio patética, o chapelão inútil com que tentava se proteger do presente, e a postura de musa decaída que, aos poetas afetados pela seriedade, só podia mesmo irritar·

A maldição de Ana Cristina Cesar foi a beleza. Logo que a formulei, essa ideia me pareceu preguiçosa e vulgar; ainda assim, mesmo desprezando-a, e lutando contra ela, não pude mais abandoná-la. Por várias vezes, tentei, sem sucesso, descartar a ideia da beleza, que um senso crítico danoso me dizia ser evidente demais. Não consegui. Ela voltava sempre que eu pensava em Ana C., como uma atração, mas também como um obstáculo, e essa dualidade configura o que costumamos chamar de enigma. Depois me conformei, pois a verdade, ainda que isso pareça falso, costuma se apresentar logo na superfície — como as etiquetas com que identificamos os cadernos escolares e as valises de viagem. Nenhum pensamento tem o frescor das primeiras ideias, aquelas que nos surgem imediatamente na cabeça quando pensamos em algo ou em alguém; nem mesmo das chamadas ideias prontas, pois, se elas persistem por tanto tempo e se repetem com tanta insistência, é porque algo nelas, mesmo quando nos parecem tolas e até simplórias, se oferece à decifração.

O problema deixado por Ana Cristina Cesar talvez pudesse ser formulado deste modo: como ser bela e, ainda assim, digna de respeito intelectual? O mais correto é pensar que este é um falso problema, e no entanto ele já abalou um número impensável de mulheres, algumas realmente belas e inteligentes, outras só pobres e sonhadoras. No caso de Ana C., porém, o que importa não é a formulação do problema, ou o quanto ele seja previsível e banal, mas a solução que ela lhe deu: para conservar os dois atributos, Ana passou a ver a si mesma como uma espécie de ser inexistente, só uma sombra de mulher que, por isso, não podia se ajeitar na vida real. Tornou-se meio invisível, meio inatingível, conquanto lhe destinassem sempre o papel de deusa mundana, e assim, deixando uma imagem escorregadia atrás de si, jogou-se de uma janela.

Ana C. foi poeta e crítica literária, e, como tal, queria ser reconhecida pelo que era capaz de produzir e dizer. Desejava ser ouvida e lida, e isso era quase tudo. Mas não: diante dela, mesmo os homens mais sensíveis e as mulheres mais discretas detinham-se nos traços do semblante turvo, olhos caídos e manchados de luz, a face leitosa, como se estivesse encoberta por uma fina gaze, um curativo delicado sobre o qual todo o raciocínio se transformava em uma borra. Ana foi uma mulher sofisticada, que leu Eliot, Baudelaire, Cecília e os metafísicos ingleses, e não era também mulher de desistir — o que, porém, não bastou para salvá-la. Decidiu que levaria até o fim, e que fim!, o impasse que a habitava e que, na verdade, não era um impasse, mas o efeito de uma antiga proibição. Seu dilema foi, afinal, bastante comum, e muito representativo da década em que viveu seus anos adultos, o que não lhe rouba a dramaticidade nem o interesse; não podemos fugir dos estereótipos, pois eles fazem parte do mundo, que quase sempre é mesmo enfadonho e repetitivo, e não temos qualquer controle sobre isso.

Talvez Ana C. não tenha sido mesmo uma poeta tão importante quanto alguns desejam; mas foi uma poeta bastante regular e, mais que isso, tem seu lugar assegurado entre os melhores poetas de uma época (os anos cinzentos da ditadura militar, quando a palavra era perseguida e parecia perigosa). Ela manejou a escrita dispersa e coloquial que caracterizou uma geração de jovens escritores, outros nem tão jovens, surgida nos anos 1970 e se arrastou, como pôde, até o cenário vazio dos 1980. Eles queriam de volta a leveza que os escritores engajados aniquilaram, queriam recuperar o cotidiano, por mais duro que fosse, e também retomar o direito a uma linguagem simples e até antipoética. No campo pantanoso da teoria, lutavam contra a hegemonia de João Cabral, o poeta das construções cerebrais — e em contrapartida, lépidos, se definiam como "anticabralinos". Chamados de *poetas marginais*, foram quase sempre apressados e infantis, e, como bons filhos de família, não chegaram a se expor a grandes perigos; assim, se foram seduzidos pela marginalidade, foi porque muito pouco lhes restou.

Mesmo indiferente à etiqueta de *poeta marginal*, que ajudou a construir, Ana C. trafegou à margem de seu tempo, e isso no seu caso não foi só uma condição imposta pela época, mas também a parte mais dura de um destino pessoal. Teve uma vida de inconstância e rupturas, de luta permanente contra aquelas normas que, expedidas pela direita ou pela esquerda, queriam se impor a qualquer preço, e essa volubilidade, se a salvou, pois lhe deu um lugar ao sol, também a matou, o que nos leva a pensar que a plenitude e a morte algumas vezes coincidem. Ana C. fazia questão de se mostrar sempre deslocada de seu tempo, inadaptada às ideias correntes e às atmosferas da moda, indisposta com as seduções que a assediavam, inteiramente só. "Sou uma mulher do século XIX / disfarçada em século XX", ela mesma escreveu, reafirmando seu isolamento e também a fantasia sob a qual teimava em se esconder.

A princípio, parecia só uma adolescente teimosa; olhando melhor, tinha o jeito de uma moça mimada e bem-educada, uma menina do Sion que, em dado momento, assim como as meninas de hoje preferem uma grife ou uma banda de rock, deu para ler Eliot e Baudelaire. Ana foi mais uma grande personagem que uma grande poeta, e provavelmente soube disso todo o tempo. E podemos supor, mas apenas supor, esse foi um dos focos da depressão que a conduziu lentamente à morte voluntária. Há algo mais grave: ter se tornado uma grande personagem provavelmente a impediu de vir a ser uma grande escritora — fato que ela também parecia conhecer. Ao se suicidar no ano de 1983, aos 31 anos, Ana C., pode-se cogitar, tentou matar a personagem que a impedia de ser. Só que a morte não é dada a sutilezas e a levou junto.

Não que Ana C. tenha desejado atribuir algum significado estético à morte, como, dando meia-volta ao mundo, fez bem antes dela o escritor japonês Yukio Mishima, que cometeu haraquiri; muito ao contrário, sua decisão de morrer deve ser creditada a um sofrimento intenso, uma dor sem nenhuma estética que a degolava, e nesse aspecto ela se aproxima de outra poeta, a americana Sylvia Plath, que ela também gostava de ler e que, duas décadas antes, e com a mesma idade emblemática de 31 anos, deu fim à vida para se livrar da infelicidade. Artistas, todos sabemos, não costumam escapar dessas associações mórbidas; são, com mais frequência do que supomos, sugados por essas coincidências que atravessam as trajetórias de pessoas distantes no espaço, até no tempo, mas não no modo de desafiar o mundo.

Tampouco parece adequado fazer qualquer paralelo entre o suicídio de Ana e a morte da escritora inglesa Virginia Woolf (embora Ana adorasse a Inglaterra, onde passou seis meses numa escola de moças, em Richmond), pois quando a autora de *Orlando* se jogou no Ouse em 1941, a obra já lhe parecia completa, e as forças, esgotadas, enquanto para Ana C., ao contrário, a vida estava apenas começando. É verdade que Ana, com sua pose de princesa, poderia ver o suicídio como um ato aristocrático, próprio das almas especiais; mas não ficou nenhum indício de que tenha encarado as coisas desse modo. Ao que se saiba (mas isso não quer dizer muito), não houve também nenhuma paixão não correspondida, nenhum amor perdido, nenhuma desilusão radical que a estimulasse a tomar uma decisão tão extrema, logo ela não pode ser vista como uma imitadora tardia de Werther, o trágico personagem de Goethe. Havia nela, sim, uma melancolia crônica, uma dor persistente, e nesse sentido o suicídio poderia lhe sugerir uma espécie de triunfo, como foi para Gérard de Nerval e outros artistas românticos; um fecho para a obra e uma vitória sobre a melancolia, um drible, enganando a tristeza e deixando-a perigosamente para trás.

Havia, de qualquer forma, alguém a matar, e esse alguém se confundia com ela mesma: talvez não fosse Ana Cristina Cesar quem desejava morrer, talvez fosse apenas Ana C., mas seria muito simplista separar as duas, e seria injusto julgar que Ana não percebia isso. Não era uma questão de cisão, mas de supremacia — era, quem sabe, uma questão muito comum, só que para alguns o comum é insuportável. No mais completo retrato de Ana C. já escrito, *O sangue de uma poeta*, publicado em 1996, o poeta Italo Moriconi, que foi também seu amigo, escreve: "Ana Cristina dizia que uma das facetas do seu desbunde fora abandonar a ideia de ser escritora, livrar-se do que ela naquele momento julgava ser sua face herdada, o estigma da princesa bem--comportada, alguém *marcada para escrever.*" Em outras palavras: ela pode ter desejado matar um personagem herdado do qual não podia se desvencilhar, e não propriamente morrer. Muitas pistas podem ser encontradas no livro de Italo, retrato idôneo, ainda que às vezes comprometido pelos hiatos e as ênfases que caracterizam as amizades, e até um pouco irônico sem ter consciência disso. Treze anos após a morte de Ana, alguém tentava, pela primeira vez, decifrar a carta enigmática que ela nos deixou, cujas peças aparecem expostas não só em seus versos, mas em sua biografia e, sobretudo, na relação tensa em que ambos se enlaçaram. Ana C., autora ou personagem? Não é demais repisar essa pergunta, que se ajusta à biografia da maior parte dos grandes escritores, mas que em seu caso parece ter atingido as proporções de uma danação.

Movido pelos laços de afeto, Italo terminou por sintetizar boa parte dos atributos que Ana C. desejou para si mesma. Seu livro é uma espécie de espelho que ele oferece à amiga para que ela, ainda que tarde demais, nele recolha sua imagem. Exibe uma Ana sofisticada, mas ainda assim eterna adolescente, que escreveu versos cerebrais apoiados em poetas cultos, que tomou posição nos ferozes debates literários travados entre estruturalistas e populistas, que se analisou com uma lacaniana da moda e que se escondeu sob um par de óculos escuros, coerentes com seus olhos claros, mas que nem por isso deixaram de ser uma espécie ofuscante de ausência, estratégia de se esconder para aparecer. Italo não chega a atribuir nenhum valor especial à beleza de Ana. Não se detém muito na relação entre a criadora, Ana Cristina Cesar, e a criatura, Ana C., e talvez aqui o afeto tenha ocupado o lugar da lucidez. A biografia de Ana C. ainda está por ser escrita, e o próprio Italo apresenta seu livro apenas como uma contribuição a esse projeto; no entanto, é preciso corrigir desde já alguns enganos, antes que a deusa, que foi só uma miragem, seja biografada no lugar da mulher.

Provavelmente, quem até hoje melhor descreveu o predomínio da personagem sobre a poeta foi o escritor Bernardo Carvalho, uma dezena de anos mais moço que Ana, que em *Teatro*, seu terceiro romance, lançado em 1998, inspirou-se não apenas nela, mas também na sucessão de imagens a ela superpostas, para criar uma personagem igualmente sufocada em máscaras — a *sua* Ana C. O romance de Bernardo é sarcástico e pega o mito de Ana C. para desmontá-lo. Seu livro é também um relato sobre a paranoia, os delírios persecutórios estruturados sobre uma lógica impecável que parecem domesticar o mundo, quando na verdade o asfixiam. Bernardo soube jogar com a sutileza que separa os nomes de Ana C. e Anna O. — pseudônimo de Bertha Pappenheim, a célebre paciente de Breuer que o inspirou a escrever, em parceria com Sigmund Freud, os *Estudos sobre a histeria*. Ana C. foi leitora de Freud, fez psicanálise, e essa associação, por certo, não lhe escapava. Tampouco deve ter desprezado esse laço, e não é absurdo pensar que, ao adotar a assinatura de Ana C., ela o tenha manipulado de modo intencional. Só que em Ana C. a beleza tomou o lugar da histeria — a beleza se tornou histérica, descontrolada, e se transformou em empecilho e fardo. Tudo se concentrou na beleza, e por isso Ana C. precisou acabar com ela.

Quem a terá de fato entendido? Recentemente, o poeta Bruno Tolentino publicou (no mensário *Bravo!*) um artigo que ilustra, com sobras, as desordens que Ana C., com sua mistura de sedução e desafio, até hoje é capaz de despertar. "O véu de suspiros que a deusa da Zona Sul chamou de caderno terapêutico é de outra ordem: é de uma inconsequência que se escora mal até mesmo na noção carioca de inconclusão", escreveu Bruno, sintetizando o incômodo que ainda hoje sua poesia provoca. Não basta porém identificar o incômodo, que talvez seja a manifestação tardia de um preconceito; é preciso ligá-lo ao impulso de morte em que ele se converteu. Logo após o lançamento de seu último livro, *A teus pés*, publicado em 1982, um ano antes de seu suicídio, Ana parecia sufocada por essa admiração que ela vivia como uma negação. É Italo quem diz: "Ana Cristina sentiu enorme náusea diante do sucesso do livro e de como todas as atenções se focalizavam sobre a sua pessoa e sobre sua beleza carismática e não sobre o conteúdo literário." Tomando toda a frente da cena, a beleza física pouco espaço deixou para a palavra, e foi por perseverar na palavra, por colocá-la acima de tudo, que Ana C. resolveu partir. "Há uma fita / que vai sendo cortada / deixando uma sombra / no papel", escreveu Ana C. em "O homem público número 1 (Antologia)".

Depois de sua partida, ficou a sombra, que ultrapassa o tempo e não precisa de retoques.

Não fui amigo de Ana C. — e isso pode ser, hoje, uma vantagem. Também nunca fiz com ela uma entrevista formal, nem chegamos a trabalhar muito próximos. Eu a vi algumas vezes, de longe, quando era colaborador do semanário *Opinião*, de Fernando Gasparian, mas quase não nos falamos. Eu a admirava vagamente e já me dedicava a ler seus poemas, até com algum entusiasmo, mas era só. Ana C. logo se transformou, porém, numa espécie de musa dos colaboradores da seção "Tendências e cultura", editada por Júlio Cesar Montenegro, e essa definição adquire, em seu caso, sentidos ambíguos, que indicam tanto a admiração como a detração. Como descreve Italo em seu ensaio, Montenegro e Ana competiam discretamente — ela era uma das poucas pessoas que não se permitiam rir das ironias do editor, e ele reagia provocando-a ainda mais. Já nessa época, Ana sabia jogar com o corpo e as paixões que ele despertava. Retraindo-se, provocava. Escapando, tornava-se ainda mais presente. Hoje, morta, temos a sensação de que ainda está viva circulando entre nós.

Só quando Júlio Cesar Montenegro e Genilson César decidiram criar o mensário *Beijo* passamos a nos falar. Nosso pequeno jornal funcionava numa sala no segundo andar de um sobrado da praça Cruz Vermelha, no centro velho do Rio. Numa das salas vizinhas, havia um alfaiate que, se minha memória não falha, era descendente de espanhóis; ele vigiava nossas reuniões a distância, muito intrigado, sem ter coragem de ultrapassar a soleira da porta e sem entender de que afinal tanto falávamos. Devíamos ser, a seus olhos, um bando de fanáticos associados a alguma seita. Bem: a esquerda ilustrada, na verdade, não era outra coisa.

Mas, ainda ali, nas reuniões que varavam a madrugada, quase não nos falamos. Depois, logo que os encontros de trabalho foram transferidos para meu apartamento, Ana se afastou do jornal. Eu morava com dois amigos em um apartamento térreo, com um pequeno pátio interno cheio de plantas e um estúdio nos fundos. As reuniões do *Beijo* enchiam nosso apartamento de poetas, pintores, críticos de arte, filósofos, militantes de esquerda, designers. Começavam em geral no meio da tarde e varavam a madrugada. Em pleno regime militar, tínhamos com a democracia uma relação paranoica. Tudo, absolutamente tudo, era votado; nenhuma decisão, nada podia ser resolvido em separado. Odiávamos o autoritarismo dos militares, mas desprezávamos com a mesma ira, ou mais ainda, porque exercido por gente "como nós", o autoritarismo da esquerda. Éramos heróis solitários e, para não repetir o erro de nossos inimigos, tornamos a democracia uma doença. *Sofríamos* de democracia, e isso, ainda que nos purificasse, nos tornava bastante tolos.

Cobiçada por homens e mulheres, desejada com desespero, Ana C. evitava tomar posição nos debates e, afora intervenções rápidas, mas incisivas, preferia ficar quieta. Se falava, era irônica e afirmativa, o que vinha ratificar a fama de afetada e arrogante. Conservou-se quase sempre presente e misteriosa, numa postura de dar nos nervos, e às vezes se defendia com estridência, em outras simplesmente fugia, mas depois que as reuniões do *Beijo* se transferiram para o Horto, ela desapareceu. "Ana diz que está com outros interesses", explicou-me, um dia, um amigo.

Houve ainda assim uma noite, de muita chuva, em que Ana, a essa altura já afastada do *Beijo*, apareceu para nos visitar. Fomos para a cozinha na esperança de transformar uma sopa Maggi instantânea em algo menos deprimente. Era uma tarefa impossível, mas nós gostávamos de desafios. Enquanto eu mexia a panela, Ana ia derramando porções de parmesão, noz-moscada, rodelas de cebola, salsa verde, ervilhas, dentes de alho. "Não ficará pior do que já é", ela me disse. "Há momentos em que nada pode piorar mais." Essa lembrança sempre me enche de dúvidas, e às vezes se parece só com um sonho, cheio de buracos e interrogações, mas foi a primeira vez em que percebi em Ana focos de desengano, que ela, indisposta com o líquido sujo que fervia à nossa frente, atribuía à alimentação industrial. A chuva aumentou e as luzes se apagaram. Continuamos, apesar disso, nosso pequeno ritual à luz de velas. Contra o fogo pálido, o rosto de Ana C., já muito branco, encheu-se de tons gelados; essa foi a primeira e talvez única vez em que tive a sensação de poder olhar através de sua máscara de mulher bela. Então seus olhos azulados passaram a revelar uma tristeza que eu nunca percebera, e havia também uma melancolia, que era mais uma perplexidade sem objeto, sentimento vago que lhe retorcia o perfil e a deixava um pouco mais velha. Lembro-me de que aquilo me assustou, mas eu não demonstrei. Ana C. gostava de se esquivar, esse era o seu grande jogo, e eu não queria contrariá-la.

Continuei a mexer a sopa Maggi (lembro-me agora de que em *Luvas de pelica* ela fala em "sopas Knorr", e não Maggi, mera competição de marcas), com a lentidão circular aconselhada pelas instruções do envelope, o cheiro nauseante das ervilhas espalhando-se pela cozinha, as espumas da borda derramando-se sobre a chapa do fogão. Pude sentir então, mesclada ao vapor barato da sopa, a tristeza de Ana. Ela possuía essa beleza contínua e difusa que dá o tom das pessoas para quem a infelicidade se tornou um vício e só pode ser captada em momentos de iluminação. No caso, iluminar-se era ignorar sua beleza e caminhar além dela, ali onde a verdadeira Ana C. deveria estar ou, pelo menos, naquele ponto mais remoto em que seria possível sustentar essa ilusão. "Você está bem?", lembro-me de que ainda perguntei. Ela não demonstrou nenhum susto. Olhou-me em silêncio e depois, apática, voltou a derramar os olhos na sopa, entre cebolas e rodelas de palmito, sem nada dizer, concentrada apenas naquela colher que girava. "Ela deve estar doente", lembro-me de ter pensado, para logo esquecer aquela ideia estúpida. "Mas como pode estar tão apática?"

"Nunca estou bem", Ana C. respondeu algum tempo depois, com um sorriso que mais se parecia com um grito mudo. Disse aquilo mirando-se no fundo da panela, os vapores subindo por seus cabelos dourados, dissolvendo seus olhos azuis. "Algo em especial?", insisti, com medo de ser hostil e temendo que ela pudesse imaginar que aquilo era apenas o estribilho de uma sedução tola. "Nada em especial, simplesmente tudo", ela respondeu, numa frase que não posso esquecer, sobretudo porque Ana a emitiu em um tom melodioso, quase chorado. E ficou me olhando, disso me lembro bem, ainda que com as palavras eu me atrapalhe um pouco, pois seus olhos relampejavam contra a luz das velas, a cozinha embaciada, nossos perfis agora ainda mais vagos, e eu me senti, e isso era inesperado, um pouco mais próximo dela. Como nas tempestades, quando nos encolhemos e então o mundo parece menor.

A sopa fervia em fogo brando, semitampada, e podíamos enfim sentar à mesa da copa, de onde era possível vigiar a panela ardendo sobre o fogão. Servi dois copos de vinho tinto, mas ela não chegou a tocar no dela. "Você me dá vontade de falar de mim", Ana me disse, ou algo que tinha esse sentido. Aquilo era um presente que tantos desejavam e que ela em geral negava. Agora me era dado assim, num momento trivial, quase de graça, enquanto uma sopa barata cozinhava e nós a vigiávamos a distância. Eu, sem ter feito qualquer esforço para isso, começava a receber o que provavelmente muitos buscaram e jamais tiveram. Eu não queria o corpo de Ana, queria seu espírito, e ela começava a despi-lo.

"Então fale", incentivei-a. Ana C. começou a me explicar que, quando se quer falar a respeito de tudo, o mais difícil é começar. "Se é tudo, comece por qualquer coisa", sugeri. Ela ficou parada, como uma mulher que separa seus feijões procurando os pontos mais negros, buscando uma extremidade a que pudesse, enfim, se agarrar. E, ainda insegura, disse: "Acho que você também sente o que eu sinto." Sim, aqui eu sei que a frase foi essa, ou quase essa, pois uma declaração assim não se pode esquecer. Talvez eu confunda as palavras, mas, diante do cálice cheio de vinho sangrento, Ana C. quis dizer que via em mim uma espécie de irmão. Era uma declaração surpreendente, pois mal nos conhecíamos. Senti um abalo e pude perceber que o que me massacrava era mais que alguma atração; eu também tinha sido tragado pelo mito, e agora me era dada a chance de tocá-lo. Era com essa ideia, o mito de Ana C., que Ana Cristina Cesar jogava todo o tempo. Uns a menosprezavam, julgando tudo aquilo ridículo; outros, como eu, tentavam aceitar, e não sei se ela podia perceber, nem se era isso o que ela desejava. Havia o mito — a deusa — interposto entre nós, e nada o afastaria dali, então era melhor partir dele.

Vendo meu espanto, Ana continuou: "Eu sei, você não chega a ser um homem bonito", ou eu guardei as palavras assim. Senti o esforço que fazia para falar e fiquei quieto. Tive a sensação de que qualquer movimento em falso, qualquer respiração mais fremente, faria tudo desmoronar. Ela chegava enfim ao tema proibido: a beleza. Ana C. tinha absoluta consciência de sua beleza, que carregava como uma máscara — não uma máscara festiva, que empresta prazer, mas como um desses moldes gelados que se tiram do rosto dos cadáveres. Na beleza, hoje estou quase certo, Ana C. começou a morrer. Tudo começou naquela máscara.

É claro que ela tirava também vantagens dela, e não escrevo aqui para resenhar suas experiências afetivas, mas as desvantagens pareciam mais fortes. Ou me interessavam mais. "Não quis ofendê-lo", Ana se corrigiu. Eu ri, pois aquilo era uma tolice. "Gosto de mim como sou", repeti o chavão só para aliviá-la, pois é claro que, afora os consolos do amor-próprio, ninguém está satisfeito consigo mesmo. Não sei se ela me entendeu, e acho que não, porque Ana parecia sempre mais concentrada em si que em qualquer outra coisa. Nem sei se me via, ou se falava mesmo de mim. Mas isso não me aborrecia: diante dos deuses, queremos só nos ajoelhar.

E então Ana C. começou a me dizer, bem de leve, experimentando as palavras com delicadeza, com muito medo, que a beleza a condenava. "Ela me afasta do mundo", me disse. "Todos se referem a ela, mas ela não sou eu." Era singular e bela a maneira como Ana C. tentava se afastar de sua beleza. Falava dela como se fosse um vestido apertado e fora de moda que devesse passar adiante, um sapato que, machucando os dedos, devia jogar no lixo. Na verdade, falava de algo que vinha do passado, primeiro da menina angelical, depois da adolescente mimada, algo que perdurava porém para além da cronologia, que estava além do tempo. Já nem era mais da beleza que ela tentava falar, mas de uma condenação. Pois era isso o que eu podia concluir: que Ana C. se sentia condenada.

Resolvi arriscar: "Mas você não é tão bonita assim", e logo temi pelo que disse, até porque estava mentindo; aos meus olhos, Ana era uma mulher muito bela, de uma beleza peculiar, de um tipo que, em vez de levar o outro a nela se fixar, leva-o à tonteira. Mas fui tomado por uma dessas tolices dos sentimentos, uma dessas fúteis vontades de ser bom. Ana era esperta e, quando queria, sabia ser sarcástica, então me respondeu com um sorriso oblíquo. Lembro-me de que se levantou e começou a caminhar pela cozinha, como se procurasse algo que, por distração, tivesse deixado para trás. Uma colher, uma pitada de sal, um guardanapo. Tratei de esperar.

A sopa começava a fumegar, e era preciso diminuir o fogo. Fomos até o fogão. Enquanto eu procurava alguma coisa no armário, derrubando-me pelas costas, Ana C. me disse: "Minha beleza é como essa sopa: chegou a um ponto em que precisa ser abrandada, ou tudo se põe a perder." Não sei, também aqui, se a frase foi exatamente essa, mas foi a que me ficou. Então, esperei que ela continuasse a falar, até que disse: "Cheguei a esse ponto." E concluiu: "Ou estou bem perto dele." E aqui, neste remate, eu percebi a sombra de uma ameaça, mas não tive coragem de levá-la a sério.

Ainda agora, quando recordo esse diálogo à borda do fogão, tenho medo de estar confundindo as palavras, medo de, tonto diante da beleza, ter ouvido o que não me era dito, ou apenas ter sonhado — pois nas semanas seguintes, eu me lembro, tive muitos sonhos com Ana C.; sonhos vagamente amorosos, um pouco ilegíveis, como se a realidade estivesse sempre encoberta por uma bruma intensa. Não posso me lembrar dos conteúdos, mas posso recordar algumas das sensações que eles despertaram em mim; entre elas, a de iminência de uma revelação, que no entanto jamais se cumpriria. Até porque deuses são mesmo indecifráveis.

Ali, naquele momento, com seu rosto em brasa pela fumaça quente da sopa, o branco da pele tomado de um vermelho que o vinho ajudava a tingir, eu vi o desespero de Ana C. e não me esqueci mais. Depois, conversamos sobre nossa paixão pelos chás e pela noite, sobre a tolice que era estar falando daquilo enquanto mexíamos uma sopa, sobre a fome que começávamos a sentir. Os assuntos foram se empilhando, temas sobrepostos que se erguiam na forma de uma parede protetora, e logo tudo voltou ao normal. E logo depois amigos entraram na cozinha, a sopa Maggi foi servida e Ana voltou a ser Ana C.

Caiu uma tempestade, e Ana C., quando já se preparava para ir embora, foi obrigada a ficar mais um pouco. Decidi que não voltaria aos temas delicados que apareceram na cozinha, mas dessa vez era ela quem, cheia de curiosidade, me vigiava, como se eu estivesse prestes a fazer algum uso indevido daquelas confissões. Estava abatida, talvez só cansada, mas a beleza continuava inalterada em sua face. Depois, chegaram alguns de seus amigos mais íntimos, professores de literatura, pintores, e eu me afastei. Ainda a observei à distância, ativa em seu papel de deusa circunstancial, com os visitantes girando à sua volta, como súditos. Nada mais restou em minha memória.

Alguns anos depois, fiquei sabendo que Ana C. se matara. Ana lutava contra a beleza, assim como lutava contra o estigma da menina bem--comportada, contra a imagem bem-posta da "escritora" que se recusava a ser e até contra a fama de deusa decaída, a vagar pelas ruas da Zona Sul carioca, ou prestes a pegar um avião para Londres. Agarrei-me, então, aos livros. Relendo *Luvas de pelica*, que ela escrevera e publicara na Inglaterra em 1980, tive a chance de ver novamente o quanto ela se deixara levar pelas circunstâncias, o quanto tinha fugido da rigidez e também o quanto se atrapalhara com tudo isso. *Luvas de pelica* é uma falsa carta a amigos distantes, carta enganosa que tantas vezes é verdadeira, e outras não. É uma armadilha, em que Ana tenta escapar de qualquer imagem fixa e, para isso, investe em expectativas que logo depois frustra, promete o que não quer ou não pode dar, repele e em seguida seduz com sua dança de palavras, que descerra como véus. Numa leitura atenta, porém, vemos que a autora ainda é a boa moça que Ana nunca deixou de ser. Talvez distante e cheia de mordacidade, porque levava tudo a sério demais; certamente deprimida; mas ainda assim uma menina bem-comportada que, esperneando por ter sido lançada no século errado, tentava ser moderna sem conseguir nem mesmo ser.

Ainda na cozinha, eu lhe dissera que talvez não precisasse se esforçar tanto, que talvez o problema estivesse no esforço. Ela se surpreendera: "As coisas às vezes são, às vezes não são. Você as define demais, e nada é assim tão definido." Eu entendera que ela queria fugir, e não era só de mim. Com seus olhos transparentes e sua pele de louça, Ana C. era também um desmentido de si mesma, ou pelo menos de seus escritos. Eu lhe dissera ainda: "Quando escrevemos, escrevemos também com o corpo. O corpo nunca fica de fora" — mas ela só achara engraçado, ou fingira achar, pois reagira com uma risada silenciosa. E Ana, a deusa ipanemense, fora tomando aos poucos a sua sopa, dando pequenos goles no vinho barato, goles sem vontade, pois a borda se mantinha sempre na mesma altura e apenas seus lábios pareciam levemente manchados de sangue. Foi esta, provavelmente, a última cena que guardei dela: Ana sentada num banquinho de cozinha, borrada de vermelho, a olhar para os ladrilhos como se decifrasse um mistério. Aquilo, provavelmente, era o êxtase.

Ana C. escolheu o título "Êxtase", e não "Felicidade", como é mais comum, para traduzir um poema de Katherine Mansfield — "Bliss" —, que foi também o objeto de sua tese de tradução literária, em Londres. E traduzir é, quase sempre, identificar-se. Ana era sensível a essas associações e não estava imune ao desejo de construir seus ascendentes. Mansfield seria, a partir daí, um deles. Em arte, ao contrário do que se passa na natureza, somos nós quem bordamos nossas origens, como se o tempo andasse da frente para trás. "Bliss" é o estado que Ana C. buscava para desviar-se das coisas petrificadas, das ilusões de superfície, das tendências "naturais", como por exemplo a beleza física. Ela desejava, talvez, se tornar antinatural, para que assim, protegida pela arbitrariedade do artifício, não pudessem mais manobrá-la.

No primeiro número de *Beijo*, ela publicou um artigo, "Malditos, marginais, hereges", que é na verdade um ataque à literatura dita *marginal*, que, Ana C. nos faz ver, é só uma nova face do naturalismo. Ela odiava as coisas naturais, e por isso é ingênuo, para não dizer maldoso, ver seus poemas só como confissões. Nos versos, Ana C. está encenando todo o tempo; é a máscara que fala, a deusa que se despede, enquanto a mulher joga com a ingenuidade, que afinal é a condição primeira de qualquer leitor. Não posso deixar de pensar que o suicídio de Ana C. foi um ato gratuito e sem malícia, que só depois foi adornado pelo glamour que costuma envolver o suicídio dos artistas; quem se jogou da janela não foi a poeta, mas a menina do Sion.

Foi só — nunca mais nos vimos. Eu ainda a observei a distância em uma ou outra ocasião, e só trocamos palavras rápidas e convencionais, nada além disso. Ela tampouco voltou a me visitar, ou mesmo chegou a me procurar, prova de que aquela conversa, que tanto me marcou, não tivera grande significado para ela. Não me importo que as coisas tenham transcorrido assim, pois guardei a minha lembrança de Ana, talvez fantasiosa, quem sabe absolutamente falsa; no entanto, é a que me ficou. Não terei sido o único, porém, a cair em sua armadilha; sei que outros também tentaram se aproximar e que ela, imperturbável, respondia ora que sim, ora que não, e jamais se entregava. Pois Ana C. só iria se entregar à bolha de ar abafado que, antes do chão de pedra, carregou-a para a morte.

Ao se matar, Ana C. foi, mais que nunca, a poeta que escreveu: "Hoje sou eu que / estou te livrando / da verdade." Pois, morrendo, era a poeta, e não a mulher, que desejava deixar para trás — e no entanto é a poeta, agora, quem persiste. Foi ela também quem escreveu: "Pela primeira vez infringi a regra de ouro e voei pra cima sem medir as consequências." A boa moça, deixando de lado seus boletins, seus caderninhos e suas luvas de pelica, partia para deixar a poeta maldita em seu lugar.

José Saramago

Na ilha dos vulcões

> *Para ser grande, sê inteiro: nada*
> *Teu exagera ou exclui.*
> *Sê todo em cada coisa. Põe quanto és*
> *No mínimo que fazes.*
> *Assim em cada lago a lua toda*
> *Brilha, porque alta vive.*
> Ricardo Reis

A maldição que silenciou José Saramago durante trinta anos, fazendo-o crer que jamais se tornaria um escritor, apesar de já ter um romance publicado (*Terra do pecado*, de 1947), não foi na verdade uma praga, mas um exercício de sabedoria — tese que ele, sempre realista e desconfiado, se apressa em desmentir. Mas a literatura tem o seu tempo de gestação, que varia de caso a caso, não podendo ser medido nem pela lista dos livros publicados nem pelo sucesso. Depois de silenciar durante três décadas, Saramago ressurgiu para a ficção em 1977, com a novela *Manual de pintura e caligrafia*, que publicou quando já estava com 55 anos de idade, mas que escreveu, como ele mesmo diz, "como se estivesse com vinte". Ficou quase vinte anos — de 1947 a 1966, ano em que começou a rascunhar alguns poemas — sem produzir uma só linha, e nos dez anos seguintes, mesmo tendo voltado a escrever, ainda não ousava se dedicar à ficção, que lhe daria o Prêmio Nobel de Literatura em 1998. Mesmo quando publicou o *Manual de pintura e caligrafia*, Saramago ainda não se sentia inteiramente seguro de se declarar um escritor. No ano seguinte, ele publicaria um livro de contos, *Objeto quase*, mas só se entregaria de fato à literatura a partir de 1980, com o lançamento da novela *Levantado do chão*, livro em que, pela primeira vez, segundo sua própria descrição, começou a "olhar para dentro". Estava, então, com 58 anos de idade. Entre *Terra do pecado*, seu primeiro romance, e *Levantado do chão* há um intervalo de 33 anos de silêncio. Para um ateu declarado, o número 33 não deixa de ser perturbador.

A longa gestação de Saramago se deu, em parte, na imprensa: durante muitos anos, ele trabalhou como jornalista profissional, período no qual lançou dois livros de crônicas (*Deste mundo e do outro*, de 1971, e *A bagagem do viajante*, de 1977), reuniões de textos circunstanciais publicados em jornais portugueses entre 1969 e 1971; a eles se seguiram duas coletâneas de comentários políticos, *As opiniões que o DL teve*, de 1974, e *Os apontamentos*, de 1976, isso sem falar em três livros de poesia e uma peça de teatro, lançados a intervalos regulares de cerca de cinco anos, a partir de 1966. Seus projetos de ficção, é verdade, não se limitavam à experiência, que considerava malsucedida, com *Terra do pecado*: ao longo do ano de 1949, Saramago chegou a escrever um segundo romance, *Claraboia*, que nunca publicou e cujos originais reapareceram quarenta anos depois, mofando como lixo desprezível, nos arquivos de uma editora portuguesa.

Só em 1975, ao ser demitido por razões políticas do cargo de diretor adjunto do *Diário de Notícias* de Lisboa, ele tomou o que considera a mais importante decisão de sua vida: resolveu não procurar outro emprego, para se dedicar, dessa vez em tempo integral, à atividade de escritor, iniciando logo depois o projeto do *Manual de pintura e caligrafia*. "Só perto dos 55 anos de idade, optei realmente pela literatura", avaliou mais tarde, já instalado na cifra impressionante de mais de 1 milhão de exemplares vendidos. Antes de adotar a identidade de escritor, Saramago trabalhou também como serralheiro mecânico, foi burocrata em um sindicato, esteve nos arquivos de uma companhia de seguros, além de ter se empregado numa editora e exercido, por fim, e de modo bastante acanhado, a crítica literária; durante todo esse tempo, como simpatizante do Partido Comunista Português, esteve engajado também na militância política, que a rigor jamais abandonou. O percurso até a literatura, apesar desse longo recuo depois do primeiro livro e dos volteios barrocos que o sucederam, parece não só coerente, mas até mesmo simétrico à personalidade prudente do escritor. Tem, avaliado a distância, a aparência de uma longa maturação, sem a qual, quem sabe, toda uma vocação se perderia, ou se desperdiçaria em obras menores; e não deve ser tomado, por isso mesmo, como um infortúnio, mas como um exercício de prudência. Ao renegar essa tese, Saramago prefere pôr em seu lugar a ação, sempre incoerente, do acaso e das circunstâncias, que considera as matérias-primas da existência.

Em 1990, o secretário-geral do Partido Comunista Português, Álvaro Cunhal, teve que se submeter a uma cirurgia de altíssimo risco. Temendo não sobreviver à operação, hipótese que os médicos julgavam nada desprezível, Cunhal redigiu algumas cartas de despedida que deveriam ser enviadas, no caso de sua morte, a alguns de seus melhores amigos. Uma delas, que para sorte de seu autor jamais foi entregue, estava destinada a José Saramago. Depois de uma cirurgia bem-sucedida, Cunhal decidiu revelar a Saramago, um dia, o conteúdo da carta que lhe escrevera: nela, dizia-se tranquilo para partir, porque estava seguro de que o amigo jamais deixaria de ser o que era. Esse é um sentimento bastante comum, que os amigos do escritor dividem com alívio: o de que, haja o que houver, jamais deixarão de reconhecer José Saramago, pois ele é um homem que nunca trai a si mesmo. O exemplo mais forte, que não agrada nem um pouco a grande parte de seus admiradores, está em sua fidelidade à ideologia comunista. Militante de esquerda durante os anos da guerra fria, até hoje, mesmo depois da queda do Muro de Berlim e da fragmentação da União Soviética, e do consequente desprestígio do marxismo, Saramago continua, sem hesitar, a se declarar comunista, atributo que muitos julgam incompatível com a literatura complexa que pratica. O escritor acredita que, se há um momento decisivo na vida de um homem, é aquele em que ele aceita o que é, dá essa questão por resolvida e deixa então de se trair. "Um dia, eu me dei conta de que o melhor para mim era ser o que eu era", diz. Nesse momento, em que admitiu seus limites e compreendeu que só lhe restava ceder a eles, deixou de desejar o impossível. "A única ambição que tenho desde então é de continuar onde estou", diz.

Foi esse homem sólido, seguro de suas qualidades e defeitos, centrado em si e imune a qualquer tentação de mudança, que, no ano de 1996, me recebeu num fim de tarde vermelho em Las Tias, um pequeno povoado de Lanzarote, nas ilhas Canárias, onde passara a viver. Enquanto me preparava para visitá-lo, tratei de pôr em dia a leitura de seus romances. Certo dia, porém, lendo a transcrição dos debates de um seminário de que Saramago participara em Madri, em 1993, esbarrei com a seguinte reflexão: "Não há mais histórias a contar. Não tem muita importância a história que se conta. O que tem importância é a pessoa que está dentro do livro; no caso de um romance, o autor." Então, mesmo admirando os livros de Saramago, entendi que precisava ir além deles e chegar ao homem que há dentro dos livros. A declaração do escritor, na verdade, vinha ao encontro de tudo o que eu sempre pensara; só que agora eu não estava pensando sozinho, e que companhia podia exibir aos que discordassem de mim...

Ainda posso vê-lo sentado a meu lado, na ampla sala, respondendo em voz baixa e quase indiferente a cada uma de minhas questões, com uma paciência solene, sem esconder a exaustão de ouvir perguntas que levam sempre às mesmas respostas, o que em seu caso é inevitável, porque Saramago é um homem de espírito reto, nem um pouco preocupado em ser original. Nos três dias que passo em Lanzarote, ele me recebe para uma série cansativa de quatro entrevistas. Quando chego pela primeira vez, no fim da tarde de uma sexta-feira, Saramago me saúda com paciência, mas também desconfiança, e posso entender que está inquieto com a possibilidade de que minhas perguntas apenas repitam o *script* de outras entrevistas e que, assim, ele se veja obrigado a repisar o mesmo estoque de respostas enfadonhas. Esse é, também, o grande medo que carrego: o da repetição, que, para qualquer jornalista, é o melhor sinônimo de fracasso. Durante o voo de Madri a Arrecife, mergulhado na ansiedade de aterrissar naquele ninho de vulcões que é Lanzarote, eu tomara uma decisão: me apoiaria naquela que julgava ser a melhor estratégia para uma entrevista, qualquer entrevista: deixar-me guiar pelas palavras de Saramago, sem nada desejar, sem pedir coisa alguma, sem nada presumir. Levava em minha pasta um caderno cheio de anotações, uma vasta lista de perguntas — como o rol de banalidades de alguém que, sereno, vai às compras sabendo exatamente o que quer — e algumas dúvidas fundamentais, motivadas pela leitura de seus romances. De repente, elas me parecem inúteis. Não quero entrevistar o homem que julgo conhecer; preparo-me, ao contrário, para a surpresa e o susto.

E à medida que o avião se aproxima da ilha, ainda um pouco desnorteado, decido que, antes de qualquer outra coisa, devo aprender a me calar. Primeira regra: ouvir. Segunda regra: só formular perguntas inspiradas pelo que me for dito. A grande regra: seguir o caminho aberto pelas palavras de meu entrevistado sem jamais me desviar, sem permitir que meu desejo, minha curiosidade, minha ansiedade — minha intolerância — interfiram no que ouço. Será possível chegar a isso? Bem, mesmo que não seja, é o que estou disposto a tentar.

A comissária de bordo me oferece um lanche formal, sem novidades, que se parece com uma metáfora das perguntas previsíveis que levo na cabeça. Os passageiros, diante de uma turbulência mais forte, empertigam-se, suam frio, escondem-se sob as páginas abertas de seus jornais, cuja leitura apenas simulam. Há um protocolo sob cujas regras a vida diária vigora, com normas que se estendem, sem que se possa controlá-las. A mim, o repórter, elas também não deixam escapar. E, por instantes, tenho a sensação conhecida de que já fiz aquela viagem, de que já entrevistei Saramago (estivera com ele de fato uma única vez, durante quarenta minutos, num hotel do Rio de Janeiro), de que já sei o que ele vai responder e também o que irei escrever a partir do que ele vier a dizer. A ideia me horroriza, porque tira o sentido do que me preparo para viver; quero fugir dela, mas não posso; e no entanto ela parece ser inerente à prática do jornalismo, ofício que, mesmo obcecado pela novidade, ainda assim não consegue se livrar da repetição. Já no hotel, atravesso a noite mergulhado em anotações e me dedico à leitura de ensaios, resenhas, comentários de críticos eminentes; mas, quanto mais leio, mais me convenço de que devo esquecer tudo.

José Saramago, porém, é um entrevistado hábil, e, depois que começamos a conversar, tudo parece mais fácil. Ele mesmo se encarrega de desatar as respostas, faz digressões surpreendentes, antecipa-se a minhas dúvidas, resolvendo-as antes mesmo que eu seja capaz de formulá-las. Abre caminhos pelos quais minha curiosidade escoa e sugere, indiretamente, sem me ferir, sem parecer que interfere, uma nova questão a cada vez. Eu o interrompo, instigo-o a falar, e tenho a sensação de comandar nossa conversa, mas logo fica claro que, ainda que seja eu quem formula as perguntas, é ele quem dá as cartas e controla as regras do jogo. Mas sua segurança, em vez de me perturbar, me alivia.

Pilar, sua jovem mulher, porta-se, ela sim, com discrição absoluta. Depois de me receber com as amabilidades de praxe, desaparece na primeira oportunidade, alegando afazeres domésticos. Quando peço que pose para uma fotografia ao lado do marido, desculpa-se com o argumento de uma gripe que a abatera e torcera suas feições, o que parece sensato e feminino. A verdade é que também eu sou um repórter prudente. Pilar me pede que reserve a última chapa para que ela possa me fotografar ao lado de Saramago. Adotando como minha sua timidez, finjo-me de esquecido. A foto não é feita, e eu sei que ela me compreende, mas depois, é preciso confessar, eu me arrependo. Também Saramago se equilibra numa tensão entre a vaidade e o desejo de negar a vaidade. Entre a gentileza e os limites indispensáveis para a proteção de sua vida privada. Entre as luzes do sucesso e as sombras da intimidade que luta para preservar.

Passamos o sábado e o domingo juntos. No fim da tarde de sábado, gentil, ele me leva a uma breve excursão pelo Parque Nacional de Timanfaya, o centro das grandes erupções vulcânicas que sacudiram Lanzarote no século XVIII e onde se erguem, num espaço de cem quilômetros quadrados, as Montanhas de Fogo, com temperaturas que chegam aos quatrocentos graus centígrados. Saramago vai à frente, descabelado, mas nem um pouco ofegante, enquanto eu, que podia ser seu filho, me arrasto vergonhosamente um pouco atrás. O vento parece irreal, fazendo a paisagem ondular e nos obrigando a apertar os olhos. No topo do mirante da Montanha Rajada, a 350 metros de altura, tomamos em silêncio duas garrafas de água mineral. O que se vê dali parece parte de outro mundo. E talvez seja.

Lanzarote se parece mesmo com um pedaço da Lua, ou talvez de Marte, que tivesse despencado, intacto, sobre o Atlântico. Uma jangada de lavas, pedras negras, vulcões aparentemente congelados e cactos de linhas vanguardistas, a duas horas e meia, de jato, de Madri. Entre 1730 e 1736, ela foi sacudida por uma longa série de explosões vulcânicas; hoje, um terço de seu território está coberto por vulcões, que se abrem em pelo menos quinhentas crateras e se espalham em um terreno pedregoso, desenhado no magma, que faz lembrar um planeta inóspito. É uma ilha de fogo, negra e sem vegetação, pontuada apenas por uma variedade espantosa de cactos, que se espalham entre casas brancas ao estilo grego, hotéis sofisticados e um fluxo intenso de turistas europeus. O arquipélago das Canárias é composto, ao todo, de sete ilhas; Lanzarote, com seus 805 quilômetros quadrados, é a mais oriental, e também a mais estranha e dramática. Vermelha e tingida por focos contínuos de fumaça, ela tem uma paisagem, pode-se dizer, infernal — comparação medíocre que, envergonhado, Saramago se sente obrigado a fazer e de que é impossível mesmo escapar.

A casa que Saramago construiu para viver em Lanzarote (ele a chama assim mesmo, "A casa", conforme placa fixada à entrada) está erguida em uma encosta íngreme e devassa o oceano azul. Há uma varanda espanhola, um escritório atravessado pelo sol, uma imensa biblioteca no subsolo, uma piscina coberta em que Saramago, nos fins de tarde, e sempre acompanhado da mulher, a jornalista espanhola Pilar del Río, pratica a natação. O casal tem a companhia de três cachorros (Greta, Pepe e Camões) que apareceram na casa, sem que se pudesse saber de onde vieram, e ali ficaram. Em quase todos os livros do escritor, cães vadios e tristes perambulam pela narrativa; Saramago não se espanta que apareçam, quase sem que ele os tenha chamado, e acredita que carregam a parte irracional do homem. "Os cães são os animais que estão mais próximos de se humanizar." E, vendo-o entre seus três cachorros, não se pode duvidar disso.

Saramago se mudou para Lanzarote não só em busca de paz, mas também para se defender de um dos piores sentimentos do homem: a intolerância. A história é conhecida. Quando lançou o romance *O evangelho segundo Jesus Cristo*, de 1991, o escritor teve sérios problemas com os segmentos mais conservadores da sociedade portuguesa. Em 1993, a candidatura do livro ao prestigiado Prêmio Europeu de Cultura, de que era um dos favoritos, foi vetada pelo governo de Portugal, que considerou que o romance vinha "ferir a crença dos portugueses". A perseguição dos católicos portugueses a Saramago tomava, ali, dimensões insuportáveis, e ele, decepcionado, decidiu abandonar imediatamente o país. Em Lanzarote, ilha situada a pouco mais de cem milhas marítimas da África, na mesma latitude solar das Bahamas e da Flórida, e bem diante do deserto do Saara, ele terminou por encontrar, na paisagem cálida e silenciosa, o cenário perfeito para um escritor, o que não deixa de ser uma vingança do destino contra os que o perseguiram.

Mas a dor provocada pela intolerância não se apagou de todo. Ainda que se declare ateu, Saramago se reconhece moldado pelo que chama de "cristianismo ambiente", e por isso se sentiu não só autorizado, mas também estimulado a escrever o seu *Evangelho*. Nunca recebeu educação religiosa, nem passou por qualquer tipo de crise espiritual, e não acredita, em definitivo, em Deus, mas nada disso diminui o peso da tradição cristã em sua formação. O primeiro livro que comprou em sua vida, já aos 20 anos, tratava, não por acaso, da história das religiões. Seu interesse pelos temas religiosos é apontado, por cristãos mais radicais, como um sintoma, mal disfarçado, de inquietação espiritual; mas ele despreza essa interpretação, por considerar que ela exclui o mais importante: o fato de que, cristãos ou não, os portugueses são todos formados dentro de uma cultura cristã, e disso não há como fugir. Como um bom marxista, Saramago põe, no lugar da fé, a razão. "Somos vítimas de não usarmos a razão que temos", diz. Em seu polêmico romance, ele vê Jesus Cristo não como um deus, mas como um homem que mal suportava a lenda construída em torno de seu nome. E justamente porque não pode se comportar como deus, Jesus começa a sofrer. É desse sofrimento, inerente à condição humana, que a obra de Saramago trata desde o início. Foi o pessimismo, exacerbado durante o período em que trabalhou como jornalista, que o conduziu para a literatura.

A obra de Saramago, em consequência, não pode ser entendida sem que levemos em conta sua experiência na imprensa, que se traduz na relação tensa que o escritor tem com as palavras, sempre insuficientes, por mais que ele as torneie, para dar conta do humano. Entre 1969 e 1972, Saramago escreveu crônicas para vários jornais portugueses, em particular *A Capital*, de Lisboa, e *Jornal do Fundão*, da Beira. Não voltaria mais ao gênero, que parece apressado demais para uma escrita tão cheia de contorções. Em 1972, ele se tornou editorialista do *Diário de Lisboa*, um vespertino que já não existe, escrevendo comentários de fundo, que jamais assinou. Eles eram publicados na coluna "Opinião" e foram reunidos, mais tarde, no livro *As opiniões que o DL teve*, de 1974. Em 1975, pouco tempo depois da Revolução dos Cravos, Saramago não podia imaginar que, aceitando o prestigiado cargo de diretor adjunto do *Diário de Notícias*, levaria sua vocação jornalística a um impasse. Escreveu a partir daí uma longa série de artigos inflamados, que tratavam da fase agitada que sucedeu à revolução, marcada por golpes, contragolpes e conspirações palacianas. Em 1990, esses artigos foram reunidos no volume *Crônicas políticas*.

No período de dezenove anos que vai de 1947 a 1966, afora *Claraboia*, romance que só seria publicado no Brasil em 2011, Saramago não produziu uma só linha. O fracasso de *Claraboia* lhe trouxe a convicção íntima de que a literatura não tinha realmente importância, levando-o a concluir logo depois que, na verdade, não tinha muita coisa a dizer, e só essa impressão justifica que tenha ficado os vinte anos seguintes sem escrever. Ainda muito moço, gostava de se consolar com uma ideia: a de que aquilo que tivesse que ser seu às suas mãos haveria de chegar. "Nunca lutei para me tornar escritor", diz. Guarda hoje a convicção de que, provavelmente, se conseguiu tudo o que tem, é porque nada desejou. "É como se eu tivesse chegado a um lugar sem ter caminhado até ele", compara, numa reflexão que empresta matizes surpreendentes ao militante marxista.

E aqui José Saramago chega a uma fórmula: foram os leitores, e não os livros, que o transformaram em escritor. Em outras palavras: ele só se convenceu de que era escritor quando descobriu que tinha leitores, e uma corrente de afeto começou a se manifestar entre eles. Livros sem leitores não existem, são apenas um amontoado de papel. "Não sou desses que escrevem sem pensar no leitor", afirma. Saramago diz não compreender o ponto de vista daqueles que escrevem pensando na posteridade, e não no presente, erro a seu ver muito perigoso, já que ninguém pode ter certeza de que a posteridade vai, de fato, se interessar por aquilo que hoje se faz. Se não tivesse a esperança de que seus contemporâneos se interessariam pelo que escreve, não conseguiria escrever; a ideia da posteridade, por si, não lhe traria nenhum tipo de consolo. É assim que Saramago gosta de se ver: como um homem preso a seu tempo. E prisão não é bem a palavra, já que foi a consciência do tempo que lhe permitiu ser o que é.

Durante os anos em que abandonou a literatura, Saramago se dedicou só a ganhar a vida. E lia, lia muito. Tinha o sentimento de que o romance publicado em 1947 era um episódio isolado, que se esgotara em si mesmo, algo sem qualquer chance de continuação. "Eu me sentia um leitor, não um escritor", recorda. "Vivia sem nenhuma angústia, sem sofrer pelo fato de não escrever." Acha estranho, e até um pouco ridículo, quando dizem que, nesse período de abstinência, ele se dedicava a "acumular experiência", como se pudesse saber o que o futuro lhe reservava. Jamais teve a sensação de que não escrevia porque esperava o momento adequado para isso. 'Acontece que nunca dramatizei minha vida", diz. "Nunca fiz dela algo dramático ou muito interessante." Vivia discretamente, com toda a normalidade, e gostava que as coisas se passassem assim. A partir de 1966, ano em que publica Os poemas possíveis, e sem que possa explicar a razão, volta a escrever. "Se houve uma ação, foi uma ação através da inércia", define. E aqui Saramago, o fatalista, reaparece.

Depois de abandonar o jornalismo, José Saramago parecia, se o vissem de fora, em um beco sem saída. Entre 1976 e 1980, viveu sem emprego e sem salário, desamparado nas sombras do novo cenário da política portuguesa, que parecia caminhar para trás e não para a frente, como a Revolução dos Cravos tinha prometido. Para sobreviver, fazia traduções do francês, a única língua estrangeira em que se sentia um pouco seguro. Ainda em 1976, porém, decidiu viajar até o Alentejo, onde passou uma temporada de alguns meses entre os trabalhadores do campo de Montemor-o-Novo, empenhado em um projeto indefinido de pesquisa que viria a resultar, mais tarde, no romance Levantado do chão, de 1980. "Minha opção pela literatura foi, também, um ato de vontade", diz, já confrontado com os fatos que ele mesmo relata. Ao desistir do jornalismo, Saramago parecia sentir que um outro destino se aproximava e, sem fazer qualquer esforço para acelerar os acontecimentos, se pôs simplesmente a esperar.

A verdade é que, tivesse continuado no posto de diretor adjunto do Diário de Notícias, ou tivesse o processo político prosseguido na direção inicial, que apontava mais para a esquerda, tivesse a realidade sido outra, enfim, Saramago não teria se dedicado à literatura. O mais provável é que, entregue a seus ideais políticos, continuasse a cumprir as obrigações de jornalista e militante, deixando a literatura para depois, ou seja, para nunca mais. "Talvez, nos intervalos, eu escrevesse algo", cogita. "Mas o certo é que não teria escrito *Levantado do chão*, porque, para escrever esse livro, eu teria que ir ao Alentejo, e não teria tido tempo para ir." Sua experiência com a literatura reforça nele a certeza (um tanto surpreendente para um comunista) de que os homens estão entregues a forças obscuras, que agem à sua revelia e desprezam seus esforços. "Nós fazemos, apenas, 5% de nossas vidas", diz, conformado. "Os outros 95% são feitos por outras pessoas, pelas circunstâncias, pelos eventos externos, pelo acaso." O que é preciso é estar no lugar certo, na hora certa, nada mais. Quando *Levantado do chão* chegou às livrarias lisboetas, José Saramago já era um senhor de 58 anos. "E isso já não é mais idade para se começar um projeto tão grande", diz, para logo se corrigir: "E no entanto é." A experiência se reproduziu em sua vida pessoal, pois só conheceu sua terceira mulher, Pilar del Río, quando já estava com 64 anos. O tempo não passa de uma ilusão, que é melhor desprezar.

Nesse tempo de silêncio, em que foi só um leitor, Saramago construiu suas afinidades literárias. Leu, como lê até hoje, Padre Vieira, Fernão Lopes, Almeida Garrett, Camilo Castelo Branco e, é evidente, Eça de Queiroz, mas não gosta de vê-los como afinidades. "Não creio que existam afinidades bilaterais, mas sim afinidades múltiplas, fragmentadas, entre mim e muitos outros", pensa. Não encontra ascendências, ou relações diretas entre o que faz e o que outros fizeram; se insistirem no assunto, pensa em Vieira, um autor do século XVII que não escreveu romances, mas sermões e cartas, que, a seu ver, atingiram um grau de expressividade e beleza que não voltaram a se repetir na literatura portuguesa. "A verdade é que Vieira escreve como ninguém mais", me diz. É só por isso, porque qualquer traço de descendência se torna impossível, que ele o cita.

Os vinte anos de silêncio o afastaram também das rodas literárias, que na verdade nunca o entusiasmaram muito. Cultivou, sim, um pequeno círculo de amigos, ligados tanto à política quanto à literatura, mas não considera que tenham chegado a formar um grupo literário. Iam ao Café Chiado, na rua do Chiado, e mais tarde ao Café Monumental, na praça do Duque de Saldanha, para beber, rir, brigar e conversar. Mas nunca pertenceu a grupos fechados, desses que se expressam em revistas, saraus e manifestos, sequela benigna, certamente, das duas décadas em que se manteve afastado da literatura. Mesmo hoje, escritor de reputação internacional, quando deixa Lanzarote e vai passar uns dias em Lisboa, não é homem de procurar ambientes agitados. Sai, no máximo, para jantar fora, sempre nos mesmos restaurantes, onde de preferência ocupa as mesmas mesas e pede os mesmos pratos. Desde os anos 1970, Saramago frequenta o restaurante Varina da Madragoa, na rua das Madres, para comer as "pataniscas de bacalhau" e o "bife à Café", que vem guarnecido com batatas em uma frigideira de barro, enquanto joga conversa fora com António Oliveira, que não é um escritor da moda ou um crítico eminente, mas simplesmente o dono da casa. Gosta de jantar também no Farta Brutos, um restaurante muito antigo, no Bairro Alto, bem ao lado da praça Luís de Camões. Quando morava em Lisboa, ia muito à Livraria Sá da Costa, no Chiado, e depois costumava passear no Jardim da Estrela. Vivesse ainda em Lisboa, tem certeza, conservaria os mesmos hábitos.

Mas devo voltar ao princípio, pois Saramago, com seus volteios barrocos, já começa a me contaminar. Logo que começamos nossa conversa, percebo que o único tema que parece realmente entusiasmá-lo é a infância, enquanto os outros assuntos chegam a entediá-lo, como questões propostas ao homem errado. Trato, então, de estimular suas recordações. Em Azinhaga, no Ribatejo, onde nasceu, no ano de 1922, sua família, muito pobre, vivia em uma casa apertada, de apenas dois cômodos: a cozinha e a "casa de fora", como chamavam o cômodo que dava para a rua. Tempos duros, que perduram mesmo quando a família, disposta a lutar por uma nova vida, se muda para Lisboa. Durante muitos anos, os Saramagos não tinham uma casa só sua, viviam em "partes de casas", como se dizia, residências divididas com mais duas ou três famílias, todas miseráveis. E eram obrigados a se mudar com mais frequência do que gostariam, o que acentuava neles o sentimento de vulnerabilidade e também a certeza de estarem sempre à deriva.

A primeira casa em que a família de Saramago viveu sozinha ficava no número 10 da rua Carlos Ribeiro, na Penha de França. Ele já era, então, um rapazinho. Foi um momento inesquecível para seus pais, que pela primeira vez podiam se sentir donos de seu próprio teto. Até os 20 e poucos anos, Saramago retornou todos os anos para férias em Azinhaga. Até os 30 e tantos, voltou a Azinhaga pelo menos uma vez ao ano. "Lá estão guardadas minhas impressões fundamentais", diz. Era toda uma relação mais crua com o mundo, que, a cada visita, recuperava: assim que chegava à aldeia, a primeira coisa que fazia era tirar os sapatos; a última coisa que fazia, antes de regressar a Lisboa, era calçá-los. Os sapatos, e a ausência deles, se tornaram um sinal da fronteira entre a cidade e o campo. Na aldeia, todos andavam descalços, menos os homens que usavam suas botas de trabalho.

Foi essa, também, a época em que Saramago começou a construir sua consciência política. A região era habitada por muitos trabalhadores sem-terra, pessoas que nada tinham, a não ser sua energia. De manhã bem cedo, eles se reuniam em uma praça para aguardar os capatazes dos grandes fazendeiros, que vinham escolher homens para o trabalho do dia. Viviam no imprevisível; mesmo quando conseguiam serviço, não havia garantia de que o conservariam por muito tempo. A vida dos Saramago era, em contraste, um pouco melhor. O menino se hospedava na casa dos avós maternos, que viviam da criação de porcos. "Viviam mal, muito mal, mas viviam", diz. Ao menos, tinham garantido o que comer. Quase nada restou dessa Azinhaga primitiva, hoje desfigurada pela modernização agrícola. No passado, a aldeia era rodeada de olivais, com árvores antigas de troncos largos. Elas desapareceram. "Quando voltei a Azinhaga, depois de muitos anos, senti-me como se tivessem me roubado a infância", lamenta. Hectares e hectares de oliveiras foram derrubados para dar lugar a culturas menos românticas, porém mais lucrativas. "A aldeia não mudou tanto, foi a paisagem que mudou", ele constata. "E essa mudança radical na paisagem foi, para mim, uma espécie de golpe no coração." Saramago sentiu-se de volta a um lugar desconhecido, a um passado que já não era seu. Tinham lhe roubado a história. Carregava consigo a lembrança de olivais cinzentos, escuros, a aldeia deitada na margem do rio. Nada mais existia. "Regressar a Azinhaga foi retornar a um lugar que já não era o meu", diz, para concluir que, no fim das contas, habitamos apenas a memória. Azinhaga, agora, só existe nas lembranças de José Saramago — e é sobre esses traços de memória pessoal que a literatura se ergue. Quanto à realidade, a literatura nada tem a dizer a respeito.

Saramago foi uma criança muito tímida e solitária. Solitário não porque vivesse abandonado, sozinho, pois vivia sempre rodeado de gente, mas porque estava sempre quieto. Um menino com grande necessidade de comunicação, mas que se comunicava muito mal, e sofria muito por isso. Às vezes, saía de casa pela manhã e dava longas caminhadas. Andava, andava sem parar, sem ter qualquer destino, só para fugir. "Não fui desses gênios que, aos 4 anos de idade, escrevem histórias", diz. "Apenas via as coisas do mundo e gostava de vê-las." Saramago recorda que não foi uma criança de muita imaginação. Não se interessava por sonhos, por fantasias, mas pelo mundo tal qual era. "Se um sapo me aparecia, eu ficava a vê-lo, quieto, a observá-lo atentamente como o maior tesouro do mundo", lembra. "O sapo, para mim, valia mais que uma história." Conviveu com muitos animais, bois, porcos, carneiros, cabras, habituou-se a seus cheiros e a essa espécie de vida nada sofisticada, e muito repetitiva, que os animais levam. "Eu gostava de estar com a natureza sem abstrair dela nada mais do que ela é", rememora, para logo depois reafirmar: "Eu não era um menino de muitas fantasias."

Ele foi um menino magro, muito delgado e alto. Sofria de angina, a inflamação das amígdalas, mas só as retirou quando já tinha mais de vinte anos. Até se operar, teve febres intensas, que o impediam de engolir até mesmo a saliva, e depois as inflamações se convertiam em abscessos. "Uma, duas vezes ao ano, eu caía de cama com angina", recorda. "Foi uma coisa muito estúpida não me operarem mais cedo." Embora muito pálido, de aspecto doentio, ele teve uma infância comum, e por isso mesmo espantosa. "Nas histórias das crianças, todos os acontecimentos são grandes", diz. Um banho de rio, uma pescaria, um passeio no campo, tudo se torna especial. Os grandes acontecimentos estão guardados na infância; o que vem depois são os fatos, menos surpreendentes, de uma vida que já está definida. "Mas na infância tudo o que acontece é muito importante", insiste Saramago. "Tanto as coisas boas quanto as más, todas têm uma aparência espetacular." É por isso que toda literatura, mesmo quando trata de temas adultos, ou até futuristas, se reporta à infância. Ela é o acervo da criação.

Aos 6 anos de idade, Saramago entrou em um período muito difícil e se tornou uma criança medrosa. O medo aumentava à noite: a escuridão trazia ansiedade, e o mundo, então, parecia habitado por seres monstruosos. Não durou muito, mas foi um período muito difícil. Coincidiu com a fase em que a família viveu na rua dos Cavaleiros, em Lisboa. O escritor só pode entender esse medo como uma reação ao fato de ter começado a ir ao cinema muito cedo. O edifício em que o cinema funcionava, no bairro da Mouraria, ainda está de pé, só que hoje é um armazém de roupas. A casa se chamava Salão Lisboa, mas toda a gente a chamava de O Piolho; Saramago não sabe dizer se de fato havia piolhos, provavelmente sim. Aquelas imagens em movimento, desde a primeira vez, o impressionaram muito. Durante alguns meses, o menino viveu com o cinema uma relação de atração e repulsa, que o levou a um período de confusão e angústia. Até que o medo, sem qualquer explicação, desapareceu. A causa da cura talvez tenha sido bastante trivial: a família se mudou novamente, dessa vez para o Saldanha, e ele simplesmente deixou de ir ao cinema. Foi o que bastou. "Eu tinha fobia de cinema", define. Saramago se recorda em particular de um filme sobre leprosos, pessoas com a aparência deformada, seres com os rostos em decomposição de quem todos fugiam. Pode lembrar também de um outro filme em que se encenava, com o devido mistério, o milagre de Lourdes. Em dado momento, aparece um tanque de água em que um enfermo é mergulhado para, logo depois, sair curado. Aquilo o impressionou muito, e ele ainda pode recordar a cena em detalhes. Hoje, em plena velhice, Saramago acha que não tem mais medos, só repugnâncias. Aversão, por exemplo, a certos bichos. Tem, por exemplo, repulsa a aranhas. "Felizmente, aqui em Lanzarote quase não existem aranhas", diz. No entanto, lembra-se de que, quando menino, carregava as aranhas nas mãos, chegava a brincar com elas. "Tenho aversão a ratos, e também a baratas, que são nojentas. Mas não chego a ter medos", diz.

Motivado pela distância física da Europa continental, e também pela consciência de que vive os últimos anos de sua vida, o escritor passou a escrever os *Cadernos de Lanzarote*, diários clássicos, repartidos em datas, nos quais anota reflexões rápidas, projetos dispersos, recordações de viagens, desabafos, e registra a passagem de seus raros visitantes. Ao contrário do que se pode pensar, os *Cadernos* não destoam da vasta obra de Saramago, que desperta nos leitores uma relação que não é habitual na literatura contemporânea, muito marcada por certo distanciamento cínico, ou certo temor dos sentimentos: a de grande intimidade. Nas quatro ou cinco cartas que recebe por dia, seus leitores costumam se confessar, como se ele fosse um padre, ou um guru, e isso, se o constrange, também o impressiona. Foi no cenário desolado de Lanzarote que ele escreveu ainda o *Ensaio sobre a cegueira*, de 1995, que é seguramente seu livro mais pessimista, e que abre com uma advertência severa: "Se podes olhar, vê. Se puderes ver, repara." No momento em que o visitei, em agosto do ano seguinte, ele estava empenhado na elaboração do *Livro das tentações*, uma espécie de autobiografia, não do adulto que se transformou no escritor conhecido em todo o planeta, mas do menino que ele foi até os 14 anos de idade, o "Zé", ou "Zezito", como era chamado em casa. Um menino que, em vez de pensar em literatura, tema que só surgiu pela primeira vez numa conversa entre amigos quando já tinha 17 anos, sonhava em ser maquinista de trem — e as duas opções não deixam de se parecer, pois estão comprometidas com as ideias da viagem e da fuga.

Ao se debruçar sobre a infância, Saramago encontrou muitas passagens nebulosas, sucessão de verdadeiras armadilhas que começam com a história de seu nome. O sobrenome do pai era Sousa, e não Saramago — José de Sousa, ele se chamava. Mas em Azinhaga as famílias não eram conhecidas pelos sobrenomes de registro, e sim por alcunhas afetuosas. A família do escritor tinha a alcunha de Saramago, que é o nome de uma erva silvestre, de flores amarelas ou avermelhadas, bastante semelhante ao espinafre, que cresce pelos cantos, quase sempre esquecida. Quando ele nasceu, o pai se dirigiu a um cartório e, no balcão, limitou-se a dizer: "Vai se chamar José, como o pai." O empregado do registro civil, por sua conta e risco, acrescentou ao sobrenome verdadeiro, Sousa, o apelido de Saramago. Ele se tornou, então, José de Sousa Saramago, e o pai só descobriu o engano quando o menino já estava com 7 anos de idade. Só em 1929, quando foi matricular o filho na escola primária e teve que apresentar a certidão de nascimento, o pai de Saramago se deu conta do equívoco, e se sentiu muito decepcionado porque não gostava nem um pouco da alcunha, que o fazia recordar sua origem camponesa e miserável.

Desde que se mudara para Lisboa, em 1924, o pai de Saramago não gostava que lhe recordassem os tempos duros da vida no campo. Vinha de uma família de pastores, que sobrevivia em condições muito adversas, guiando ovelhas e cabras. O pai se orgulhava porque em Lisboa o chamavam sempre de "Sr. Sousa", nunca de "Sr. Saramago", e essa substituição de tratamento parecia apagar o passado indesejável. Mas a certidão de nascimento do menino não foi aceita pela escola. O pai, então, não teve outra saída: viu-se obrigado a fazer um registro adicional em que atestava que ele, José de Sousa, era na verdade conhecido como José de Sousa Saramago. "Acho que sou o primeiro caso em que o filho dá o nome ao pai", disse-me o escritor, tomado por um entusiasmo quase infantil.

Outras imprecisões e enganos tornam a infância do escritor ainda mais irreal. Segundo o registro civil, Saramago teria nascido no dia 18 de novembro, quando na verdade nasceu no dia 16. A explicação é simples: no dia de seu nascimento, o pai não estava em Azinhaga. Havia, porém, uma lei que dizia que o registro de crianças devia ser feito, no máximo, até trinta dias depois do nascimento. Como o pai só voltou de viagem dois dias depois do prazo, viu-se obrigado, para não pagar multa, a declarar que o menino tinha nascido no dia 18. "Minha vida, de fato, começa com coisas que são e não parecem, e outras que parecem mas não são", ele conclui. O sentido de falsificação preside, na verdade, toda a existência do escritor, em particular os longos anos que passou distante de sua vocação literária, lutando para não ser o que era; muitos anos depois, diante da paisagem artificiosa de Lanzarote, é impossível não recordar esses episódios, que, afinal, são bastante coerentes com o perfil de um autor de ficções.

Reconhecido pela perícia com que trabalha com as reconstruções históricas, Saramago acha que o historiador não deve se contentar em repetir o que já foi escrito. Deve investigar o não dito e, sobretudo, o oculto, e nesse sentido seu ofício muitas vezes se confunde com o do ficcionista. É a história como investigação do oculto que o interessa, não como a repetição de datas, episódios e heróis, e nesse sentido o trabalho do romancista se parece com o do historiador. Ambos tentam, cada um com os instrumentos que lhe são próprios, ou fatos, ou a imaginação, preencher vazios e remendar visões defeituosas. Um fato, muitas vezes, é apenas uma versão que se congelou. Nesse caso, cabe ao ficcionista buscar o que está por trás do fato, isto é, descongelá-lo. Um romancista, ao contrário do historiador tradicional, pode relatar a viagem de Vasco da Gama às Índias não do ponto de vista de Vasco da Gama, o comandante poderoso, mas do ponto de vista de um simples marinheiro, e, com isso, estaria traçando uma visão suplementar da viagem. A lembrança da história das mentalidades, que trabalha com as miudezas, as intimidades e as sombras dos grandes acontecimentos, é aqui inevitável. Saramago faz questão, contudo, de deixar um alerta: o historiador pode ter tudo, menos ilusões, pois a grande história completa está para sempre perdida.

Ciente de que a história é, em grande parte dos casos, mais um efeito da imaginação que da verdade, Saramago, ao contrário do que muitos leitores imaginam, não realiza grandes pesquisas antes de escrever seus romances históricos. Primeiro, organiza uma pequena bibliografia sobre a época que vai trabalhar e a estuda um pouco. Mas essa bibliografia nunca é muito extensa, restringindo-se a três ou quatro livros fundamentais, não mais que isso. A partir daí, a pesquisa pode se tornar perigosa, pode sufocar a imaginação. "Um romancista não deve fazer pesquisas muito longas, pois a informação excessiva só agiria contra os interesses da narrativa", ensina. A medida adequada é, sempre, uma questão de sensibilidade, e nunca uma regra. O escritor deve saber escolher que livros de fato lhe interessam e, sobretudo, em que ponto deve parar de pesquisar e simplesmente começar a escrever. A história, para o romancista, é só um meio, jamais um fim.

E tanto a história como a literatura devem ser um meio para enfrentar aquilo que, desde muito cedo, mais o atormenta: a ideia do mal. Saramago gosta de dizer que existem muitas coisas que ele não entende, mas o mal está acima de todas elas. Decifrar o mal que, ele acredita, todos carregamos dentro de nós virou uma obsessão, e foi na esperança de se livrar dela que começou a escrever. "Não creio que eu chegue a ter uma obsessão pelo mal", ele atenua. "Mas, realmente, a existência do mal é algo que eu não compreendo, algo que me ultrapassa." Quando fala do mal, Saramago não lhe empresta um sentido religioso; prefere vê-lo mais como uma espécie de "fatalidade" que vem registrada em nossa espécie. Os homens tendem mais facilmente a se comportar mal do que bem. Em torno dessa questão, ele escreveu um livro, o *Ensaio sobre a cegueira*. Por que, sendo seres dotados de razão, comportamo-nos tão irracionalmente? Saramago não sabe que resposta dar a essa pergunta. "É uma coisa de fato chocante chegar à conclusão de que o único ser realmente cruel é o ser humano", diz.

Ele recorda que nenhum animal, mesmo os que chamamos de ferozes, se comporta com crueldade. As feras querem apenas se alimentar, nada mais. Quando vemos uma aranha que está a envolver uma mosca com sua teia, podemos imaginar que presenciamos uma forma de tortura; mas não é tortura, a aranha está, apenas, preparando sua refeição. O animal não é cruel, porque a crueldade não é um instinto, mas uma característica mental. Só o ser humano é cruel. Os animais não se torturam uns aos outros, mas os seres humanos sim. Saramago acha, sinceramente, que o ser humano não tem remédio, já que o mal só se enfrenta com atos, e não com intenções. "Nos manifestamos também pelas palavras, mas as palavras ficam sempre em suspenso, à espera do ato que as confirme. O homem só existe através do ato", ele conclui.

Chegamos, aqui, a uma outra razão, de ordem muito delicada, que o levou a se afastar de Portugal. Saramago não simpatiza com a sensibilidade portuguesa, que julga um pouco apática e facilmente sentimental. "Temos sentimentos com demasiada facilidade, o que não significa que sejamos capazes dos grandes sentimentos", diz, e não pode esconder o incômodo que a constatação nele provoca. São os grandes sentimentos, e não os sentimentalismos, que nos exaltam, que nos fazem acreditar, que nos fazem realizar. Saramago não gosta da lágrima fácil. Vê em seus compatriotas, ainda, um apego desmesurado pelas miudezas. Os sonhos são sempre pequenos, as ilusões sempre pequenas, as esperanças sempre pequenas. "Tudo fica nessa pequenez. E os sentimentos também ficam aí, limitados, autocontemplando-se." Tudo muito diferente da tristeza contida que ele carrega e que o deixa, às vezes, um pouco curvado. Com o olhar perdido, lendo sempre as páginas invisíveis de um livro a escrever, Saramago parece levar o mundo nas costas.

Quando, no domingo, ao fim da última entrevista, José Saramago me convida para o jantar, já não sei se é por delicadeza (e aí será abuso aceitar) ou porque ele de fato se sente bem com meu vendaval de perguntas (e aí será indelicadeza ir embora sem poder me amparar na alegação de qualquer compromisso, já que não conheço ninguém mais na ilha e ele sabe disso). Termino aceitando o convite, decisão que no íntimo me agrada, e o jantar transcorre em delicada harmonia, uma cerimônia íntima na cozinha aberta para o oceano, que ele e Pilar me oferecem como um segredo. No silêncio, ouvimos o vento que sopra da costa de Agadir, na África. O cansaço, porém, está estampado em suas feições, e eu peço um táxi.

Sei que Saramago está cansado de entrevistas. Saramago sabe que eu sei. Eu sei que, sabendo que eu sei, ele procura disfarçar esse incômodo pondo à frente de tudo seu coração franco. Ele sabe que, sabendo que eu sei que ele sabe... bem, mas aí já é o rondó barroco de seus livros que me envolve e me subjuga. Estou dentro de um livro de José Saramago e já não posso dele escapar. Um leitor é isso: uma esponja. Nada mais.

Dalton Trevisan

O manto do vampiro

Imagine, por breves instantes, um vampiro com drama de consciência perfilado diante de um espelho. Ele não pode se ver (vampiros não projetam uma imagem), e isso o horroriza. Dentes de alho, crucifixos, estacas de prata, todo esse arsenal de defesas sugerido pela literatura e pelo cinema góticos, o ameaçam — mas ele, em vez de fugir, começa a se lamentar. O vampiro não quer ser um vampiro, está em crise de identidade; inconformado, renega o que é e põe essa imagem na conta de seus detratores. Os outros, sim, o "vampirizaram", pensa o vampiro, desconsolado; sugaram seu espírito (vampiros sugariam o sangue, mas críticos literários são mais espertos e perigosos) e o transformaram em um ser repulsivo; ele é só uma vítima.

Vamos trabalhar com a hipótese de que esse vampiro se chame Dalton Trevisan. Seu grande drama é ter se tornado, contra a sua vontade, o vampiro de Curitiba. E se convertido, assim, no mais famoso personagem que criou. Dalton se empenha, há algum tempo, em se livrar dessa identidade de que ele mesmo é o autor, esforço que aparece em textos breves e irônicos como "Quem tem medo de vampiro?", um dos capítulos de *Dinorá*, livro de 1994. Em breves 66 linhas, escritas em estilo híbrido entre o ensaio, a confissão e a crítica literária, ele "vampiriza" tudo aquilo que os críticos mais enfezados escreveram a seu respeito: que tem um vocabulário restrito, que repete sempre as mesmas histórias e que, por isso, tornou-se um escritor monótono, que jamais se cansa de se copiar. E que, ao se esconder ansiosamente da mídia, nada mais faz do que exercitar um tipo de promoção delirante, bastante infantil aliás, parecida com um esconde-esconde em que, quanto mais o jogador se esquiva, mais aparece.

Os clichês a respeito da obra e da pessoa de Dalton Trevisan, compendiados por ele mesmo, são bastante conhecidos. É próprio dos estereótipos serem toscos, ligeiros, pouco dados a sutilezas, e assim é também em seu caso. Mas é próprio deles também carregarem, dentro dessa rudeza inevitável, um bom pedaço da verdade. A verdade nem sempre é complicada; muitas vezes está bem à nossa frente, restando apenas ver. É provavelmente assim no caso dele. Diz-se que Dalton conta sempre a mesma história de seu único João e de sua bendita Maria; que escreve cada vez menos, com um vocabulário que não ultrapassa as oitenta palavras; e que tem um ritmo monótono, simplesmente primário, repisando sempre as mesmas situações pornográficas e os mesmos personagens grotescos, e que lhe falta amor pelos semelhantes, e, por fim, que quanto mais se esconde, nega entrevistas, foge da imprensa — como um vampiro trancafiado em seu ataúde, que não suporta se expor à luz do sol —, mais põe seu nome em evidência, mais se deixa roer pela vaidade. E que lhe sobra apenas, é ele mesmo quem escreve, "a grotesca imagem do vampiro já desvanecida aos raios fúlgidos da História".

É Dalton ainda quem, carregando no sarcasmo, diz: "Negar o retrato é uma secreta forma de vaidade, a outra face do cabotino." A ironia, porém, não o salva: quanto mais zomba de seus críticos, mais se entrega. O escritor, que não precisa disso, pois pode ostentar uma obra que ultrapassa em muito as circunstâncias, põe-se a enumerar essas restrições, monotonamente aliás, com a intenção de devolvê-las a seus detratores, mostrando assim que a insipidez é da crítica, e não sua, pois ela sim repete sempre os mesmos chavões, e ele, Dalton, não passa de um condenado. O escritor em momento algum diz "Eu"; ao contrário, refere-se sempre a um suposto "Ele", que seria apenas o Dalton Trevisan que os especialistas, com seus clichês, empenharam-se em criar. Um homônimo, um impostor posto em seu lugar, um sanguessuga. Isto é: um vampiro.

Mas o vampiro — e isso evidentemente só deve ser entendido como uma metáfora, o que não é pouco — é mesmo Dalton Trevisan. Sem muito esforço, pode-se sentir sua presença difusa, mas persistente, na paisagem urbana de Curitiba. Mesmo depois da modernização (bastante discutível em muitos aspectos) promovida pela Era Lerner, a capital paranaense conserva um temperamento introvertido, pudico, que não se deixa dobrar. Curitiba é uma cidade, como já disse Cristovão Tezza, um de seus mais eminentes escritores, "feita de Outros". Antes de ser, o curitibano olha para o lado para verificar se não está sendo inconveniente ou desmedido. O Eu é só um resultado do olhar do Outro, não passa de um reflexo. É bastante justo portanto que Dalton, como um curitibano exemplar, também se perceba assim: como um efeito do olhar alheio. E que se revolte contra essa condição, que é mesmo miserável. Só que a realidade é um pouco mais complexa — e aqui começam seus problemas.

Para se opor à modernização, com a qual tem uma relação verdadeiramente paranoica, e assim não correr o risco de se tornar o que não é, Dalton Trevisan resolveu se fazer de invisível. As raras fotografias que se fizeram dele são imprecisas, apanham-no apenas de relance, sem nenhuma nitidez, como o flagrante de um fantasma. Numa delas, bastante famosa, Dalton aparece descendo uma rua, um homem magro e apressado, com um andar torto, escondendo-se sob óculos escuros. Na outra, é apanhado de soslaio, à frente do portão de casa, como se tivesse tomado um susto. São flagrantes borrados, indefinidos, tomados às pressas e impregnados de medo. Dalton está sempre fugindo, e é sempre bem-sucedido nessa fuga. Assim, escolheu para si o papel do homem que se esconde para resistir. O papel de morto. Morto-vivo — pois está bem vivo. Para não ser tomado pelo que não é, um vampiro, Dalton converteu-se no que não é: o mesmo vampiro.

E agora, ocupando o lugar de seu mais famoso personagem, paga o preço dessa escolha.

Afora o caso dos amigos mais chegados, que têm a chance de reconhecê-lo e de privar de sua companhia, todo o resto da cidade se detém nessa opacidade, que aliás lhe confere um poder nada desprezível. Ele vê, mas não é visto; está ali, mas não se pode imaginar que esteja. Como quase ninguém sabe como ele é, não precisa se disfarçar; Dalton se esconde em Dalton, ele se tornou seu próprio disfarce, e assim pode levar uma vida tranquila e sem apreensões, e no entanto é como se estivesse mascarado todo o tempo. Dalton Trevisan é a máscara de Dalton Trevisan, restando apenas, como avalistas dessa existência esquiva, os livros que escreveu.

Mais que uma estratégia de sobrevivência pessoal, de resistência contra a modernidade, porém, o vampirismo é, no caso de Dalton Trevisan, uma estratégia literária — devemos dizer logo, muito bem-sucedida. E é isso que a crítica, perturbada com a imagem do homem que se furta, deixa de perceber. O autor desaparece sob seus livros, torna-se só um personagem secundário, sem importância, indefinido, para que a literatura, essa sim, tome a frente. De que serve mesmo um autor diante de uma obra tão impecável? A ele resta, só, o papel de dejeto: foi usado para que a obra se escrevesse e agora pode ir para o lixo, ou se esconder sob sua coleção de andrajos. Reduzido a um segredo, o autor, por contraste, torna a obra ainda mais luminosa. Dalton não teria razão alguma para negar sua imagem obscura; ao contrário, deveria orgulhar-se dela.

Além da invisibilidade, Dalton cultiva outra característica pessoal que o liga aos vampiros: o horror ao presente. Tornou-se um sujeito inadaptado, em eterno conflito com seu tempo, preso às lembranças de um mundo que acabou e que, hoje, só sobrevive em suas narrativas. Ele mesmo já definiu o papel do escritor, certa vez, como o de "um vampiro de almas". Espírito do passado detido em um mundo futurista, Dalton se recusa a existir. Mas Curitiba não seria Curitiba sem a presença ausente de Dalton Trevisan. É como se ele tivesse se transformado num zelador do passado, vigiando as ruínas da cidade verdadeira que a modernização se encarregou de soterrar. Guardador do passado, Dalton passa a ter o poder de apontar a falsidade do presente. Não é sem razão que a Curitiba moderna lhe desagrada: cidade do design, do marketing e dos arquitetos, tem um rosto que a deixa (para o bem ou para o mal) em sincronia com seu tempo, e essa claridade solar é tudo de que um vampiro mais deseja fugir.

Em "Quem tem medo de vampiro?", Dalton construiu uma espécie de "espelho invertido", que tem o poder de devolver tudo aquilo de mau que sobre ele se lançou. O sarcasmo não tira — ao contrário, torna mais nítido — o aspecto devastador desse texto. Em sua primeira versão, "Quem tem medo de vampiro?" foi publicado em forma de fanzine editado pelo autor e distribuído em 1991 aos amigos mais próximos, acompanhado de outros onze textos, entre contos, crônicas e breves ensaios críticos. Teve assim um caráter íntimo, de desabafo restrito a uma legião de escolhidos. Esse aspecto secreto lhe conferiu ainda mais força, até porque o escritor não fala, e não falando não se defende, e não se defendendo não se sabe nunca (embora se possa ter a certeza de que não gosta nem um pouco) o que pensa a respeito de seus detratores.

Queira Dalton Trevisan ou não, todos os atributos clássicos do vampirismo aparecem hoje condensados sobre sua pessoa e sua obra — e se eles se parecem hoje com clichês é porque, como os vampiros, Dalton se ausentou do tempo, e esses atributos congelaram. Ninguém supõe que Dalton possa mesmo circular à noite pelas ruas de Curitiba vestido de preto, atacando moças indefesas para sugar-lhes o sangue, como faz seu Nelsinho em *O vampiro de Curitiba*, ainda que hoje seu nome apareça até como verbete em *The Vampire Book*, de J. Gordon Melton. É Melton quem afirma: "Trevisan entendeu a natureza sexual da vida e o apelo do vampiro."

Mas é justamente por ser uma metáfora, e não uma encenação, que a ideia do vampiro se torna mais eficaz. Metáforas carregam sempre uma mistura de sentidos, que se camuflam e nos pegam de surpresa.

A mudança de campo semântico operada pela metáfora inclui uma série de disfarces, de duplos sentidos, de ambiguidades, e é daí que ela tira sua força. Dalton pode lutar contra a imagem de vampiro, pode denegá-la, pode ridicularizá-la, mas não pode se livrar dela. Ela é hoje uma máscara que o escritor não tem mais forças para tirar.

Já em "O vampiro de Curitiba", o conto de 1965 que terminou por ligar a imagem de Dalton definitivamente ao vampirismo, o vampiro é apenas uma metáfora da obsessão sexual. Os personagens são pessoas comuns da classe média baixa, com a vida monótona e o sexo como último consolo. Nelsinho, o protagonista do conto, com um apetite sexual insaciável, sai à noite pelas ruas de Curitiba para perseguir mulheres. A imagem é quase ingênua: Nelsinho precisa do sexo a qualquer custo, assim como os vampiros necessitam do sangue de suas vítimas para sobreviver. Tudo se dá, como sempre ocorre em Dalton Trevisan, de modo muito simples e direto. As histórias de Dalton se passam em ritmo substantivo e acelerado. Seus diálogos são curtos, desprovidos de divagações ou, como diriam seus críticos menos inspirados, "sem profundidade". Ele não perde tempo com exercícios de estilo, nem está preocupado em mostrar que "escreve bem". Só grandes escritores como Dalton, aliás, podem dispensar a beleza com tanta displicência.

O vampiro, cadáver que se ergue do túmulo para sugar o sangue dos vivos e assim reter a aparência de vida, é também uma figura das superfícies. É um sanguessuga, alguém que vive do que não é seu, e também um fingidor, um príncipe sedutor que se faz passar pelo que não é. É pura imagem, e, nesse aspecto, sua estratégia de conquista evoca os procedimentos do marketing, que Dalton critica com tanta veemência na Curitiba de hoje. Mas nem todos os vampiros são mortos ressuscitados, alguns são apenas espíritos demoníacos desencarnados. Não são sujeitos, mas meros veículos. O vampiro é aquele que detém o poder de "drenar" o outro — não só física, mas emocional e psicologicamente; é, portanto, um ser que vive "entre" dois corpos. O vampirismo, além disso, não se refere só ao desejo de sangue, mas à sucção de algum tipo de força psíquica ou, mais simplesmente, de alguma força elementar que é roubada de alguém. Embora dependam do outro, porém, os vampiros não costumam ter uma aparência fraca. Os mais célebres atores a interpretarem vampiros no cinema, Bela Lugosi e Christopher Lee, eram homens de estampa viril, sedutores capazes de manejar grande dose de magnetismo pessoal.

Assim como Drácula, o mais célebre dos vampiros, Dalton Trevisan também é um passadista: venera o passado, ainda que não possa, por razões de sobrevivência, desprezar o presente. Ele circula pela Curitiba de hoje com seus parques de arquiteto, seus ônibus imensos, estações de cristal, shoppings modernosos, em busca de uma outra Curitiba, que já não existe: a das polaquinhas, casas de madeira, cachorros vadios, famílias severas e bosques obscuros. Dalton escreve sobre o fim de um mundo que não voltará. Um mundo de encantos e de perversões, de ingenuidade e de maldade, mas que era também um mundo denso, sem a futilidade de hoje. Escreve para amaldiçoar os vencedores, aqueles que reformaram o velho mundo e que fizeram dele, Dalton Trevisan, um estrangeiro no novo mundo que o sucedeu.

Dalton escreve contra a Curitiba real, que ele, ao contrário, vê como a "cidade irreal da propaganda... falso produto do marketing político... a Curitiba oficial enjoadinha narcisista... toda de acrílico azul para turista ver", como diz em "Curitiba revisitada". Vale a pena repassar com atenção essa prosa em verso, publicada em *Dinorá*. Dalton, o lamuriento, escreve para lamentar a perda do passado, cheio de saudades das ruas de barro, das pensões familiares de estudantes, dos bailes bem-comportados, das confeitarias silenciosas, da vida pudica e dos gatos de rua. Mas também com nostalgia dos bordéis, inferninhos, *dancings* decadentes, cafetinas, pistoleiras, velhinhos pedófilos, lambaris nos rios, corruíras, personagens que ele mesmo escolhe para vangloriar. "Que fim ó Cara você deu à minha cidade / a outra sem casas demais sem carros demais sem gente demais", diz. Quem é o "Cara" senão Jaime Lerner, o prefeito e depois governador que mudou a face da capital paranaense, símbolo portanto, ainda que sempre contestado, da modernização?

Num momento raro, surge para surpresa do leitor um Dalton Trevisan engajado no presente, militante da oposição. Mas, na verdade, ele não está preocupado em fazer oposição política. Dalton não se rebela contra esse ou aquele político, contra esse ou aquele partido, mas contra a modernidade em geral, vista mais como um monstro devorador. Tem saudades de uma Curitiba recatada, reprimida, introvertida, que ele ironiza com seus personagens grotescos, de vida dupla que se camufla em modos estudados, de gestos tímidos mas severos, que — talvez ele nem possa perceber isso — sobrevive disfarçada nos curitibanos de hoje. "Não te reconheço Curitiba a mim já não conheço / a mesma não é outro eu sou", ele escreve, sem poder ver aquilo que se perpetua. "Não me toca essa glória dos fogos de artifício / só o que vejo é tua alminha violada e estripada / a curra de teu coração arrancado pelas costas." Dalton protesta também contra a nova face da "capital ecológica", como a cidade é apresentada na propaganda oficial. "Verde? Não te quero / antes vermelha do sangue derramado de tuas bichas loucas / e negro dos imortais pecados de teus velhinhos pedófilos." Como um Proust que substituísse a história pela geografia, ele escreve para recuperar o que resta da Curitiba perdida, espontânea, não planejada, "natural", que se perdeu e que talvez ainda sobreviva às margens da cidade oficial. E termina: "Curitiba foi, não é mais."

Mas podemos ainda ver nos vampiros, para além do terror que provocam, uma carga de tristeza, uma lenta depressão, saudade difusa dos tempos em que estavam em sincronia com o mundo e assim podiam gozar das coisas que agora lhes escapam. Todo vampiro é, por definição, um melancólico, além de guardar em si, como sombra do que se perdeu, uma grande carga de rancor. Arrancaram-lhe o tapete de sob os pés e ele preenche esse vazio com uma obsessão — de sangue. Também Dalton, além de nostálgico, é obsessivo. "Escrever bem é pensar bem, não uma questão de estilo", diz ele em "Cartinha a um velho prosador". O estilo, portanto, não é uma escolha arbitrária; se não é só uma afetação, uma cópia, um tique, é consequência de um modo de pensar. Dalton, diz-se, e ele mesmo ironiza, é repetitivo, é perseguido pelas mesmas histórias, pelos mesmos personagens, mesmos monstros, e não perde tempo com adornos, com sofisticações, vai rapidamente ao ponto, sabe aonde quer chegar, ainda que seja sempre ao mesmo lugar. Parece reescrever, eternamente, o mesmo conto — e isso, contrariando os que o desprezam, é sua marca de grande escritor.

Também o vampiro não tem tempo a perder com o efêmero, com enredos decorativos, nem com novidades passageiras, apelos de mercado ou vanguardices. O vampiro repete sempre a mesma busca: quer sangue, isto é, a essência, e nada mais. Ele o encontra, mas logo depois quer mais, e mais, e jamais se sacia. Dalton, como os vampiros, também parece nunca se satisfazer. Sua avidez não tem limites, nem solução. Ele busca obsessivamente o passado, mas sua fome jamais é mitigada. A escrita parece também não saciar sua voracidade, e por isso, de forma cada vez mais concisa, mais avara, mais cruel, ele trata de repetir sempre as mesmas histórias. Escreve com sofreguidão, sem tempo para se deter nas questões de estilo (ele diria: *design*), sem paciência com a elaboração (ele diria talvez: *planejamento*). Sua arte, ao contrário, é a do corte; ele apara, suprime, elimina, encurta, interrompe no ponto em que menos se espera, castra. Tornou-se assim um autor cada vez mais substantivo — isto é, um admirador de substâncias.

Outra semelhança indisfarçável aparece no gosto de Dalton Trevisan pelo grotesco e pelas pequenas crueldades. Alguns críticos já o compararam a Tchekhov, mas enquanto Tchekhov via seus personagens com compaixão, Dalton os vê com distanciamento e até com desprezo. Parece sempre distante, sem compromissos com o mundo, movido só pela indiferença, lidando com uma economia máxima de palavras. É um miniaturista, a cavar sempre no mesmo lugar, a cavucar as mesmas feridas, não se importando se elas doem ou não, e por isso tantas vezes se aproxima do grotesco. Seus traços muitas vezes se assemelham aos do caricaturista: rápidos, incisivos, maldosos, restritos ao essencial.

Mas o ridículo, por mais que nos faça rir, carrega atrás de si a aflição e é, quase sempre, uma forma disfarçada de crueldade. Ridicularizar é zombar, destruir. Também a crueldade, não podemos esquecer, está na origem do mito do vampirismo. Vlad Dracul, o primeiro dos vampiros, nascido ainda no século XIV nos montes Cárpatos, viveu envolvido em lutas sangrentas. Seu filho, Vlad Dracula ("filho de Dracul", ou simplesmente Vlad, o Empalador), teve também seu nome associado a numerosos relatos de crueldade. A história registra, durante seu curto reinado de seis anos, no século XV, um número não inferior a 40 mil vítimas. Ele usava refinados métodos de tortura e matava friamente, até com certa elegância. Como os vampiros, Dalton também prefere os cenários sombrios e noturnos, as atmosferas carregadas. Sua escrita em bisturi, sutil e minuciosa, só se interessa pelo osso das coisas. Mas, por desejar sempre o que está mais fundo, ela vem, quase sempre, embebida em sordidez. O mundo é sempre impuro, baixo, infame; está atravessado pela miséria e pela grosseria, emporcalhado pela avareza, é lamentável e repugnante. Dalton, o vampiro, não tem nenhuma piedade de suas vítimas; ao contrário, não se envergonha de espezinhá-las, de maltratá-las, de humilhá-las, até esmagá-las, ainda que aja sempre com frieza cirúrgica, sem demonstrar piedade, mas também sem demonstrar prazer ou qualquer resquício de sadismo. E aqui cabe pensar num laço que, em geral, não se considera: o que liga, em linhas muito sutis, a obra de Dalton Trevisan à de Nelson Rodrigues.

Na medida em que se afasta de qualquer análise sociológica, de qualquer pano de fundo engajado, Dalton se afunda também numa espécie de populismo literário (a mesma acusação foi feita muitas vezes a Nelson), uma paixão sem causa pelo povo, sem ideologia, desprovida de qualquer boa intenção, e indiferente às consequências de seus atos, paixão apática, quase insensível, mas obstinada. Dalton não fala das elites, não constrói personagens marcantes, ou fabulosos, ou surpreendentes, nem fala de si. Fala sempre do mesmo povo anônimo — Maria e João são apenas modos de chamar, não são nomes próprios —, trata sempre da mesma massa amorfa, sem face, e age assim como seu grande senhor.

Nos contos de Dalton, até a violência é gratuita. É uma violência estéril, composta por uma estética vazia, a mesma maldade com que Christopher Lee e Bela Lugosi sugavam nas telas os pescoços de belas mulheres sem nome. Um mundo de aberrações, o que seria a contrapartida da Curitiba provinciana que sempre gostou de retratar. Dalton se encanta não só pelas regras tolas e rituais da Curitiba provinciana que desapareceu, mas pelas perversões que vinham, sempre reprimidas, mas ferventes, sob essa capa de normalidade. Ainda como os vampiros, é na penumbra que ele encontra com o que se saciar.

A rotina do escritor, revelada aos pedaços, confirma também que autor e personagem se embaralharam, como se Dalton se esforçasse, sem perceber, para confirmar o estigma que renega. Em Curitiba, há o mito de que sua casa, no bairro do Alto da Glória, está sempre com as cortinas cerradas e que nem mesmo tem uma campainha, para que jamais o importunem. Dalton vive trancafiado: pela manhã, escreve em seu escritório, um pequeno cômodo isolado, anexo ao jardim da casa, conhecido como a "cabana do vampiro"; à tarde, tem o hábito de dar caminhadas pelo centro da cidade, de visitar suas livrarias preferidas (onde existe até uma pequena caixa para recados pessoais) e de lanchar na Confeitaria Schaffer, na rua XV, de preferência em uma mesa de fundo. Tem horários rígidos e uma rotina comedida, novos aspectos em que se assemelha aos vampiros, que são sempre seres metódicos e inflexíveis.

Dalton confessou, certa vez, sua admiração por uma frase de Hemingway: "Quanto mais infeliz na infância, melhor será o escritor." Na mesma entrevista, a Fernando Granato, ele disse ainda que todo escritor deve "acreditar no demônio" e ter contradições religiosas. Isto é, que não há literatura sem a presença do mal. Também os vampiros, é adequado lembrar, tinham o mal em alta conta, pois sem ele nada seriam. Por muitas razões, Dalton Trevisan não pode mais separar sua imagem do vampirismo, destino que, podemos supor, não deve ser nada confortável, mas que, mesmo assim, só vem atestar sua grandeza de escritor. É quando a máscara da escrita não pode ser mais desgrudada da pele que a literatura mostra, enfim, seu poder. Dalton não tem nenhuma razão para se envergonhar da imagem que a história lhe destinou, que, aliás, é um dos mitos mais verossímeis que a literatura brasileira produziu neste século. O maior escritor paranaense será, para sempre, o vampiro de Curitiba, lenda que ele mesmo ajudou a construir.

José Cardoso Pires

A morte branca

> *E é ele o único de nós que voa, sem peso, por cima das mandíbulas das camionetas do lixo e dos pesadelos dos escriturários, tripulando a nuvem de um Renault branco que se some, a tremer, sobre os telhados...*
> António Lobo Antunes

Tomo um táxi no Rossio, coração de Lisboa, e peço ao motorista que me leve até o bairro do Alvalade, onde sou esperado pelo escritor José Cardoso Pires para uma entrevista. "Rua São João de Brito, número 7", digo, e o motorista, um senhor obeso e descabelado, nem se dá o trabalho de me olhar. Avançamos lentamente, com resignação, em meio ao trânsito enervante de Lisboa, a capital modernizada, decorada por prédios inspirados num pós-moderno de gosto duvidoso, deslizando por avenidas expressas que deveriam propiciar um fluxo acelerado, mas que na verdade mais se parecem com funis entupidos. "A Lisboa de hoje é uma desgraça", reclama o motorista. Até que, à altura do Campo Pequeno, talvez para se distrair do trânsito que nos asfixia, ele se vira e pergunta: "O senhor sabe onde fica essa rua?" Eu insisto:

"É no Alvalade", o que não quer dizer muita coisa, eu sei, é só uma referência genérica. "Alvalade, pois", ele resmunga, e nada mais diz.

Quando entramos no bairro, o motorista a princípio segue em frente muito seguro, mas logo depois estaciona de repente o carro, um veículo largo e antiquado, em pleno asfalto, mais exatamente em uma esquina estreita e movimentada, e, deixando o motor ligado, salta para procurar no porta-malas um mapa de Lisboa. Torcendo o pescoço, eu o vejo erguer a tampa e se afundar no interior do bagageiro em busca do guia, que, entre estepes e peças de oficina, não consegue achar. Ergue uma pequena mala de ferramentas, um guarda-sol, um cesto vazio, alguns tapetes de borracha, mas nada encontra. Logo, um ônibus para atrás de nós; ele não pode seguir em frente, porque o táxi atravanca seu caminho, e então o motorista se põe a buzinar. Meu simpático chofer não se afoba. Continua um pouco mais sua busca, ergue alguns jornais, uns fios, um balde, até que, finalmente de posse do guia, bate a tampa da mala com força, ainda xinga o ônibus com indignação e depois volta, devagar, bem devagar, para seu posto. "Não é melhor o senhor estacionar em outro lugar, para procurarmos a rua?", pergunto, cheio de dedos. Ele ainda parece em dúvida, mas acaba aceitando meu conselho. O automóvel, imenso e irritante, desloca-se por alguns metros, estaciona a um canto da calçada, enquanto o ônibus passa com o motor acelerado. Com uma lentidão que parece proposital, meu motorista acende a luz da cabine, põe os óculos, que estão um pouco embaçados e o obrigam a puxar um lenço para esfregá-lo, e, por fim, acha a rua São João de Brito, que nos espera, paciente, a pouca distância dali. É uma rua de pedestres, que se confunde com as laterais de uma pequena praça, na verdade se dissolve na praça, sem que os limites entre elas possam se definir. O motorista ainda sugere que façamos uma volta no quarteirão, "talvez na outra ponta haja uma entrada", mas eu, esgotado, digo que, nesse caso, prefiro descer ali mesmo, e já vou puxando a carteira do bolso. Pago, agradeço, respiro fundo e sigo meu caminho a pé, que os pés são bem mais seguros, e são só meus.

Começo a procurar pelo número que Cardoso Pires me passou pelo telefone, o 7, mas a numeração não segue ordem lógica alguma, dá saltos incoerentes, ou sou eu que, no escuro, e contaminado pela letargia de meu motorista, não consigo me entender com as indicações. A dúvida me leva, sem que isso faça qualquer sentido, para o outro lado da rua, até um prédio que suponho seja o 7. Toco a campainha do primeiro andar e, ao ser atendido por um senhor de pijama, seguido por dois rapazes sem camisa, digo que procuro pelo escritor José Cardoso Pires. Primeiro eles o confundem com um certo Pires, comerciante de salgados que há algum tempo fechou sua pequena loja nas imediações e se mudou sem deixar o novo endereço, o que consideraram uma descortesia. Depois, aceitam que estamos falando de pessoas diferentes, ainda que algumas lembranças do comerciante Pires insistam em retornar ("Parecia um homem bom, e nos enganou a todos", diz um sujeito de bigodes que apareceu numa janela; "Não chegamos jamais a conhecer as pessoas de verdade", filosofa uma mulher de roupão com bolinhas, em outra janela). Mas ninguém jamais ouviu falar do escritor Pires ali, e, pedindo desculpas por interromper suas rotinas noturnas, eu trato de seguir meu caminho.

Volto ao primeiro lado da rua, que desço até o fim, chegando quase até a esquina em que meu motorista imprudente estacionou, e um sentimento de ignorância e leve desespero toma conta de mim. Só então entendo que fiz bem em descer do carro, pois teríamos andado em círculo, já que a rua principal se contorce em torno da praça e volta ao mesmo lugar. Procuro a numeração, mas nada do número 7. Volto e arrisco outra portaria. "1º-C", está escrito. Uma mulher mal-humorada abre a janela, enroscando-se com a cortina que o vento faz balançar. Grito por Cardoso Pires, mas ela não consegue entender o que digo e, depois de espantar uns pombos que dormitam no parapeito, volta para dentro. Diante disso, só me resta recomeçar, portaria a portaria, desde o início, e assim não há como não chegar à casa do escritor. Começo pelo primeiro prédio que me aparece à frente. Toco a campainha do primeiro andar e pergunto por Cardoso Pires, o escritor — enfatizo, para que outra vez não me venham a falar do comerciante Pires. "Pode subir", diz uma voz feminina, e mal creio no que ouço, "ele o espera." E a voz, com aquelas palavras tão simples, me tira da bruma em que eu parecia envolvido, cerração que, logo depois eu veria, em nada se compara com a tempestade que envolveu o escritor e sobre a qual, uma vez libertado, ele se dedica a escrever.

Quando entro, encontro José Cardoso Pires atrapalhado com uma pilha de papéis que se equilibra sobre a mesa de jantar, oscilando perigosamente entre uma garrafa de uísque pela metade e um balde de gelo. "Tenho muito prazer em recebê-lo", ele me diz, e me impressiono com a ênfase, porque é a primeira vez que nos encontramos e, tenho certeza, ele não guarda, além de poucas referências profissionais que lhe passei por telefone, nenhuma outra informação a meu respeito. Pouco depois, posso entender que seu entusiasmo, além de ser um efeito benéfico do álcool, é também uma manifestação de um temperamento oscilante. Cardoso Pires é um típico representante daquele grupo psicológico dos "tímidos expansivos", pessoas que se movimentam em pêndulo, movendo-se com rapidez entre o mais agudo acanhamento e a mais impressionante euforia, e graças a esse balanço contínuo protegem-se das incertezas, preparam-se para as decepções e enfim sobrevivem. Mas Cardoso Pires está também muito agitado, e isso me surpreende mais ainda, porque ele se recupera de um acidente vascular cerebral quase irreversível, experiência que, naquele momento, exigindo uma luta renhida com a memória, rende-lhe um livro, que se dedica a escrever. A conversa se inicia nesse clima de cordialidade, sem um destino fixo, não obstante o novo livro seja, a rigor, o que me interessa; mas um repórter deve se interessar por tudo e nada desperdiçar, então deixo-me conduzir por sua fala cheia de curvas, por sua memória viva mas inconstante e, mais ainda, pela sorte, pois ele parece ter a mente de um malabarista. Numa sala discreta, acomodado sob um abajur de pé, começamos a conversar.

Primeiro relato minha pequena experiência em busca da rua São João de Brito, e depois de um número, o 7, procura que me pareceu embaraçosa e fatigante, mas que agora tomava as proporções daquilo que realmente era: uma bobagem. "Nem sei por que estou lhe contando isso", digo, encabulado. "Talvez seja para vencer minha timidez." Ele me consola: "Quando estamos em meio à bruma, todos os abismos parecem iguais." Nesses casos, a mais banal das situações pode adquirir a aparência de um desastre, basta que estejamos sensibilizados. "Somos assim mesmo, seres do exagero", ele me consola. Ainda assim, passei a considerar minha pequena história um mau presságio, uma espécie de prólogo da grande aventura que eu me preparava para ouvir. Cardoso Pires completa a dose de uísque, acomoda-se na poltrona e, como se falasse consigo mesmo, põe-se a recordar. Tento apenas não o interromper, o que já será uma grande coisa.

"Já não sou eu, mas outro que mal acaba de começar." Essa frase curta, mas devastadora, dita um dia por Samuel Beckett, descreve, melhor que qualquer outra, a estranha experiência vivida, aos 70 anos de idade completos, e pouco mais de um ano antes de minha visita, pelo escritor José Cardoso Pires, o autor celebrado de *Alexandra Alpha*. Um raro tipo de acidente vascular cerebral que dissolveu sua identidade, transformou o Eu em um Outro, rompeu sua relação com a fala, a escrita e a memória e lançou-o em um mundo quieto e nebuloso, de onde parecia fadado a jamais retornar. Num momento inspirado, Cardoso Pires denominou a doença que o acometeu de "morte branca" e depois disse que ela, ao roubar-lhe a consciência corporal e o autocontrole, transformara-o em um "analfabeto do corpo", pois passara a lidar consigo mesmo como se não se pertencesse. É um pouco como se comporta agora diante de mim. A frase de Beckett tornou-se uma das epígrafes de *De profundis, valsa lenta*, livro em que ele descreveu a experiência-limite por que passou e da qual, contrariando todas as expectativas médicas, mesmo as mais otimistas, conseguiu retornar sem nenhuma sequela aparente.

A viagem sombria de José Cardoso Pires começou numa manhã chuvosa de janeiro de 1995, quando ele, ainda enfiado em seu roupão de dormir, sentou-se à mesa de seu apartamento para tomar o café da manhã com a mulher, Edite. Apesar da face de cera, indício silencioso do que estava por vir, ele acendeu normalmente o primeiro cigarro, abriu o jornal do dia e adoçou o café. Tudo estava em perfeita ordem. Assim que ergueu a xícara para o primeiro gole, porém, o escritor percebeu que algo diferente — e indefinível — se passava. "Sinto-me mal, nunca me senti assim", ainda conseguiu dizer para a mulher, num último instante de lucidez. Depois de uma pausa longa, Cardoso Pires, já tomado pela "morte branca", virou-se para Edite e perguntou: "Como é mesmo que você se chama?" Atônita, ela respondeu: "Eu? Edite." E achou mais prudente completar com outra pergunta: "E você?"

"Parece que é Cardoso Pires", respondeu o escritor, e nesse momento já se referia a si como se fosse um outro. A "morte branca" estava consumada. Os neurologistas, menos inspirados que os escritores, costumam chamar essa "morte branca" de "penumbra isquêmica", acidente vascular que lança suas vítimas em uma zona sombria e, frequentemente, sem retorno. A definição forjada pelo escritor português, no entanto, além de mais romântica, é bem mais precisa, já que carrega consigo a ideia de transparência e também da inocência que a cor branca tem o poder de evocar. A partir daquele momento, com a xícara de café ainda na mão, Cardoso Pires deixou de ser Cardoso Pires para ser um outro, um homem sem passado, sem qualquer vestígio de memória, que perdera até mesmo aquelas noções elementares de existência que, sem nos darmos conta, perpetuamos com nossos pequenos atos. Despersonalizou-se, deixou de reconhecer o mundo à sua volta, perdeu o controle da linguagem e passou a ser desafiado por uma série de experiências tolas, quase humorísticas, mas misteriosas, que o transformaram, como ele mesmo define, em um "analfabeto do corpo".

Os médicos, chefiados pelo neurologista Castro Caldas, julgaram a princípio tratar-se de um acidente irreversível, com sequelas terríveis que o tornariam incapaz de ler e escrever para sempre, e a imprensa portuguesa, aflita, chegou a noticiar, através de tortuosas metáforas, a "perda" do grande escritor. Na memória da família, só havia um antecedente possível: um mês antes, o escritor dormira ao volante do carro e sofrera um violento acidente, que lhe deixara quatro costelas enterradas nos pulmões, felizmente sem maiores sequelas. Parecia que a sorte estava do seu lado. Conectados os dois episódios, os médicos chegaram a uma hipótese que desmentia essa boa sorte: um coágulo de sangue provavelmente subira do pulmão até uma zona nobre do cérebro, região que fica um pouco acima da testa e controla a memória e a fala. A doença devia ser um efeito retardado do acidente de automóvel. Fechado o diagnóstico, os médicos se empenharam em desfazer o coágulo com métodos não violentos, mas nada conseguiram, e diante disso só lhes restava a opção de uma cirurgia de risco que, estimavam, tinha 80% de chances de fracassar. Eles não estavam seguros se essa era a opção correta e, por isso, adiaram a decisão, até que, convocado pela família, o dr. João Lobo Antunes, depois de um exame detalhado, comunicou: "Eu opero, mas tem que ser já."

Cardoso Pires foi submetido a dois dias de exames rigorosos. Findo os exames, com o quadro agravado, a cirurgia foi marcada. Enquanto o escritor era preparado, o dr. Lobo Antunes fez uma rápida viagem a Cascais, onde tinha um jantar inadiável. No meio da refeição, recebeu um telefonema. "Não sei dizer o que aconteceu, mas o coágulo desapareceu", disse-lhe um assistente, cheio de espanto. "O escritor ficou bom." Mesmo assim, Lobo Antunes interrompeu o jantar, pegou o carro e dirigiu-se ao hospital, onde encontrou Cardoso Pires deitado, rodeado de médicos, que, atônitos, buscavam uma explicação para sua súbita cura. "Era como se eu fosse um extraterrestre", relembra o escritor.

O que mais espantava os médicos é que o risco de morte cerebral, que agora se evaporava, tinha sido muito grande. "Eu tinha me transferido para um sujeito na terceira pessoa — Ele", descreveu Cardoso Pires mais tarde. E nesse mundo do Ele, em que o Eu estava borrado, coisa alguma fazia sentido. Enquanto a mulher chamava o médico, Cardoso Pires ainda foi ao banheiro barbear esse estranho que, de repente, ocupara seu lugar. Ali, diante do espelho, com a cara cheia de espuma, a transferência de identidade — a destruição da primeira, a verdadeira, José Cardoso Pires, e sua substituição por uma segunda, impessoal e desconhecida — tomou feições definitivas. A memória, sugada naquela imagem estranha que se apresentava no espelho, desapareceu por completo, e a relação com o mundo dos outros, a partir daí, tornou-se impossível. A rotina dos objetos e dos eventos normais, que norteiam de forma inconsciente a vida de todos nós, entrou em colapso. Viver tornou-se uma experiência muito difícil, na qual até os atos mais banais eram tortuosos. Quando entrou no banheiro para chamar o marido, pois o médico tinha acabado de chegar, Edite encontrou-o, aflito, penteando os cabelos com uma escova de dentes. Ele foi levado imediatamente para o hospital.

A doença lançou Cardoso Pires, ou o que dele restava, em um deserto. O hospital em que o internaram às pressas não parecia ser um hospital, mas um mundo silencioso e branco. Desde o momento em que entrou na enfermaria, já nem podia responder às perguntas que lhe eram feitas: estava entregue à afasia, a perda do poder de expressão pela fala e pela escrita, e já não comandava mais as próprias palavras, danação extrema para um escritor. O relatório médico dizia que o acidente vascular cerebral era muito grave: um coágulo de sangue tinha subido de alguma parte do corpo, provavelmente do coração, até a cabeça, bloqueando uma artéria importante; o centro nervoso que comanda a fala e a escrita estava, em consequência, profundamente afetado. A perspectiva, bastante trágica, era de que o escritor seria confinado, rapidamente, em um mundo sem laços com o exterior, onde permaneceria incomunicável, talvez para sempre. Eis o que Cardoso Pires chamou, com sabedoria, de "morte branca": o sujeito ainda está vivo, ainda respira, se alimenta, vê — mas já não está mais ali. Um outro o ocupou, e ele, devastado, não tem mais qualquer controle sobre si. "As vítimas de acidentes cerebrais, em geral, mal conservam dois ou três resquícios de memória", ele me diz. "E quem não tem memória, a rigor, está morto." Cardoso Pires não estava morto, havia um coração ainda a bater, mas seu Eu se esfacelara.

Além do branco, a doença produziu também um verdadeiro ciclone de sensações e de percepções, distorcendo sua visão de mundo, sua compreensão das coisas e até a visão que tinha de si. Ela começou a se manifestar em desvios linguísticos de feições surrealistas, o que não deixa de atestar que a poesia sobrevive mesmo aos piores acidentes. Cardoso Pires passou a usar, por exemplo, a palavra "simosos", que não consta do dicionário e que ele jamais empregara mesmo em seus textos mais audaciosos, para designar uma série de objetos sem qualquer parentesco entre si. Cachimbos, óculos, giletes, chinelas, todos eles passaram a ser apenas "simosos", e o escritor não podia chamá-los de outra maneira. Depois, surgiu uma caligrafia enlouquecida, muito parecida com os caracteres cuneiformes das escritas antigas. "Era como se eu estivesse a escrever a estilete", ele me diz, mas não havia tormento, só uma paz estranha. Viu-se entregue a paisagens desertas, com dias vagos e noites limpas, desprovidas de sonhos. Não houve pânico, não houve desespero, apenas o branco. "Fiquei afundado em trevas luminosas", ele descreveu depois. "Tudo era vivo e brilhante." O hospital lhe parecia um lugar muito iluminado, todo tingido de branco, em que as pessoas estavam, sempre, muito felizes. Seus dois companheiros de quarto, o empreiteiro Delfim e o comerciante Álvaro, ambos internados para graves cirurgias no cérebro, não lhe pareciam pessoas, mas sombras. Só três ou quatro dias depois de internado, Cardoso Pires passou a vê-los como os homens que eram, e, a partir daí, não pararam de conversar; gastavam seu tempo destilando piadas, anedotas viris e cruéis a respeito da doença, da morte e de sua condição de enfermos desenganados. Rindo, não se entregavam ao medo.

Por fim, diante dos letreiros fixados nas paredes do hospital, o escritor passou a encontrar vogais estáveis, corretas, mas elas vinham combinadas com consoantes invertidas — o R, por exemplo, era um Я. O mais intrigante é que só as consoantes mudavam de posição, as vogais não; o mundo lhe parecia todo escrito e falado em russo — língua que jamais estudara. "Quando eu lia o cartaz da casa de banho do hospital, o B e o N de banho estavam sempre às avessas", recorda. De início, ele ficou se perguntando quem era o autor daquela brincadeira de mau gosto, e depois, ao entender que o problema estava nele, e não nos cartazes, começou a pensar, brandamente, que caminhava para a loucura. Ali, se viu pela primeira vez como um analfabeto, não só das palavras, mas também um analfabeto do corpo, pois tinha dificuldades para lidar consigo mesmo e para cuidar de si. Outros sinais o convenceram, de vez, de que a loucura estava próxima. Indícios obscuros, como, por exemplo, uma estranha inversão entre os sexos, pois só os homens choravam à sua frente, enquanto as mulheres, mesmo Edite, pareciam sempre frias e insensíveis. Mas, para desmentir essa regra, ele próprio, apesar de se reconhecer como um indivíduo do sexo masculino, sentia-se indiferente ao que se passava e desprovido de sentimentos. No mundo branco em que entrara, mesmo as regras pareciam inúteis.

Até que um dia, quando os médicos já se preparavam para tentar uma cirurgia que seria mais um ato desesperado, Cardoso Pires, sem nenhuma explicação, sem que nenhum sinal de aviso tivesse sido emitido antes, começou a sair das trevas brancas. Foi numa manhã, quando se dirigiu ao lavatório do hospital, olhou-se no espelho e, para seu estupor, se reconheceu: Eu. "Eu, saído da névoa, a ir ao encontro de mim na superfície de um vidro emoldurado, e com a sensação ou a certeza de que encontrara a memória", escreveu depois. Sim, porque o Eu nada mais é que isso: memória. Posso dizer "Sou fulano" porque sei onde nasci, sei onde cresci, e sei também o que fiz há cinco minutos. Sem a memória, a palavra Eu perde o sentido. Com seu retorno, o escritor José Cardoso Pires voltava a existir.

Nada, além do acidente de automóvel, podia indicar que José Cardoso Pires, nascido em São João do Peso no ano de 1925, passaria por essa experiência-limite, ainda que, desde a época em que se matriculara na Faculdade de Ciências de Lisboa para estudar Matemáticas Superiores, curso que abandonou pelo meio, a inconstância e a indefinição tivessem sido, sempre, as marcas mais inalteráveis de sua personalidade. Depois de fracassar nas matemáticas, o escritor tentou ainda a carreira de piloto na Marinha Mercante, de onde terminou expulso por indisciplina — chegou a ser prisioneiro de bordo durante uma viagem do navio *Niassa*. Estava sempre inquieto e a nada podia se adaptar. No fim dos anos 1940, ao iniciar carreira no jornalismo, na redação da revista feminina *Eva*, teve a sensação de que iria, enfim, se aquietar. Mas logo se transferia para o mercado editorial, tornando-se diretor das Edições Artísticas Fólio. Numa coleção dedicada ao teatro contemporâneo, revelou em Portugal um dramaturgo irlandês chamado Samuel Beckett, que, de tão enigmático, os amigos gostavam de brincar, mais parecia um pseudônimo de Cardoso Pires.

Em Milão, já na condição de exilado, foi diretor da revista *Almanaque*, em cuja redação podia ser visto também o poeta Alexandre O'Neill. Depois, passou uma temporada em Paris e outra no Rio de Janeiro. A carreira internacional de Cardoso Pires começa em 1963, quando o romance *O hóspede de Job* é traduzido na Itália. Tempos depois, ao lado de escritores como António Alçada Baptista, Lindley Cintra e Joel Serrão, passa a integrar o núcleo português da Associação Internacional para a Liberdade da Cultura, que faz a resistência contra o salazarismo. Entre 1969 e 1971, passa uma temporada na Inglaterra, como professor de literatura na Universidade de Londres, onde escreve o célebre ensaio "Técnica do golpe de censura", que só viria a ser publicado em Portugal depois da Revolução dos Cravos. Com o fim da ditadura, Cardoso Pires se reafirmou como um dos mais importantes escritores do país. Mas jamais deixou de ter um espírito agitado e oscilante, o que pode ser visto, hoje, como um prenúncio desse Outro que viria a sair de dentro dele.

Quando cheguei a seu apartamento, numa noite abafada do mês de setembro de 1996, encontrei-o às voltas com os rascunhos de *De profundis*, que ainda não tinha sequer esse título. Cardoso Pires ainda se perguntava se seria possível transpor para o livro a identidade bipartida que descobrira em si — um Eu e um Outro dentro do mesmo homem; e, para além das dificuldades de conteúdo, se conseguiria reproduzir a linguagem desordenada que passara a praticar, muito sereno, durante a enfermidade. Seu problema era que, pela primeira vez, devia escrever com um narrador dividido em dois: o Eu, mas também o Outro que dele se desprendera e no qual se transformara. Bastariam porém dois ou três meses para que ele viesse a colocar o ponto final no livro, um curto e denso relato de 69 páginas que trata de uma experiência nunca antes descrita, com tantos detalhes, pela literatura leiga.

Quando o Eu se esfarela, Cardoso Pires hoje testemunha, o indivíduo não só perde a memória como fica privado também dos sentimentos. Em lugar dos dois aloja-se um branco, atmosfera imprecisa que, até *De profundis*, ninguém mais tinha descrito "de dentro", mas só com a distância dos diagnósticos. Há, de fato, um ponto de vista interior, vivido na primeira pessoa — ainda que esse Eu se veja como Outro, embora a rigor nem Outro seja —, a que nenhum médico, por mais sábio que seja, é capaz de ter acesso. Zona misteriosa em que Cardoso Pires, com sua sabedoria de escritor, em que as experiências da penumbra valem tanto ou mais que os argumentos da lucidez, conseguiu penetrar. Ele reconheceu mais tarde que, quando começara a escrever o livro, tinha o espírito muito policiado. Primeiro, achou que era melhor escrever "como ficcionista", mas logo se deu conta de que se persistisse nessa direção estaria deixando a parte mais importante de sua experiência escapar; a partir daí resolveu se limitar a uma descrição direta, sem floreios, que apanhasse a "morte branca" pelos dentes. Deixou então a imaginação de lado e passou a se basear nos longos relatos que ouvira da mulher e também naqueles breves lampejos que ele mesmo, apesar da névoa intensa que o envolvera, ainda podia reter.

Tomada essa decisão, simplesmente jogou fora mais de dois terços da primeira versão do livro, dele banindo todo o tom fantasioso, que uma experiência como a sua de fato estimula, e só assim, em menos de dois meses, pôde terminar seu relato. Há momentos em que a realidade se impõe de modo devastador, tornando qualquer fantasia apenas um arremedo infeliz. *De profundis* foi um sucesso de vendas, motivou inúmeros debates na imprensa e na TV portuguesa, e ele, Cardoso Pires, que jamais tivera plateias muito grandes para sua ficção, graças a uma doença e não tanto a um livro, transformou-se da noite para o dia em uma estrela. Nas ruas, as pessoas o paravam para perguntar como estava e pedir detalhes a respeito do que vivera. Ele não tinha muito a explicar, já que seu retorno ao mundo dos seres falantes, segundo depoimento dos próprios médicos, fora motivado só pelo acaso. "Você simplesmente teve sorte", disse-lhe o dr. João Lobo Antunes, irmão do escritor António Lobo Antunes e amigo da família, "e deve se sentir muito feliz por isso." Cardoso Pires não precisou do conselho, pois já estava mesmo muito feliz. Voltara a ter domínio sobre o próprio corpo, deixara de ser um analfabeto e era, novamente, um escritor. E nunca mais queria reencontrar aquele Outro que o dominara.

Voltei a conversar com José Cardoso Pires, desta vez por telefone, na época do lançamento da edição brasileira de *De profundis*, em meados de 1998. Mesmo sem conservar a euforia que o invadira logo após a "morte branca", o escritor, que é por temperamento um pessimista, continuava bem-disposto e cheio de projetos. Por precaução, abandonara os cigarros, mas não o álcool; a garrafa de uísque permanecia no mesmo posto em que eu a deixara. Os médicos não se furtaram de adverti-lo de que a "morte branca" poderia retornar a qualquer momento, mas ele preferia não pensar nisso. "Não posso viver em função de uma morte que já passou", disse. "Se ela voltar, será uma outra morte." Estava disposto a preservar os prazeres da vida, ainda que ao preço desse risco. Continuava, mais que nunca, a ser José Cardoso Pires.

É interessante meditar sobre o destino que um livro pode tomar, frequentemente muito diverso daquele que seu autor lhe empresta. Ninguém, nem mesmo o autor, é dono de um livro. Se há um dono, é o leitor — e cada leitor entende um mesmo livro de uma maneira diferente. *De profundis* tornou-se para alguns leitores portugueses o relato de uma experiência sobrenatural, a "morte branca" nada mais sendo que uma viagem para além da vida. O escritor teve dificuldades de conviver com essas interpretações religiosas. Quando lhe perguntavam a respeito da vida depois da morte, como se agora devesse ser um especialista no tema, ele respondia: "Sim, eu estive lá, mas São Pedro não me recebeu", e a ironia chocou muitos interlocutores, que logo trocaram o entusiasmo pelo desprezo. Uma noite, Cardoso Pires jantava com Edite em um restaurante lisboeta quando um senhor, com ares muito distintos, atravessou o salão em sua direção. Tinha uma figura imponente, cumprimentou-o com elegância e depois disse: "Permita-me perguntar: o senhor é católico?" Sem perceber o que se passava, Cardoso Pires respondeu que não, não era católico. "Mas, por certo, tem religião", insistiu o admirador, ao que o escritor, já um pouco incomodado, retrucou: "Não, não tenho religião. Sou agnóstico."

No lugar do sorriso amável, formou-se no rosto do cavalheiro uma expressão de repulsa, como se Cardoso Pires não passasse de um mal-agradecido, ou mesmo de um traidor. "O que eu estou ouvindo não faz sentido", disse-lhe o desconhecido, quase aos berros. Ainda resmungou um pouco, olhando para os lados em busca de cúmplices, e depois lhe deu as costas e, muito aborrecido, voltou para sua mesa. Em outra ocasião, uma mulher abordou o escritor no meio da rua para lhe dizer: "Deus o escolheu, o senhor é um eleito", ao que, escolado, ele julgou mais prudente responder: "Ora, muito obrigado." E mais uma vez percebeu que, sem ter essa intenção, sem ter ao menos desejado, ele tocara em uma questão religiosa e, também sem o perceber, tornara-se aos olhos de alguns um privilegiado que acabara de viver uma revelação. Ao sair do controle de seu autor, um livro pode se transformar em qualquer livro. Para muitos leitores, José Cardoso Pires, o escritor que não acredita em Deus, tinha escrito um livro sobre Deus, e ninguém, nem ele mesmo, poderia convencê-los do contrário.

Depois do período de euforia que sucedeu à cura, Cardoso Pires voltou a ser, porém, o mesmo pessimista de sempre. "Sim, eu sou pessimista. Por natureza, prefiro o pessimismo", ele me diz. Trata-se não de uma mania, mas de uma estratégia existencial que, o escritor reconhece, é bastante perigosa. Sendo pessimista, raciocina Cardoso Pires, se o mal vier a acontecer, não lhe fará tanto mal, porque já o tinha previsto. E se não vier a acontecer, mesmo que o bem não aconteça, já terá tirado alguma vantagem da existência. A vida, sendo ele um pessimista, parece-lhe menos arriscada, até porque só os otimistas têm grandes decepções. Se tudo vai dar errado mesmo, não há razão para desapontamento nem para desgosto, e qualquer sucesso, por menor que seja, poderá ser encarado sempre com alegria. Mesmo a "morte branca", vista com certa distância, não deixa de ser sedutora, ainda que sedução aqui seja uma palavra tenebrosa.

Antes de me despedir de Cardoso Pires, eu lhe perguntei: "Será que poderia usar o telefone para chamar um táxi?" O escritor me respondeu que o mais sensato seria caminhar uma ou duas quadras, que logo à frente eu encontraria um ponto, que funcionava dia e noite, ainda mais em pleno verão. Não muito confiante, aceitei sua sugestão e, depois de um abraço caloroso, desci a rua São João de Brito em direção à calçada principal. As mesas de bar, dispostas nas calçadas, estavam cheias, os restaurantes tinham fila à porta, casais subiam e desciam abraçados a avenida, mas nada de o ponto descrito por Cardoso Pires aparecer. Depois de caminhar quatro ou cinco quadras, temendo ter sido traído pela distração, decido entrar no primeiro restaurante para tomar informações.

Casais sofisticados tomam drinques coloridos em torno do balcão enquanto aguardam por uma mesa, e só a muito custo consigo me aproximar da caixa. Diante dela, um rapaz fecha contas, atende o telefone, discute com um garçom, e sou obrigado a esperar, paciente, até que, olhando-me de viés, ele me dê um pouco de atenção. "Será que eu poderia usar o telefone para chamar um táxi?", pergunto, tentando ser o mais prático possível. O rapaz me olha com desdém, faz uma careta de desespero e depois diz: "Há um ponto bem aí na frente, será que você não viu?", e, com expressão de desânimo, recomeça a gritar, agora ainda mais exaltado, com um pobre garçom de cabelos desgrenhados. Abatido, desisto da ajuda. Assim que saio do restaurante, porém, deparo com um ponto de táxi, meia dúzia de veículos estacionados, em fila indiana, bem diante da porta principal. Antes que as coisas se agravem, acomodo-me no primeiro carro e digo: "Para o Hotel Internacional, por favor." Só então me recordo de uma frase que talvez Cardoso Pires tenha me dito, ou quem sabe li, distraído, em algum lugar: "Tantas vezes morremos em pequenas coisas e nem percebemos." Frases são assim: se acertam em seu alvo, o autor já não importa. Um desânimo, um desleixo, um pequeno esquecimento também não podem ser fatais? Acho que ele tem razão: viver é tocar para a frente.

José Cardoso Pires morreu em Lisboa, no dia 26 de outubro de 1998, aos 73 anos.

João Rath

O escritor que não escreveu

João Rath foi marcado pela impossibilidade de escrever. Ele não considerava, porém, que se tratasse de uma condenação, mas de uma escolha, e parecia bem feliz. Mas eu sempre soube que não era bem assim. Desde o primeiro dia em que o vi, o rosto redondo decorado por cabelos em desalinho, a barriga farta equilibrando-se sobre dois pequenos pés que jamais pareciam tocar o chão, os passos de anjo, pude começar a entender. Rath, quando andava, parecia levitar. Havia sempre uma camada de fantasia que o separava do mundo real, embora fosse um jornalista competente e produtivo, que ocupou altos postos nas redações e mereceu o respeito de seus pares. Ele se declarava jornalista, e era um jornalista, mas desde o início considerei-o um escritor.

Os leitores brasileiros jamais ouviram falar de João Rath. Nas redações dos grandes jornais do eixo Rio-São Paulo, seu nome, provavelmente, ainda evoca algumas recordações. Mas só. Fora isso, ninguém o conhece. Ninguém o leu — não porque o desprezassem, ou porque ele fizesse uma literatura difícil, ou porque fosse considerado mau escritor. Ninguém o leu porque João Rath jamais escreveu. No entanto, venho arriscar-me a tratá-lo, aqui, como um escritor. Para ser mais preciso: um fabulador. Rath foi uma espécie de "pré-escritor" — e aqui me inspiro no poeta Manoel de Barros, que cria definições como se fossem passarinhos. Sabia escrever, tinha ideias, estava habitado por personagens extraordinários; só não escreveu, resta-me concluir, porque não quis.

João Rath, que eu saiba, jamais escreveu um texto de ficção. Sua visão do jornalismo, no entanto, era absolutamente ficcional. Ele via a realidade como um emaranhado de fábulas que se entrechocavam e disputavam entre si o status de verdade. Seu método de acesso a ela era simples. Antes de se ater à crueza dos fatos, tratava de converter os envolvidos em personagens. As notícias, assim, transformavam-se em episódios de ação. Rath era um sujeito que rapidamente chegava ao miolo das pessoas. Sabia identificar os papéis que representavam, as fontes em que se inspiravam, os modelos de que fugiam e o que desejavam do mundo. Ele convertia a realidade em literatura, não para "fazer literatura" com os fatos, expediente que sempre desprezou, mas para, insuflando-os de carne e significado, chegar ao miolo das coisas.

Sabia também encontrar laços profundos sob as histórias mais disparatadas, ou precárias. Encontrava motivos, detectava sentidos, percebia elos secretos ali onde os outros jornalistas viam apenas acontecimentos comuns. Para Rath, não havia reportagem desinteressante; ao contrário, era nas notícias mais vulgares que ele encontrava sabor. Foi o jornalista das arestas, dos fatos limítrofes e das notícias sem importância.

João Rath tinha a cabeça inundada de histórias, fato que companheiros insensíveis atribuíam à categoria das esquisitices. Seria uma injustiça, porém, dizer que Rath falsificava: ele jamais desprezou os fatos, o que não o impedia de se interessar pelas histórias guardadas atrás deles. Não sofria da ansiedade que costuma sufocar os jornalistas, pois considerava que o mundo só podia ser sorvido com parcimônia e paciência. Assim, chegava a terrenos e percebia atmosferas que a maioria de nós era incapaz de ver. Para João Rath, o jornalismo não passava de um depósito de histórias. Grande parte dos jornalistas, por isso mesmo, jamais lhe deu o devido valor. Rath estava muito acima da visão aplainada, sem nuances, que a imprensa costuma traçar da realidade. Não gostava dos acontecimentos lacônicos, mas das sutilezas e imprecisões, nem achava que o repórter devia encontrar aquilo que procurava, mas, sim, as surpresas que o acaso podia lhe oferecer. A imprensa apenas o suportou, e a literatura, só porque Rath preferia o calor da vida à mornidão do texto, o perdeu. Talvez ainda não seja tarde para reencontrá-lo, esforço, no entanto, que não pode prescindir das histórias que, sem escrever, ele viveu.

Eu era repórter do *Diário de Notícias*, na obscura redação da rua do Riachuelo, no Centro, na época em que João Rath, de quem eu nunca tinha ouvido falar, assumiu um posto na chefia de redação. Naquela época, trabalhando na reportagem geral, eu era obrigado a me interessar por assuntos odiosos, inaugurações de obras, *blitze* policiais, princípios de incêndio, buracos de rua. Para não sufocar, andava sempre com um romance a tiracolo, que lia nas salas de espera, nos engarrafamentos e nos intervalos de trabalho.

Eu estava absorto na leitura de *Boquitas pintadas*, a novela de Manuel Puig, quando Rath, em passos de veludo, aproximou-se de minha mesa. Assim que notei sua sombra, fechei o livro e o escondi sob um maço de laudas, enquanto voltava a me concentrar na reportagem que, ainda pela metade, me esperava na máquina de escrever. Com um ar curioso, que eu só podia tomar como uma ironia, Rath me perguntou: "O que você está escondendo aí?" Formei, logo, uma impressão péssima a seu respeito: a de um chefe neurastênico, obcecado pela disciplina, que andava pelas redações como um inspetor de colégio, interessado apenas em dar flagrantes em seus subalternos rebeldes.

Puxei o meu Puig de sob as laudas e, encabulado, o exibi. "Ora, então é isso", disse Rath com um sorriso que eu não soube classificar. "O que você está achando?", perguntou. Mas, sem me deixar responder, cortou o assunto e fez outra pergunta: "Sabe quem eu sou?" Uma série de bichos estranhos atravessou meu campo mental, fazendo uma zoeira insuportável, até que eu disse: "Sim, você é o João Gath." Em um lapso, eu trocara a vítima pelo predador, e Rath, entendendo meu fracasso, deu uma boa gargalhada.

"Quando acabar essa matéria, venha até minha sala para uma conversa", ele disse, dando-me as costas. Foi a reportagem mais difícil que já escrevi. Já não me recordo do assunto, mas era algum tema banal, e nem assim foi fácil. Quando terminei, bati na porta de Rath e ele me mandou entrar. "Sente-se", disse, apontando uma poltrona de couro roído, imensa, que compunha com um sofá ainda mais decadente seu cenário de trabalho. Numa ponta do sofá, havia uma toalha enrolada, simulando um travesseiro "Eu estava tirando um cochilo", Rath me disse, ao perceber meu interesse pela toalha. Ficou me olhando, esperando que eu dissesse algo, mas era ele quem devia dizer alguma coisa, e por isso permaneci em silêncio. "Então você gosta dos argentinos", disse finalmente. Respondi que sim. "É também dos que preferem Borges a Puig?", perguntou de repente. Era uma armadilha, não uma pergunta, pensei rápido; o melhor era evitar a resposta. "É ou não?", insistiu Rath. "Não sei responder", eu disse, vencido pela dúvida. O que, exatamente, ele estava querendo testar?

Rath sentou-se a meu lado, e pude notar, pela primeira vez, sua barriga imensa saindo para fora do cinto, como uma gelatina. Pareceu-me repugnante. Notei também que estava muito suado e que tinha os cabelos em desalinho, dados que não combinavam com a imagem de um chefe. "Quero que você venha sempre conversar comigo", disse, o que era um contrassenso, pois eu mal conseguira dizer meia dúzia de palavras até ali e aquilo não podia ser chamado exatamente de uma conversa. Fiquei esperando, ansioso, pelo motivo de minha visita.

"Agora vá", ele se despediu. Saí da sala bastante confuso, mas ainda assim com a sensação, que só aos poucos pude compreender, de que alguma coisa muito importante tinha acontecido em minha vida. Podia definir assim: eu me sentia estranho e inadaptado ao papel de jornalista, e, quando menos podia esperar, um chefe vinha reconhecer nessa estranheza algo digno de interesse. Algo até, quem sabe, positivo. Eu ainda não sabia, mas uma grande amizade estava nascendo.

Fui a São Paulo para um fim de semana e, acidentalmente, num sinal da avenida São João, encontrei João Rath. "Tenho uma hora e dezessete minutos para ficar com você", ele me disse, sem me cumprimentar. "Depois disso, vou desaparecer." Eu caminhava sem destino, e sua companhia vinha em boa hora. Mas aquele comunicado a respeito do tempo era, para dizer pouco, inusitado. Eram sete horas da noite.

"O que você propõe?", ele me perguntou. Eu nada tinha a propor. "Então vamos comer uns pastéis", sugeriu, acenando para um táxi. Levou-me para o bairro da Liberdade. Saltamos algumas quadras antes, pois Rath desejava caminhar um pouco. "Você sabia que na China comem cachorros?", me perguntou. Eu não tinha muita certeza se aquilo era uma revelação ou uma piada, então preferi, mais uma vez, não responder. Rath tinha esse poder de me estupidificar, mas isso, em vez de me agredir, me desafiava. "Aqui na Liberdade também se comem cachorros", ele mesmo respondeu. Fez um movimento com as bochechas, mas não pude entender se era de nojo ou desdém. Talvez estivesse rindo de mim. "Pastéis de cachorro. São muito gostosos", continuou. Agora, sim, deu uma risada e disse: "Jamais teria coragem de provar. E você?"

Não precisei responder, e só o acompanhei até uma pequena lanchonete chinesa localizada nos fundos de um bazar porque me convenci de que aquilo era só uma espécie de prova. "Ele está me testando", pensei, e isso me aliviou, ainda que me criasse outro tipo de problema. Se testava, era porque tinha dúvidas. Se tinha dúvidas, era porque desconfiava. Se desconfiava, isso queria dizer que eu corria perigo. Mas eu não sabia dizer que tipo de perigo. Só podia pensar em um: a demissão sumária. O medo lança o pensamento em voo cego; na maior parte das vezes, o que nos prende é só um bordado de ideias.

Na lanchonete, toda decorada com balões e luminárias coloridas, fotos de cantores chineses enquadradas em molduras horríveis e dragões de papelão cobertos de poeira, ele pediu que eu esperasse em uma mesa e, balançando a barriga, dirigiu-se ao balcão. Eu o vi cochichar no ouvido de um chinês de avental, um velho com as sobrancelhas peludas como bigodes fixados sobre os olhos e os cabelos espetados, que fazia umas frituras. O velho riu, mas Rath continuou a falar, e eu imaginava que sua língua estava quase roçando no ouvido do chinês. Ele usava uma escumadeira enferrujada para jogar seus pastéis para o alto e, enquanto eles voavam, dava gargalhadas que pareciam mugidos. Rath não parecia muito impressionado com isso e continuava a falar em tom respeitoso, só tendo o cuidado de proteger a vista do óleo que espirrava da frigideira.

Depois, ele voltou e se acomodou a meu lado. Parece que só nesse momento percebeu que eu estava com os nervos destruídos. "Você já teve cachorro?", perguntou, bem à sua moda, como se estivesse atirando. Respondi que sim. "Pois esqueça deles, ou não conseguirá comer os pastéis", me aconselhou. E pediu uma cerveja, que começamos a tomar em silêncio. Não vieram pastéis, mas uns salgadinhos que me pareceram feitos de feijão. Eram horríveis, de todo modo.

Às vezes, eu esticava os olhos até o balcão e via o chinês, sempre animado, a fritar seus pastéis no meio de uma fumaça negra. Tentava descobrir alguma pista do recheio, mas não conseguia. Lembro-me de que havia alguns frangos depenados dependurados de ponta-cabeça em um frigorífico com porta de vidro. Via também um polvo acomodado dentro de uma tigela, os tentáculos escorrendo para fora, melados em gosma. Havia uma folhinha de parede decorada com a foto de um gato, que tinha um laçarote ridículo no pescoço. Não havia sinal algum de cachorro.

Eu me sentia cada vez mais tolo, quando percebi que o banheiro ficava bem atrás do balcão e que isso me proporcionava uma boa chance de dar uma espiada na cozinha. Quem sabe, então, alguma pista aparecesse. Levantei-me, deixando Rath a tamborilar na mesa, os últimos fios de cabelo escorridos sobre a testa, a barriga de gelatina espremida contra a toalha, e fui até o fundo do salão. Para minha sorte, o banheiro estava ocupado e tive de esperar um pouco. Rath estava de costas, de modo que não me viu quando entrei na cozinha.

Havia uma velha de coque, baixa, atarracada, a mexer uma macarronada com cogumelos, brotos de bambu e todas essas coisas que os chineses acham que combinam com macarrão. "Olá", eu disse, simulando interesse. Ela se virou e, num sotaque nordestino carregado, me perguntou: "De onde você apareceu?" A cozinheira tinha o rosto quadrado, a pele morena e vestia uma camiseta do Corinthians. Expliquei que estava esperando o banheiro desocupar e que, enquanto isso, aproveitara para visitar a cozinha. "A cozinha não está aberta para visitas", uma voz ainda mais velha respondeu às minhas costas. Virei-me. Era uma velha chinesa, com o rosto enrugado e os olhos torcidos em uma maquiagem pesada. Usava um avental borrado que imitava um quimono e tinha os cabelos presos com um espeto. "Desculpe, eu não sabia", apressei-me em dizer.

"O que você quer?", ela insistiu. "Só queria saber de que são recheados esses pastéis", eu disse. A velha sorriu. "De carne", respondeu, agora em um tom de voz adocicado, que ainda me pareceu mais agressivo. "Mais alguma pergunta?" Aproveitei a chance que ela me dava e perguntei: "Carne de quê?" Ela riu de novo. Estourou em uma gargalhada, e a nordestina quase se atrapalhou com o macarrão, que vinha coberto com um molho esverdeado. "Carne de carne", a chinesa me disse. "De que bicho?", insisti. "Ué, de boi", ela respondeu, já irritada. "De que mais seria? Você não leu o cardápio?" Naquele momento, um cachorro, um vira-lata com a cara suja e carregando uma bola murcha na boca, entrou na cozinha. "Saia já daqui, Timi", a velha o espantou, e ele pôs o rabo entre as pernas, olhando-me com um ar de vítima, e só algum tempo depois decidiu mover-se. "Vamos, Timi, dê o fora", a velha dizia, mas seu tom de voz era afetuoso. O cachorro ainda rosnou e foi se acomodar na porta do banheiro. Nesse momento, a porta abriu e um velho passou carregando um cesto de cebolas.

"De quem é o cachorro?", perguntei. "É meu, de quem mais seria?" E vi como a velha ainda lhe coçou a cabeça, com carinho, com desespero até, e entendi que ela seria incapaz de matar um cachorro para comer. Tranquei-me no banheiro e tratei de molhar bem o rosto. Eu precisava me vingar de Rath. Sentia-me ridículo, eu, um homem de 20 e poucos anos, ameaçado por uma história para pirralhos. Fazia o papel de tolo e sentia raiva de Rath, mas não sabia como revidar.

Afinal, ele era meu chefe. Voltei à mesa ansioso, mas Rath se distraía com um jornal e não deu importância à minha demora. "Os pastéis estão chegando", ele me disse, todo animado. A velha chinesa surgiu às minhas costas com uma enorme bandeja de pastéis, bastante gordurosos, apesar de seus esforços. "Uma antiga receita da casa", disse ela, piscando para Rath. Escolhi um pastel não muito grande, coloquei-o no prato e besuntei-o com molho agridoce. Fosse de que fosse aquele pastel, não estava muito disposto a sentir o seu gosto.

"É melhor sem o molho", Rath me emendou, enquanto dava uma boa dentada no dele. Vendo-o mastigar, tive a impressão de que a carne era esbranquiçada, bem diferente da carne de boi. Para tirar a dúvida, peguei garfo e faca e cortei um naco do meu. Uma carne branca e gosmenta escorreu de dentro, me embrulhando o estômago. Corri para o banheiro e levei um bom tempo até me recuperar da indisposição aguda que tomou conta de mim. Quando voltei para a mesa, Rath já tinha comido metade da bandeja. "Algum problema?", ele perguntou. "Foi só uma náusea", respondi. E me justifiquei dizendo que, imprudente, tinha almoçado uma feijoada. "Não era um bom restaurante", expliquei.

Os pastéis ficaram na bandeja e saímos juntos para uma caminhada. "Você precisa de ar fresco", Rath me disse. Descemos a longa avenida. Até que encontramos um bar aberto numa esquina e ele me convidou para um café. Quando no encostamos no balcão, dois vira-latas se aproximaram. Eram animais velhos e sujos, com as patas trêmulas e coceiras. Começaram a cheirar os sapatos de Rath. "Ainda bem que vocês não são chineses", ele disse, abaixando-se para afagar o menor. "Vocês têm mesmo sorte, porque aqui no Brasil nunca comemos cachorro." Depois, consultou o relógio e disse: "Só faltam dois minutos. Está chegando o momento em que devo desaparecer." Apontou para o fundo do bar: "Olhe para lá e conte até vinte." Antes, deixou algum dinheiro sobre o balcão. Virei-me. Achando-me patético, só contei até dez. Voltei-me para Rath: ele tinha desaparecido.

Uma noite, tempos depois, Rath me convidou para uma caminhada pelo centro do Rio. "Tenho umas coisas a investigar", explicou, sem explicar muito bem. Eram nove horas da noite. Fomos descendo a Rio Branco em direção à praça Mauá. A avenida, a essa hora, estava deserta.

De vez em quando, Rath parava, consultava o nome de uma rua, examinava uma vitrine, ameaçava retornar, mas seguia em frente. "Você está com algum problema?", resolvi perguntar. "Não, é só uma pequena investigação. Já termina", ele desconversou. E eu, nem um pouco convencido, o segui.

Um menino nos parou para pedir uns trocados. Rath agachou-se na calçada. "Quantos anos você tem?", perguntou. Não ouvi a resposta. Sei que o menino simpatizou com Rath, porque largou a caixa de chicletes sobre a calçada e passou a gesticular com veemência. Falava sem parar, e meu amigo acompanhava seu raciocínio com algum esforço. Fiquei um pouco atrás, esperando que a conversa terminasse.

Então, vi a hora em que o menino, simulando um abraço, tentou meter a mão no bolso traseiro de Rath. Não era tão menino assim, apesar de magro e franzino. Tentava puxar alguma coisa do bolso, mas a barriga de Rath o atrapalhava. Não percebeu que eu o acompanhava de longe.

Até que, de repente, Rath se agarrou ao garoto e, num gesto de bailarino, o fez girar no ar. Aquele era um tempo em que os batedores de carteira andavam desarmados e conservavam alguma pureza. Minha primeira impressão, logo desmentida, foi a de que Rath estava sendo violento demais para um menino tão pequeno. O garoto deu um grito, que primeiro me pareceu de pavor, mas logo entendi que era de satisfação. "Faça mais", ele pediu, assim que Rath o deixou no chão. Meu amigo repetiu o movimento mais uma vez. Depois disse: "Agora, vá. E veja se desiste de roubar os outros."

Vi a cara de espanto do menino. Ele se afastou lentamente, e só depois percebeu que tinha deixado a caixa com os chicletes no chão. "Vamos, venha pegar", ordenou Rath. O garoto se arrastou em direção à caixa. Estava trêmulo e, logo que a recuperou, saiu em disparada. "Vamos indo", Rath me disse então. "A investigação terminou." Ainda vigiei as páginas do *Diário de Notícias* nos dias seguintes, em busca de alguma reportagem assinada por João Rath. Nada encontrei.

Rath me transformou em um andarilho. Agora me dou conta: em todas as histórias que recordo, estamos sempre caminhando, caminhando sem parar. Houve uma noite, enquanto atravessávamos a avenida Nossa Senhora de Copacabana debaixo de uma chuva irritante, em que decidi perguntar diretamente: "Afinal, por que você não escreve?" Rath passou a apertar o queixo com a ponta dos dedos, como se desejasse expulsar ideias sedimentadas no lugar errado, ideias que o tempo levara a despencar até a base da face, endurecidas pelo descaso e pelo desuso. Eu o vi comprimir o queixo com força, o nariz ficou vermelho, as bochechas saltaram mais ainda, e, então, tive a impressão de que seus olhos se transformaram em poças. Talvez estivesse prestes a chorar.

"Você me faz cada pergunta", ele respondeu, por fim. Tentei saber, com insistência, se tinha manuscritos guardados, histórias esboçadas, contos de juventude escondidos a sete chaves, mas ele não me deu qualquer pista. Fez questão, como sempre, de preservar a dúvida. Veio-me à mente, então, a abertura de *Dom Quixote*: "*En un lugar de la Mancha de cuyo nombre no quiero acordarme...*" Rath, como o velho Cervantes, montava toda a sua vida, e a sua aventura, sobre um segredo. No caso dele, escrever seria provavelmente destruir esse segredo. "Você devia ser escritor", insisti.

"Vamos andar mais um pouco", ele sugeriu. Fomos descendo a avenida em direção à rua Constante Ramos. Posso lembrar, com detalhes, que havia um bar decadente, um desses botecos fétidos de Copacabana, com o balcão coberto de gordura e de baratas e as latas de lixo empilhadas na entrada, que mantinha as portas abertas apesar da hora avançada e da chuva irritante. Entramos. "Eu te convido para tomar um conhaque", ele disse, com uma solenidade que não combinava nem um pouco com o lugar. O chão estava tomado de guardanapos sujos, restos de salgadinhos, tampas de cerveja, rótulos rasgados. No fundo, do sanitário aberto emanava um fedor deprimente. Duas mulheres, indiferentes, davam gargalhadas enquanto um homem urinava de porta aberta.

Então, Rath deu o primeiro tiro: "Se você quer escrever, por que cobra isso de mim?" Eu não tinha pensado nas coisas desse modo, e, colocadas assim, elas tomavam uma forma ameaçadora, em que eu deixava de ser o interrogador para me transformar em vítima. "Primeiro, eu quero te ler", falei, tentando mostrar que também era rápido. Ele pareceu gostar de minha resposta, porque chamou o rapaz do balcão e pediu um prato de salgadinhos. Achei que aquele pedido, de tão natural, podia ser tomado como um indício de que estava satisfeito.

Rath, porém, não tocou no conhaque, enquanto eu já tinha terminado meu cálice, nem provou dos salgadinhos, que eram mesmo repulsivos, e essa superioridade me pressionava mais ainda. Lembro-me de seu copo cheio à minha frente, cheio de um conhaque barato cheirando a mel, o mesmo que eu engolira sem poder ao menos sentir o gosto. Aquele copo — aquela recusa — me desafiava. "Você não vai beber?", perguntei, mas ele parecia preso a pensamentos distantes, e não insisti. Até que achei que, como o silêncio perdurava, era minha vez de dizer alguma coisa. "Eu devo ter dito uma grande bobagem", admiti. Só agora, quando eu abria a guarda e estava disposto a desistir, Rath pareceu me levar a sério. "Não foi o que eu quis dizer", me corrigiu. "Você tem que considerar que escrever não é tudo."

Eu sei: era uma frase tola, um clichê que parecia arrancado de uma revista de variedades, mas me soou como verdadeira. "Escrever não é tudo", repeti sem pensar, e logo tudo o que eu estava deixando de viver, todos os meus impasses vieram na cauda dessa frase tola. Havia um espelho fosco, cariado, embaçado de fumaça, bem à minha frente. Nele se desenhavam, já em borrões, já se apagando, a cara de um famoso jogador de futebol e o maço de um cigarro da moda. Eu me olhei no que sobrava daquele espelho e tive a impressão de topar com um desconhecido. Rath estava mexendo comigo, e o pior é que eu não sabia dizer como.

Vendo o que se passava, pois todo o susto estava concentrado em minha face, ele disse: "Surpreso com o que vê?" Não pude responder. Só para me acalmar, continuou: "Entenda agora: escrever é uma bobagem quando queremos outras coisas." Era tão simples que me enervava e deixava louco de raiva. Tão estúpido — mas então por que eu não tinha pensado naquilo antes? Escrever só vale mesmo a pena quando é só o que temos a fazer. Qualquer outra coisa, Rath estava me dizendo, vale mais que escrever.

Então esqueci-me de mim e olhei para João Rath. Gorducho, com a cintura da calça dobrada sob a barriga, a barriga imensa caída sobre as coxas como um embrulho e aqueles cabelos melados de suor, os fios de tamanhos diferentes, escorridos sobre a testa, ele não parecia pertencer àquele mundo sujo e real que nos rodeava. Naquele momento, entendi que, mais que um escritor, João Rath era um personagem caído na aspereza do mundo. Esse era outro lugar-comum quase vergonhoso, mas que fazer, se era a única explicação que me vinha? "Vamos andar mais um pouco", pedi, esforçando-me para desviar sua atenção, pois não queria que notasse minha perplexidade. "Vamos, porque exatamente daqui a dezessete minutos e vinte segundos eu vou desaparecer", ele respondeu. E eu sabia que ia mesmo.

Não sei dizer quando foi que o vi pela última vez. Não sei dizer também por que parei de procurá-lo. Mas houve ainda um dia, um fim de tarde de verão, em que nos encontramos em uma fila de banco. Rath me convidou para tomar um café. Estava sempre fazendo pequenos convites com os quais tentava me fisgar, e eu era uma presa fácil. Não sabia dizer o que me arrastava para João Rath. Suas histórias me irritavam, mas também me atraíam.

Nesse dia, ele me disse: "Estou indo visitar Angelita Fogo, a dançarina. Vamos juntos?" Mais uma vez, cedi. Acompanhar Rath em suas andanças era como entrar num livro, desses que não se podem largar pelo meio. Atravessamos a praça Mauá e, na altura da avenida Venezuela, pegamos uma pequena transversal. Era uma rua mal iluminada, de sobrados antigos, que parecia deslocada do centro. Hoje, quando penso nela, tenho a sensação de que sonhei, de que essa rua jamais existiu.

"Observe bem cada detalhe", recomendou-me Rath. "Sem dar atenção aos detalhes, você não saberá escrever." Era um comentário inoportuno, pois eu não planejava escrever texto algum. Na verdade, só hoje, mais de vinte anos depois, eu consigo converter o que vi em escrita. Rath sabia que seria assim, que iria demorar. "Não tenha pressa", ele me disse, vendo minha expressão desanimada. "Não se afobe, que, um dia, as coisas tomam forma. É só você não as perder de vista."

Ele sabia também que, para o rapaz que estava ali a seu lado, escrever ainda não era uma necessidade. Era, até mesmo, inconveniente. Quando percebeu que, inseguro, eu me preparava para tirar um bloco de notas do bolso, fingindo que não via, me disse: "Odeio esses escritores que andam tomando notas em pontas de jornais e em guardanapos." Coloquei imediatamente o bloco de volta em seu lugar. Rath via a memória como um depósito de afetos, não de informações; um órgão conectado ao coração, não ao cérebro. Ensinou-me que é sempre melhor esquecer primeiro, para depois só recordar o que realmente importa. Até hoje, quando escrevo, esforço-me para seguir seus ensinamentos.

A casa tinha o número 36. Lembro-me disso porque o 6 estava torto, deitado, e Rath teve que perguntar: "É o 36?" Uma mulher magra, com nariz redondo, adornado por pelos nojentos, veio abrir a porta. Levou-nos até uma pequena sala com paredes de madeira, que me lembrou uma casa de bonecas ou um prostíbulo. Uma menina com um decote vermelho estava recostada sobre algumas almofadas. Um sofá vermelho, com buracos como feridas expostas, estava ancorado a um canto. Um tapete, no chão, fedia a urina de gato, mas eu não vi o gato. Talvez não fosse urina. Olhei para a menina e achei que era apenas o perfume barato que ela usava. Ela fez um movimento obsceno com os lábios, mas fingi que não vi.

Alguém ouvia um rádio a todo volume em um cômodo anexo. O chiado da transmissão se sobrepunha à música, mas apesar disso outra menina, muito concentrada em seus passos tortos, dançava no corredor, que cheirava a feijão. Eram odores muito fortes, que se confundiam e ficavam mais nítidos que as imagens, ou ao menos eu guardei as coisas assim. Dois homens de meia-idade, de paletó e gravata, aguardavam no corredor, sentados em um grande banco de madeira. Eu já tinha decidido que Rath me levara a um bordel, quando vi meia dúzia de imagens de santos católicos, dispostas no fundo do corredor sob uma luz mortiça. Estavam num pequeno buraco cavado na parede, protegido por grades de arame, que mais parecia uma gaiola. Velas vermelhas luziam. Uma velha ajoelhou-se diante dos santos. Ouvi o chiado de uma panela de pressão, mas depois ouvi melhor e achei que era uma descarga sanitária defeituosa, com seu apito contínuo. Tive a impressão de que a velha tinha um dos seios de fora, mas isso não faz sentido algum e deve ser minha memória que, com os anos, embaralhou tudo.

"A dançarina já vem", disse um rapaz muito magro, com as unhas pintadas de vermelho, que surgiu do corredor. Uma menina de uns 5 ou 6 anos saiu de uma porta e começou a chorar. Arrastava um pano de prato melado de lágrimas e ranho. Rath lhe acariciou os cabelos. "Ei, menina", ele disse. "Sabe que eu sou um bruxo?" Ela deu uma gargalhada de alívio, depois entrou no quarto. Meu amigo ainda tentou: "Você quer uma bala?" No lugar da resposta, uma porta bateu com toda a força dentro do quarto.

Rath, ao contrário de mim, estava inteiramente à vontade. Parecia ser muito conhecido na casa — as moças o chamavam de senhor, ou de senhor doutor, e lhe faziam muitas perguntas. "O senhor quer um café?", uma quis saber. "O senhor doutor aceita um copo d'água?", outra perguntou. "Onde estamos?", eu lhe perguntei, já aborrecido.

"Tenha calma", me respondeu ele, e passou a folhear uma revista de pugilismo. Um casal de velhos chegou carregando um assado, talvez um porco, que me pareceu repulsivo. O cheiro era acre, picante, e senti náuseas. Respirei fundo.

Até que, interrompendo minhas perguntas, a dançarina apareceu. Era uma mulher ridícula, de beiços grossos e pescoço atarracado, peitos enormes e murchos, que parecia muito magoada. Abriu um sorriso para Rath, mas aquilo era forçado, e ela não o sustentou por muito tempo. "Você está muito bonita hoje", Rath lhe disse. Ela se sentou diante de nós, e uma senhora negra de coque grisalho veio servir uma groselha, que mais parecia uma dessas tinturas para cabelo com que as mulheres melam a cabeça para colori-la de acaju.

"Vim apresentar-lhe este amigo", ele continuou, e a dançarina, mais animada, me estendeu a mão com as unhas roídas, os nós dos dedos saltados como espinhas, as veias azuis desenhando uma mensagem que eu não podia ler. "Muito prazer", Angelita me disse. "Meu amigo quer escrever a sua biografia", disse Rath antes que eu pudesse responder. De onde ele tinha tirado aquilo? Jamais pensara em escrever um livro, quanto mais uma biografia, gênero que me parecia escandaloso e perigoso. Ainda mais a biografia de uma dançarina — e de uma dançarina que eu desconhecia. Mas não consegui reagir. "Estou muito emocionada", Angelita me disse, abrindo um sorriso sujo, "mas minha vida não tem nada de espetacular." Rath lhe explicou que não precisava ficar apreensiva, porque eu tinha muito tempo para escrever, e ela, em consequência, ainda teria muitas coisas interessantes para viver. Mesmo assim, ela me perguntou: "Quando marcamos a primeira entrevista?" Por gentileza, pedi seu telefone e disse que a procuraria dali a alguns dias. Ela me deu um número para recados, da mercearia em que seu cunhado trabalhava, e eu o guardei por muitos anos comigo. Mas jamais liguei.

Comemos umas empadinhas, tomamos um pouco mais daquele refresco horrível, e Rath se despediu. Caminhei ao seu lado, em absoluto silêncio, por muito tempo, esperando que ele desse as explicações que me devia. Até que ele me perguntou: "Você está chateado?" Expliquei--lhe que não gostara da brincadeira e que não podia entender por que ele fazia aquele tipo de piada comigo. "Sei que você não vai escrever biografia alguma", ele disse. "Só faço essas coisas para te mostrar como é que se sonha." E me deu um abraço esquisito, pesado, como se quisesse me usar como plataforma de voo.

João Rath era um contador de histórias. Não as escrevia, nem mesmo se dava o trabalho de contá-las, simplesmente sabia onde encontrá-las e me carregava até elas. Ao seu lado, o mundo parecia um grande livro aberto. Nunca as escreveu, ou, se escreveu, nunca as publicou. Ao morrer, levou-as consigo, restando apenas esses vestígios frágeis depositados na memória dos outros que, de minha parte, tento reconstituir. Ainda assim, eu o considero um dos maiores escritores que conheci. Está bem: um fabulador. O dicionário registra: fabular — inventar, mentir. Rath tinha a imaginação ardente que falta a tantos escritores, muitos deles de grande prestígio. Assim como não basta escrever em versos para alguém se tornar poeta, também não basta escrever histórias para alguém se tornar escritor. No entanto, alguns homens que jamais escreveram, como João Rath, foram narradores fabulosos. Faltou-lhes, apenas, o empenho em transportar seus relatos para o papel.

Rath, muitas vezes, me falava a respeito dos livros que os grandes escritores guardavam dentro de si, mas não chegaram a escrever. Narrativas abortadas, mas nem por isso menos maravilhosas. E se Mario Benedetti, em seu famoso *A trégua*, romance escrito em forma de diário, nos tivesse relatado o que se passou no dia seguinte ao 28 de fevereiro, data em que a narrativa se fecha? Teríamos então uma resposta às duas últimas frases do livro: "Depois de tanta espera, isso é o ócio. Que farei com ele?" E se Borges, que era mesmo incansável, tivesse continuado a escrever infinitamente *O aleph*? Não é tão absurdo assim pensar nisso, já que o infinito era mesmo seu grande personagem. São perguntas que jamais serão respondidas. Que livros e capítulos seriam esses, que existiram apenas em potência, que jamais saíram da fantasia dos escritores para se converter em forma? E seria mesmo preciso que essas histórias fossem escritas para que existissem?

Rath não seria compreendido num mundo que, ao contrário, só privilegia a matéria. Os artistas de vanguarda, hoje, emprestam mais valor aos materiais em detrimento da composição. Até os poetas dão mais importância ao trato bruto da linguagem, direto, como se ela fosse um toco de madeira ou um pedaço de mármore, e não mais às imagens. Rath, ao contrário deles, era um metafísico. A obra, para ele, precedia a matéria. Estava solta no mundo, e nós mesmos, enquanto personagens inconscientes, estávamos o tempo todo trafegando em seu interior. Se prestarmos bem atenção, poderemos perceber que a vida não passa de um emaranhado de histórias. As histórias estão por aí, à nossa frente, em torno de nós, em nós, só nos falta percebê-las. Histórias a contar, a escrever, a encenar. E Rath, que desprezou a obra a ponto de não se dar o trabalho de realizá-la, e preferiu se preservar para a crueza das histórias, não pode mesmo ser considerado um escritor. E no entanto merece mais esse título que boa parte de nossos escritores oficiais.

Lembro-me de nosso último encontro, num restaurante de São Paulo. Rath me convidou para um jantar. Havia, como sempre, uma segunda intenção: ele queria me apresentar a um poeta, um certo Javier Palácios, que julgava muito parecido comigo e que, por isso, eu não podia deixar de conhecer. Eu estava em São Paulo a trabalho, e, mesmo desprezando seus motivos, mas com muita saudade, aceitei o convite. Quando cheguei ao restaurante, uma casa japonesa na Liberdade, o poeta ainda não havia chegado. "Ele só chegará daqui uma hora", Rath me disse. Perguntei por quê. "É que preciso, antes, prepará-lo para o contato", disse, como se falasse de um extraterreno.

Começou a me falar de Palácios, um uruguaio que raramente saía de Montevidéu, e também de casa. Jamais dava entrevistas e só aceitara encontrar-se comigo porque Rath lhe garantira que eu não escreveria a respeito. "Ele já foi traduzido no Brasil?", perguntei. Rath me disse: "Mesmo no Uruguai, ninguém o conhece." Bem, pensei, a poesia é sempre desprezada, por que não seria também no Uruguai? Tirando os nomes consagrados, Drummond, Bandeira, Cabral, Vinicius, Cecília, quem, mesmo no Brasil, conhece os poetas brasileiros desta segunda metade do século?

Perguntei então quantos livros Palácios tinha publicado, pois imaginei que seria um poeta jovem, ainda desconhecido dos editores, ou então um poeta bem velho, desprezado como um ser de outra época. Rath me respondeu: "Nenhum." Logo consolidei a imagem de um jovem rebelde, um Rimbaud do Prata, com seus manuscritos sob o braço e um desespero na garganta. "Você tem originais dele que possa me mostrar?", perguntei. Rath insistiu que não. Perguntei se o próprio Palácios não traria alguns consigo. "Certamente não trará", Rath me disse, concentrado em uma mosca que rondava sua Coca-Cola. Imaginei que eu poderia pedir que me enviasse depois, se era mesmo um poeta tão importante.

"Nem se dê o trabalho de lhe pedir", desanimou-me Rath, lendo mais uma vez meus pensamentos. A história começou a me irritar, a tal ponto que achei melhor mudar de assunto, e passamos a falar de futebol, um tema pelo qual Rath sempre se interessava. Tomamos algumas cervejas, e nada de Palácios. "Ele só chegou hoje a São Paulo?", perguntei, imaginando problemas no aeroporto, fiscais na alfândega, malas perdidas ou longos engarrafamentos. "Não, ele está em São Paulo há muito tempo", disse Rath. "E você não está preocupado?", perguntei. Ele não me respondeu. Chamou o garçom e ordenou: "Agora queremos escolher o jantar." Passou um longo tempo teorizando sobre as vantagens das trutas sobre os linguados, discutiu com o *maître* a respeito da qualidade das guarnições e por fim escolheu seu prato. Eu já havia escolhido o meu, um simples filé com fritas, que representava muito bem o meu enfado. Eu estava começando a ficar cansado daquilo tudo.

"Não estamos fazendo uma grosseria?", ainda perguntei. Rath, quase aos sussurros, me respondeu: "Preciso esclarecer uma coisa: Javier Palácios não existe." E nada mais disse, passando a se concentrar numa partida de futebol transmitida pela TV. Aqui, sou obrigado a esclarecer que João Rath, o jornalista, ao contrário de Javier Palácios, de fato existiu. Nasceu em Porto Alegre, em 1937. Começou a trabalhar como jornalista em 1964, mas, obrigado a fugir do golpe militar, mudou-se para Montevidéu. Quando voltou ao Brasil, depois de uma temporada em Paris, fixou residência no Rio de Janeiro. Foi casado, separou-se e não teve filhos, e nos últimos anos vivia sozinho, só para seus cachorros. Quando faleceu, em 29 de junho de 1989, de um derrame cerebral, tinha 52 anos e era subeditor de política de *O Globo*. O obituário publicado pelo jornal deixa registrado o mistério das viagens anuais que ele fazia, em seu velho Maverick, até a Patagônia. Lá, provavelmente, Rath podia exercitar aquilo que mais amou na vida: o prazer do silêncio. A morte deu-lhe o silêncio definitivo, restando dele só um punhado de livros vazios.

Arthur Bispo do Rosário

O mordomo do apocalipse

Arthur Bispo do Rosário considerava-se o salvador. O apocalipse se aproximava, e, como um Noé moderno, ele tinha que preservar os homens, os animais e os objetos do flagelo final. Bispo se julgava investido da missão de resguardar em seu reservatório, um conjunto de celas fétidas e cheias de baratas na Colônia Juliano Moreira, em Jacarepaguá, pelo menos um exemplar de cada uma das coisas existentes; aquelas que não fossem representadas nesse complexo dicionário de objetos estariam condenadas a desaparecer para sempre. A arte, para Bispo, não passava de uma máquina de duplicação do mundo, um simples acervo de cópias que, chegado o fim dos tempos, serviriam de forma para que as coisas existentes pudessem ressurgir. Como um mordomo diligente, Bispo dedicou-se até morrer, em 1989, aos 80 anos, a preparar a grande festa da ressurreição.

Bispo era considerado louco por alguns (sua ficha médica o definia como "esquizofrênico paranoico", rótulo frouxo demais para classificar um homem tão inquieto), enquanto outros o viam, na verdade, como um discípulo brasileiro de Marcel Duchamp, artista que desconhecia; ele mesmo preferia considerar-se apenas um homem comum, iluminado porém, predestinado a executar uma grande missão de resgate. Tinha uma imagem ambígua, ora depreciada, ora exaltada, e por isso, quando cheguei à Colônia Juliano Moreira para entrevistá-lo, em julho de 1985, não estava muito seguro a respeito do homem que me preparava para encontrar. Essa ignorância, resultado da vida apressada de repórter, que em princípio é um defeito grave, terminou sendo — como frequentemente ocorre com os jornalistas que sabem se aproveitar do acaso e da surpresa — muito favorável. Se, ao contrário, eu chegasse armado até os dentes com depoimentos, interpretações, arrazoados médicos e laudos de especialistas, provavelmente não teria tido a chance de ver o que vi.

Atravessei o pátio do manicômio em passos miúdos, retardando minha chegada à cela de Bispo, preparando-me para enfrentar um personagem desfigurado, um fantoche a cumprir uma rotina de medicamentos pesados, trancas reforçadas e gestos mecânicos. O fotógrafo Walter Firmo, que me acompanhava, sugeriu que, para relaxar um pouco, primeiro déssemos uma volta pelo pátio de descanso. Uma mulher, metida em um vestido rasgado, logo se aproximou para perguntar: "O senhor sabe qual é o caminho?" Esforcei-me para entendê-la. "Caminho para quê?", perguntei. "O caminho", ela me respondeu, enquanto olhava para um ponto qualquer de minha testa. Passei a mão na testa e nada encontrei além de algumas gotas de suor.

"Sim, o caminho para onde?", ainda insisti. "Eu só quero saber o caminho", a mulher me disse, e ergueu os olhos para a copa de uma árvore, um castanheiro imenso, mas seu olhar parecia devassar a árvore, ultrapassá-la, era até um pouco obsceno. Ficou parada, como uma estátua, a mão direita espalmada sobre os olhos para se proteger do sol, a esquerda amparada nos quadris ossudos. Eu a olhava e já não podia distingui-la da árvore que ela olhava, pareciam ser uma só. Vendo o que eu via, Firmo tentou encontrar o melhor ângulo para uma fotografia, mas a mulher, percebendo seus movimentos, encolheu-se e depois saiu em disparada. Agora parecia uma menina brincando de pique.

Era uma vida singular a daqueles homens e mulheres que perambulavam pelo pátio do manicômio, arrastando-se como armaduras vazias, sem miolo e também sem direção; mas eu não me assustava, pois era aquilo mesmo o que eu esperava encontrar, e nos sentimos sempre muito aliviados quando a realidade confirma nossas expectativas. Alguns andavam com pressa, em passos largos, como se precisassem chegar com urgência a algum lugar; mas esse lugar não existia, e, então, davam voltas e mais voltas pelo pátio, e vistos de longe pareciam insetos presos numa armadilha. Outros, como aquela mulher que só queria saber o caminho, mostravam-se imobilizados, com raízes escorrendo dos pés e infiltrando-se no chão, arrastados prematuramente para o seio da terra, sem ousar qualquer movimento. A contragosto, passei a entender por que se diz que um doente está "vegetando".

Comecei, então, a me perguntar o que exatamente fazia ali. O personagem que procurava, Arthur Bispo do Rosário — eu tinha o nome bem anotado num cartão que carregava no bolso, além do número do pavilhão em que estava encerrado —, não devia ser muito diferente daquela mulher. Devia ser apenas um corpo com um espírito ausente, inatingível em seu silêncio, inútil para a avidez de um repórter. No dia anterior, eu visitara o psicanalista e fotógrafo Hugo Denizard, autor de um curta-metragem (que não tive a chance de ver) sobre a vida de Bispo. "Vá com respeito, e não se deixe assustar com a primeira imagem, porque ele é um grande artista", Denizard me sugerira. Considerei que algum exagero era razoável num homem que, como ele, de um lado praticava a psicanálise e se interessava pelas turvações da mente, e por outro era também um artista, um fotógrafo de prestígio, vulnerável portanto às impressões fortes. Artista e louco, Bispo poderia interessar a um homem como Denizard; quanto a mim, talvez estivesse me propondo uma tarefa acima de minhas forças.

Eu me perguntava como iria me aproximar de um artista silencioso, estático, de um homem sem sentimentos, fechado em sua casca — na verdade, um imenso salão do pavilhão 10, cercado por dez quartos--fortes, bem no centro do manicômio. Tinha, é claro, medo de que ele se mostrasse agressivo. Imaginei telas borradas, esculturas torcidas e sujas, formas escuras, tudo aquilo que um repórter, acostumado com a ordem e a claridade, não é capaz de ver. Já na entrada do pavilhão, apresentamos nossas credenciais. Logo que entramos, em contraste com o sol daquele início de verão, só consegui ver, a princípio, um mar de sombras. Esforçando-me um pouco, vi também portas de ferro cerradas com cadeados, janelas gradeadas com dobradiças que rangiam, pessoas agachadas contra as paredes, cantarolando, falando línguas estranhas ou lamentando-se baixinho. "Ai, ai", alguém gritava atrás de mim, mas não consegui descobrir quem era. Todos os clichês que eu carregava a respeito da vida em um asilo psiquiátrico se confirmavam. Tristeza, sujeira, anonimato, desolação estavam ali para sustentar meus preconceitos. Arte alguma poderia sair daquele deserto, dizia a mim mesmo. Eu ainda estava muito longe de entender.

Olhava para Firmo, tenso, concentrado em ver, em examinar cada espaço, em procurar os ângulos adequados, e me confortava um pouco. Temos o hábito, antigo, de nos consolar com as semelhanças. Em Walter Firmo eu podia, ao menos, ver minha imagem refletida e me confortar com a ideia de um igual. Isso podia não resolver coisa alguma, e certamente não resolvia, mas me dava um pouco de coragem. Eu não enlouqueceria junto com aquele Bispo. Aquela loucura, decidi, não iria me invadir. O nome, Bispo, me dava a chance de fazer muitas associações, todas banais. Mais tarde, só muito mais tarde, pude compreender que a loucura de Bispo era, de alguma forma, a tragédia de um homem prisioneiro do próprio nome. O bispo é, segundo as normas eclesiásticas, um padre na plenitude de seu sacramento. É também uma peça que, no jogo de xadrez, só pode ser movida na diagonal, isto é, que avança para os lados. Era o que eu ia encontrar em Arthur Bispo do Rosário: brilho, e não escuridão, e também movimentos tortos, que pareciam insensatos, mas, na verdade, construíam uma obra atordoante. Ao contrário de mim, o repórter que vacilava, meu entrevistado não tinha nenhuma dúvida a respeito do que estava destinado a fazer. Comportava-se impecavelmente — e, convicto, emprestava solenidade a seus atos.

Aos poucos, pude me acostumar à ausência de luz. Só então vi imensos painéis enrolados contra as paredes, como bobinas de papel velho. Rolos desengonçados, que se esfarelavam pelas pontas, feitos não de papel, eu agora podia ver melhor, mas de um pano barato, talvez um tipo de estopa, todo encoberto de pó. Pequenos pontos negros, como lantejoulas escuras que em vez de refletir a luz a tragassem, movimentavam-se sobre os quadros. Primeiro, achei que ainda era o efeito do sol forte guardado em minha retina, apenas uma ilusão de ótica que logo iria se desfazer. Chegando mais perto, porém, vi pequenas nuvens de baratas, cascudas e cintilantes, que desciam e subiam, atropelando-se sobre as fazendas. Elas pareciam costurar os estandartes de Bispo; circulavam tão à vontade, que, pensei, talvez até fizessem parte de sua concepção. Alguns pensamentos enviesados, em lampejos de luz, entrechocaram-se em minha mente, imitando o movimento daqueles insetos. Eu já não sabia o que pensar, nem mesmo se ainda pensava.

Um pouco nauseado, mal me dei conta quando Bispo entrou na cela e, sem me cumprimentar, sem sequer se preocupar com minha presença, começou a desenrolar alguns painéis pelo chão. "Este eu não quero aqui", ele dizia, apontando para uma imensa bobina de pano grosso e velho, toda trabalhada com traços em cores avermelhadas. "Este está no lugar errado", insistia. Virei-me para ver a quem se dirigia; não havia mais ninguém na sala além de nós dois. Firmo ficara para trás. "Se você quiser, posso ajudá-lo", eu me ofereci. Bispo finalmente me olhou.

Ex-marinheiro, ex-pugilista, ex-funcionário da Light, Arthur Bispo do Rosário, nascido em Japaratuba, Sergipe, no ano de 1909, esperava pacientemente o dia do apocalipse, quando anjos viriam carregá-lo para o céu num tapete de luzes, deixando atrás de si a Terra devastada pelo fogo. Teve, desde cedo, um temperamento visionário, que o fazia avançar, mas, ato contínuo, o levava a retroceder. Apesar de sonhar com a vida de aventureiro dos mares, Bispo foi expulso da Marinha por indisciplina; desrespeitando os regulamentos militares, fugia à noite do quartel para disputar partidas de boxe em ringues do subúrbio. A partir daí, levou por muitos anos uma existência pacata e sem atrativos, sem qualquer sinal do que estava por vir. Mas agora, diante de mim, sua imagem era mesmo a de um bispo: a batina bordada com inscrições sagradas, os paramentos escorrendo pelo corpo, o porte de um religioso na plenitude de seus sacramentos. Andava com o queixo erguido, como um perdigueiro; os braços, abertos em cruz, o ajudavam a suportar o peso das ombreiras, e os cabelos tempestuosos, com fios endurecidos em forma de estrela, emprestavam-lhe uma aparência solene. Sua relação com os companheiros de manicômio era a do comandante que se dirige aos subalternos. Ninguém o molestava.

Primeiro eu vi a testa quadrada, sebosa, dominada por uma meia careca absolutamente lisa, reta como um desfiladeiro, que se estendia até o alto da cabeça e lhe dava uma dignidade um pouco dramática. Do topo, saía um chumaço forte de cabelo ainda negro, grudado em borras de sujeira e gordura, um cetro natural, que dispensava coroação. Bispo vestia seu manto sagrado, que mais parecia um tapete e trazia bordados desenhos indecifráveis, traços que evocavam vagamente um mapa astral. Em torno do pescoço, trançadas em amarelo-ouro, ombreiras largas, com seus penduricalhos, simulavam as condecorações dos militares. Dos ombros escorriam ainda longas tiras de cordas coloridas, que se derramavam até abaixo dos joelhos. Era, sem dúvida, uma indumentária que impunha respeito e que lhe conferia um aspecto teatral.

Novos penduricalhos — em forma de corredores de cortinas, com aquelas pontas em chumaços cabeludos — pendiam ao longo dos braços. Por baixo da manta, eu só podia ver o resto de um jeans desgastado, sem bainha, e um tênis sem cadarço, muito encardido e com o bico torto. Ainda em volta do pescoço, uma gargantilha vermelha, toda trançada em corda, parecia imitar os colares dos índios amazônicos. E havia ainda muitos corações bordados aqui e ali, espremidos entre palavras como "Universo", "Salvação" ou "Fim", desprovidos porém de qualquer romantismo. Bispo julgava-se filho da Virgem Maria — na verdade, o Cristo em pessoa, reencarnado dessa vez em um ex-marinheiro. Jamais se esforçou, no entanto, para impor essa ascendência, nem exigia que o chamassem de Cristo, ou de salvador, preferindo ser tratado mesmo por Bispo. "Cada coisa na Terra recebe um nome", ele me disse. "Uma cadeira não pode ser chamada de peixe, e um peixe não pode ser chamado de vinho." Ele era o Bispo e assim devia ser chamado, mesmo sendo o salvador. Quem fosse esperto o compreenderia.

Com os olhos mais acostumados à penumbra, eu podia vê-lo melhor. Sobre o manto estavam grafados desenhos geométricos em cores variadas, piões, quadrados, xadrezes, cilindros, paralelas como trilhos de trens, pequenas rodas, letras desconexas, além de esboços rápidos de flores, navios, mesas, cavalos, redes. Havia ainda, eu podia ver, uma numeração caótica, irregular e sem qualquer sequência lógica, quase sempre em algarismos arábicos, mas também em romanos, que escorria ao longo dos braços. Tentei encontrar algum sentido naqueles números caóticos, não consegui. E logo desisti de me apegar aos detalhes, de procurar explicações escondidas e pequenos sinais, para me entregar unicamente à figura de Bispo. Ele mesmo, sem saber que me abria um caminho, me diria depois: "Antes de compreender, é preciso ver." Quando ouvi aquela frase, me convenci de sua força.

Tratei de me apresentar. "Sou jornalista, vim para fazer uma entrevista", disse, sem muita convicção. Ele me olhou em silêncio. Ficou com a boca aberta, desdentada, escorada por um cavanhaque grisalho, pendendo como uma condecoração, enquanto eu imaginava se ele via em mim um inimigo, um comparsa dos enfermeiros, um invasor. "Se você não quiser, não é obrigado", tratei de dizer, temendo que ele me expulsasse. Ele não reagiu. Na altura do peito, Bispo trazia bordado um coração branco. Pude ler algumas palavras soltas, "Universo", "Criação", "Trevas", "Meu", que giravam em torno do coração, sem chegar a compor uma frase. Também eu me sentia assim: atolado em fragmentos, imerso num mundo em ruínas. Logo abaixo do coração, seguro por uma corda alaranjada, pendia um pequeno lenço branco, que talvez fosse um escapulário. Em torno de Bispo, espraiava-se uma atmosfera sagrada. Talvez fosse eu que estivesse vendo demais.

"Antes de perguntar, você precisa dizer qual é a cor da minha aura", essas foram as primeiras palavras que ouvi de Bispo, expressas numa voz chiada que parecia emitida da parte mais baixa da garganta, quase do topo do estômago. "Cor?", perguntei. Ele tratou de ser mais preciso: "Sim, você deve dizer em que cor você me vê. Dependendo da resposta, conversamos ou não." Aquilo era, sem dúvida, um teste, mas eu não podia imaginar que regras o regiam, nem o que ele esperava que eu respondesse. Olhei para Walter Firmo, na esperança de uma pista, ou pelo menos de um consolo, mas meu amigo permanecia absorto, arrebatado pelo cenário em destroços que nos rodeava, medindo os espaços, pesando as cores, nem um pouco preocupado comigo. "Esta é uma pergunta para um fotógrafo", eu disse, apontando para Firmo e na esperança de provocá-lo, mas Bispo não se alterou.

"Eu perguntei a você, não a ele", Bispo cortou minhas divagações com certa rispidez. Eu não podia demorar mais ou ele me daria as costas, e tudo estaria perdido. "Azul", eu disse, arriscando a primeira cor que me veio à cabeça, e mal dissera "azul" já me recriminava: o manto de Bispo era bege, decorado quase todo em vermelho e amarelo. Sua pele era amulatada. O cabelo, negro. A barba, cinzenta. A galeria era branca, embora estivesse encardida. As portas eram pretas, o chão não tinha cor. De onde eu tirara aquele azul?

"Você pode entrar", Bispo me disse, com um sorriso que mais parecia uma manifestação de alívio, quando o desafogo devia ser meu. E, numa pequena tira de papel, anotou: "Azul". Depois, dobrou-a e, em movimentos solenes, lançou-a em um cesto de papéis. Abriu então uma porta de ferro e, com o queixo sempre erguido para sublinhar a solenidade do momento, me conduziu até um imenso galpão, que mais parecia um depósito de trastes, não um ateliê de artista. Objetos de todos os tipos, formas e tamanhos, pregados em painéis, amontoados em prateleiras, empilhados sobre cadeiras ou espalhados pelo chão, ou sobre caixotes, metidos em sacas, em latões enferrujados, em baldes roídos, espalhavam-se à minha frente. "Você não deve tocar em nada", ele me advertiu. "Aqui tudo é sagrado."

Se Bispo fosse um artista de vanguarda, eu diria que estávamos no interior de uma instalação. Mas ele não era um artista de vanguarda. Se fosse um sucateiro, provavelmente estaríamos em um ferro-velho. Mas Bispo era, oficialmente, um louco; eu poderia, no máximo, estar dentro de seu delírio. Ele não me deixou muito tempo para essas divagações. Pegou uma folha de papel e, de caneta em punho, pediu meu nome completo, a data de meu nascimento, que eu repetisse minha profissão e também a cor em que o vira. "Azul", eu disse, ainda temeroso. Ele anotou minhas respostas, em seguida dobrou o papel e o fixou em um imenso painel coberto por centenas, talvez milhares de tiras como aquela. "Agora você está fichado", cochichou Firmo, sem conter a ironia.

"Agora você pode ter certeza de que será salvo", Bispo o corrigiu. Enquanto meu amigo era submetido às mesmas perguntas, e sem muita dificuldade pôde escolher a cor azul e assim escapar da expulsão, passei a circular pela cela de Bispo. Um conjunto de celas, na verdade, que ele fora conquistando só para si e cuja posse ninguém mais ousava contestar. O pavilhão central era rodeado por uma série de quartos-fortes em que Bispo guardava seu material de trabalho. Empilhados desordenadamente, os painéis formavam um labirinto através do qual ele se movia com uma segurança comovente; parecia mesmo um anjo a vaguear sobre a sujeira do mundo. Tinha os objetos sob controle e podia, assim, julgar-se um salvador.

Cada painel era sempre dedicado a um só objeto, que se repetia em séries ordenadas, mas insistentes. No painel de sapatos femininos, por exemplo, quinze ou vinte séries de seis ou oito pares de sapatos, dos mais diferentes estilos e cores, equilibravam-se em uma geometria perfeita, de inspiração clássica. Havia o painel das xícaras, dos martelos, das rolhas, dos lápis, das saboneteiras, dos coadores de cozinha, dos relógios, dos cadernos, das bonecas, dos suspensórios, dos pentes. Bispo me explicou que cada objeto existente no mundo deveria ter seu próprio painel, ou após o Juízo Final deixaria de existir. A ele cabia salvar as coisas do desaparecimento, tarefa que, não podia esconder, deixava-o muito ansioso, ainda mais porque Bispo sentia-se velho, talvez não tivesse uma saúde muito boa, e tinha pouco tempo pela frente. "Ainda tenho muito a fazer", ele me disse, "não sei se dará tempo." Depois me pediu que anotasse a lista de alguns objetos muito importantes que lhe faltavam; quem sabe um dia, por gentileza, mas também para ajudá-lo a salvar o mundo, eu pudesse lhe arranjar alguns deles. Grampeadores, calotas de automóveis, vidros de remédios, botões, pandeiros, sombrinhas, ancinhos, tesouras, dentifrícios, guardanapos, estetoscópios, molas, cadernos, cinzeiros, espelhos, plumas, alicates. A lista era interminável. Até hoje tenho-a guardada comigo, e sou obrigado a admitir que nunca lhe enviei nenhum desses objetos, o que só vem depor contra a honra da minha profissão.

Havia também caixotes em que Bispo guardava as datas de nascimento — e de morte — de todas as pessoas que conhecera. Pediu minha data de nascimento e depois, recolhido a um canto, sem que eu pudesse ver, anotou a outra data secreta. Mais tarde, explicou que as datas de morte lhe eram ditadas pela Virgem Maria e, talvez para me aliviar, acrescentou: "Mas elas são móveis. A morte não tem prazo fixo." Meu nome foi ainda anotado em outro papel, que Bispo lançou numa segunda caixa, bem menor. Nela, estavam guardados os nomes das pessoas que ele se comprometia a proteger ao longo da vida. "A partir de hoje, um anjo vai te proteger", ele me disse. Evidente que ele era o anjo.

Bispo agia como um Noé que, através da arte, tivesse a missão de salvar o mundo do extermínio final. Tinha até uma nave, uma "cama-nave", como ele a definia, na verdade um pequeno leito, uma estreita cama de solteiro coberta com um manto sagrado e protegida por um mosquiteiro que lhe emprestava o aspecto de um berço. Nela, Bispo passava suas noites, encolhido como um bebê. Se o apocalipse viesse, já estaria preparado, pois ela lhe serviria de transporte para o julgamento final. Montado em sua cama, Bispo atravessaria o espaço sideral, indo além das barreiras, mais rápido que os cometas e os meteoros, mais rápido até que a luz. Pois a luz, Bispo me disse, era apenas uma embalagem, uma espécie de truque com que Deus enganava os homens, sendo o mundo feito só de escuridão.

Falando pausadamente, como se ditasse para crianças, Bispo se pôs a narrar sua história. Tudo começara no ano de 1938. Acocorado entre as flores de um jardim, nos fundos do casarão colonial em que servia como caseiro, em Botafogo, no Rio, Bispo foi visitado, numa noite abafada, por sete anjos. Foi uma aparição repentina, tão brusca, que, a princípio, ele julgou se tratar apenas de um sonho. Sete anjos transparentes, como se fossem feitos de vidro ou de espuma, vinham envoltos em uma luz azulada e, flutuando alguns palmos acima do chão, perfilaram-se à sua frente. Bispo ainda tentou se convencer de que não estava acordado, mas podia sentir a terra úmida sob os pés descalços, a brisa que anunciava a chuva iminente batendo em seu rosto, e respirava também o cheiro das flores que acabara de regar. Não tinha o hábito de dormir durante o trabalho, muito menos deitado no meio do jardim, pois era um caseiro bastante aplicado.

Bispo narrava sua experiência em voz baixa, quase murmurada, e imaginei que tivesse algo a esconder; parecia recitar um texto sagrado, cujas palavras não podiam ser trocadas e em cujas frases não tinha o direito de tropeçar. "O salvador nunca erra", ele me explicou. Os sete anjos desceram do céu deslizando em filamentos de prata, ele prosseguiu. "Mas eles não surgiram de repente?", eu o corrigi, na esperança inútil de trazê-lo de volta à realidade. Bispo me olhou quase ofendido e retrucou: "Não é só com os olhos que se vê." Sem ver, pôde perceber quando os anjos começaram a baixar. Vieram da direção do morro Dona Marta, que hoje está coberto por uma favela, e flutuaram como balões silenciosos até aterrissar no jardim. A rua São Clemente, a essa hora, tinha bastante movimento, mas Bispo estava certo de que ninguém mais os vira. E, exatamente como se passa nos textos sagrados, eles vieram para fazer uma revelação. "Você é o salvador", os anjos disseram, e não foi preciso muito mais para que Bispo pudesse entender. Ele era a nova encarnação do Cristo.

"Os homens correm grande perigo. O fim se aproxima", continuaram os anjos. Quase 2 mil anos depois da crucificação, depois de guerras, pestes e impérios, era preciso salvar o mundo novamente. Os anjos não falaram muito mais. Ainda flutuaram sobre o quintal, espantando as galinhas, assustando os cachorros e soprando os galhos das árvores; frutas maduras estalavam no chão, indicando que Bispo não tinha tempo a perder. Ainda deram outras provas, nada desprezíveis, de sua passagem. As galinhas passaram a ciscar o chão com violência, como se procurassem algo que Bispo não podia ver. Os cachorros começaram a correr sem direção, latindo para o nada. Os pássaros piavam em sons dissonantes, como se o dia estivesse prestes a nascer, quando era a lua que começava a surgir no horizonte. Bispo chegou a achar que a casa seria arrastada pela luz, uma claridade cada vez mais impetuosa que emanava dos anjos e se espalhava, tingindo o cenário de azul. O azul se disseminou sobre a casa como uma lata de tinta derramada sobre uma paisagem; depois, passou a penetrar na terra e, Bispo imaginou, começou a borrar os alicerces da velha construção. Em dado momento, ele sentiu que uma cruz de fogo lhe riscava as costas, sinal de sua sagração. "A luz entrou em mim", Bispo me disse, assustado, como se os anjos ainda pairassem à nossa frente.

E os anjos desapareceram, deixando-o sozinho, para decidir se aquilo era uma revelação ou apenas um pesadelo. Ele resolveu optar pela primeira hipótese e não se arrependia. Bispo tinha, nessa época, o hábito de dar longas caminhadas através da cidade; saía de Botafogo e seguia a rota da orla, sem se dar conta da passagem das horas e sem precisar de um destino. Pôs-se então a andar, e, ainda que não pudesse vê-los mais, sabia que os anjos o escoltavam. Ia se perguntando para onde devia ir. Algo lhe dizia que devia se dirigir até a Igreja da Candelária, o mais importante templo católico do Rio de Janeiro, onde, intimidado pela pompa, nunca tivera coragem de pisar. Era o dia 22 de dezembro, vésperas do Natal. Os fatos se conjugavam, as peças se casavam e uma força o empurrava. O salvador estava por vir. Isso bastava.

Bispo passou dois dias inteiros perambulando sem destino. Seguia o caminho que os anjos lhe apontavam: entrava em igrejas, descansava em praças desertas, orava em esquinas, deixava-se levar sem opor qualquer resistência, pois sabia que não era mais dono de si. Alimentava-se dos restos que colhia nas lixeiras; às vezes, alguém lhe dava um pedaço de pão. E praticamente não dormia, estirava-se nos bancos de praça ou nas escadarias das igrejas, mas não podia pegar no sono com aquele séquito de anjos a vigiá-lo, ainda que soubesse que sua presença era uma dádiva, e não uma pena. "Eu estava atravessando uma ponte", ele me disse, numa imagem que não poderei esquecer.

Enquanto Bispo continuava a falar, meu amigo Firmo aproveitava para fotografá-lo em seu transe. Cheguei a sentir medo, ou pelo menos uma inquietação, pois seus olhos pareciam transpassados por energias que eu não sabia definir. Talvez olhasse para dentro ou, quem sabe, nem mesmo olhasse; seus olhos pareciam ora congelados, ora em brasa, e eu não podia me decidir por nenhuma das duas impressões. Firmo tratou de desaparecer em meio aos painéis, que passou a fotografar com desespero, temendo talvez que a qualquer momento fôssemos expulsos, e então tudo seria mesmo só um sonho. Também meu amigo parecia possuído. Eu mesmo não sabia dizer se suportaria ouvir a história de Bispo até o fim. Não que acreditasse nela; mas nada deve ser levado mais a sério que um delírio.

Nas igrejas em que entrava, Bispo tentava convencer padres, crentes e coroinhas de que era o novo salvador. Ninguém lhe dava ouvidos. "Aquilo me servia como uma confirmação", ele me disse. "Eu tinha me transformado no que não podia mais ser entendido." Na Candelária, ainda podia recordar, ajoelhara-se ao lado de uma velha que, curvada sobre o genuflexório, desfiava seu rosário. "Eu sou o salvador", Bispo se apresentou. A velha, primeiro, fingiu não ouvir; depois, não suportando o que ouvia, ergueu-se e gritou: "Isso é um sacrilégio." Ele foi expulso da igreja e, pelo rancor estampado no rosto de seus inimigos, viu sua identidade confirmada mais uma vez.

Os sete anjos, montados em nuvens, continuavam a escoltá-lo. Eram arcanjos, isto é, anjos superiores, mas não podiam ser vistos, exceto por ele. Quando andava, Bispo se sentia protegido por uma redoma invisível. "Eu estava sendo levado pela carruagem de Deus", me assegurou. Começava a se cansar, desgaste que se manifestava em pequenas veias latejando na testa e em tremores pausados, mas constantes, que lhe sacudiam a garganta. Perguntei se queria descansar. "Vamos andar um pouco", ele sugeriu. Levou-me então ao salão das misses, recanto onde guardava cetros, coroas, faixas, maiôs, recortes de revistas antigas com fotografias de Martha Rocha, Adalgisa Colombo, Vera Fischer. Depois, ainda com a pose de grande zelador, me conduziu ao setor dos brinquedos. Carrosséis, bonecos, pipas, carrinhos de boi, papagaios, ioiôs, estilingues, bonecas de pano, balões, bolas coloridas acumulavam-se numa desordem infernal. Distraído, eu ia usar esse adjetivo, mas silenciei a tempo. Havia um setor de cozinha, com garfos, facas, frigideiras, bules, chaleiras, escumadeiras, saca-rolhas, rolos de amassar pão, facões, travessas tortas, copos trincados, panelas cheias de furos, porque o mundo de Bispo era precário, construído de objetos velhos, remendados, quase inúteis, uma coleção de entulhos, sem a qual, no entanto, o homem não teria chance de se salvar. "Não tem importância que estejam quebrados?", perguntei, apontando para uma xícara sem asa e com a borda roída. "Nada disso importa", ele me diz. Só então entendi que Bispo estava construindo, na verdade, uma espécie de dicionário. Um dicionário de coisas, em que nenhum objeto, nada, podia faltar.

Sem pedir que eu me retirasse, Bispo se dirigiu, então, a seu leito. "Na hora da passagem, é aqui que deverei estar deitado", ele explicou. Queria ser enterrado em seu leito, porque assim já estaria preparado para a chegada do apocalipse. Perguntei se já tinha lido o apocalipse de São João. "Não preciso ler", ele me explicou, "pois tudo está no azul." E me contou então que, às vezes, perdia todas as cores, esvaziava-se de todas elas e tornava-se transparente. Convertia-se, então, numa espécie de fantasma, diáfano como um pé de vento, ou uma poça de água cristalina, ou um vidro que se acabou de lustrar. Mas isso só acontecia nos dias em que, exaurido, abandonava a obra e se dedicava apenas a dormir. Quando voltava a trabalhar, as cores reapareciam. E ele podia, então, ter várias cores dentro de si, sem que umas anulassem as outras, ficando o azul como uma espécie de horizonte. "Nesses dias, quando pergunto pela minha cor, qualquer resposta me serve."

Esse era, eu podia entender, um estado bem próximo da perfeição. Lembrei a Bispo, então, que o branco não passa da mistura de todas as cores. "Se é assim, nesses dias eu fico branco", ele admitiu, para logo esclarecer: "Mas hoje estou azul." Depois, ele me levou para um passeio pelas celas vizinhas, onde guardava algumas das peças maiores. Conforme desenrolava os painéis e estandartes, nuvens de baratas se derramavam sobre seus pés, subiam por suas pernas, escalavam seu manto sagrado, mas ele não chegava a se importar, apenas as espantava com as mãos. Ainda perguntei se ele estava bem de saúde, se precisava de alguma coisa, mas ele insistiu que não. "Não preciso de nada, só preciso de Deus", disse.

Bispo viveu durante muitos anos uma vida medíocre, em que os eventos se repetiam com monotonia e o tempo parecia imóvel. Cuidava do quintal, alimentava os animais, fazia compras no mercado, aparava a grama, vigiava a casa durante a noite, sem poder distinguir os dias uns dos outros. "Eu não tinha nada que fosse meu", ele me disse. "E Deus só escolhe os que nada têm." Estava, portanto, pronto para ser o escolhido. Depois de rondar pela cidade por dois dias inteiros, uma patrulha encontrou-o deitado em uma calçada e levou-o para uma delegacia; mas Bispo só falava de seus anjos, e os policiais acharam melhor encaminhá-lo a um posto psiquiátrico.

O diagnóstico da loucura, que a princípio parece cruel, deu-lhe, porém, a chance de se transformar num artista. Internado no Hospital Nacional dos Alienados, na praia Vermelha, ainda na véspera de Natal, Bispo começou seu percurso místico, em que loucura, salvação e arte estavam dramaticamente associados. O diagnóstico dos médicos enquadrava-o na categoria dos "esquizofrênicos paranoicos". Não é de todo inútil dar ouvidos a essa classificação: a esquizofrenia, segundo a definição clássica, aponta para o rebaixamento das formas usuais de associações de ideias, a baixa afetividade e a perda de contato com o mundo real; já a paranoia, pelos mesmos critérios usuais, refere-se ao aparecimento de ambições suspeitas, que evoluem para delírios persecutórios e de grandeza, estruturas sobre bases lógicas impecáveis. Os médicos consideraram que essa combinação de desligamento com megalomania lançara Bispo em um caminho sem volta; o quadro se agravava porque vinha sustentado por uma lógica irrepreensível. Para a psiquiatria, Bispo estava definitivamente condenado a vagar na escuridão. Cerca de um mês depois do internamento, ele foi transferido para a Colônia Juliano Moreira, onde começou, enfim, sua odisseia de salvador.

Há coincidências que não podem ser descartadas e que justificam alguma meditação, a começar pela insistência de Bispo no número sete. Também no Livro do Apocalipse, escrito por João durante seu desterro na ilha de Patmos, o sete é o número central. A obra está atravessada por três séries de sete céus, sete trombetas e sete cálices. Os sete anjos que escoltaram Bispo para a loucura parecem ser, apenas, um desdobramento dessa tradição. Deus criou o mundo em sete dias, dizem os textos sagrados. A tradição hindu atribui sete raios ao sol. O sete é também o número dos céus búdicos, e o Corão fala dos sete sentidos esotéricos. Salomão construiu seu templo em sete anos. O Talmude também considera o sete o símbolo da totalidade humana.

Existem também recursos de estilo que aproximam Bispo do Livro do Apocalipse, como a antecipação, a antítese e a repetição. Ao formar um dicionário de coisas, Bispo se antecipa ao desastre iminente; ao lutar pela preservação da ordem humana, investe em uma antítese do que está escrito; e a repetição, obsessiva, é a marca da trajetória de Bispo, não só porque os objetos se repetem monotonamente em cada painel, mas também porque cada painel repete a mesma lógica do anterior, sendo o mundo reduzido a uma cadeia de cópias, transformando-se assim em um abismo. Pode-se pensar: são apenas coincidências. Mas como descartá-las?

Quando peço que fale sobre sua longa internação, Bispo passa a medir e a poupar as palavras. Passou, sim, por todas as formas radicais de tratamento, inclusive o eletrochoque, mas parece que a cada terapia suas convicções místicas se reforçaram mais ainda. Os psiquiatras queriam convencê-lo de sua alucinação e livrá-lo assim do papel de salvador; mas, quanto mais o encurralavam, mais ele se apegava, com desespero e fúria, a seu delírio e sua obra.

Ainda tentei provocá-lo. "Você se considera um artista?", perguntei. Ele me ignorou. Ajeitou seus painéis, remexeu nos objetos empilhados nos baús e, por fim, com uma expressão de desagrado, me disse: "Eu sou o salvador, não sou artista de TV." Só então percebi que o tinha ofendido. A referência à TV, por certo, trazia consigo as ideias de sucesso fácil, brilho, fama, riqueza terrena, tudo o que ele mais desprezava. Fosse "só" artista, eu me arrisquei a pensar, talvez não tivesse realizado a obra que deixou — que, depois de sua morte, contrariando seu desejo, foi absorvida pelo circuito de arte e já mereceu exposições em museus de prestígio.

Eu mesmo, ao olhar para aquelas ruínas, para aquele mundo de sobras e dejetos, não podia, confesso, pensar em arte. Mesmo que desejasse, Bispo não permitiria que eu o fizesse. Se eu estava ali, se ele me deixava entrar, devia respeitar a face sagrada de seu mundo. Não podia blefar com ele — não estava ali nem para descrever um "caso médico" nem para fazer a crítica de uma "obra". Bispo me permitiu entrar para que eu pudesse assistir, como um privilegiado, aos seus preparativos para a salvação. A forma de retribuir era levá-lo a sério.

A partir dos anos 1980, as artes plásticas brasileiras tornaram-se, mais que nunca, peças de investimento e de mercado. A obra de Arthur Bispo do Rosário, porém, não se encaixa nesse circuito de *marchands*, galerias, museus e bienais. Levada, anos depois de sua morte, para uma retrospectiva no Museu de Arte Moderna do Rio, ela foi só um pastiche de si mesma. Poderá ser, e será, exposta muitas outras vezes; mas, por mais que se fale dela, por mais que se teorize a seu respeito, estará sempre a nos escapar. Visto como "artista", e aqui não há nenhuma desonra para a arte, Bispo seria traído. Metade da obra, aquela parte que não quer brilhar, mas transcender, ficaria de fora.

Bispo deixou-nos um dicionário de coisas, imenso glossário da existência do homem sobre a Terra, que, no futuro, quando o mundo tiver que ser reconstruído, poderá ser consultado por algum deus sem inspiração. A crítica de arte talvez se console tomando-o como um artista *naïf*, um ingênuo a fazer, sem consciência, uma obra monumental. Encontrei em sua cela, é verdade, muitos sinais dessa infância remota que ele, sem alarido, queria reter: um cavalo de pau, pipas, carrinhos de boi, piões, carrosséis. Não discuto também a grandeza da obra que deixou, ainda que a palavra "obra", de fato, pareça não dar conta do que vi. Mesmo descartando as interpretações místicas, não posso deixar de pensar que há, no trabalho de Bispo, algo que ultrapassa a arte. Quando seu mundo desabava, quando as últimas pontas de sentido se esvaneciam, Bispo agiu como um enciclopedista, disposto a reter, para salvar, ao menos o nome das coisas.

Ele nos acompanhou até a saída do pavilhão, arrastando seu manto sagrado pelo chão imundo, sem se importar com o desprezo ansioso dos outros internos. Talvez o vissem como um santo, mas é provável também que o considerassem o mais louco dentre todos, e essas duas visões certamente não se excluíam. Quanto a Bispo, ele não estava interessado nessa dúvida, preferindo se ver mais como um missionário, um mordomo impecável que, cumprindo a sua parte, preparava o apocalipse. "Eu quero que você volte", Bispo me disse, mas eu sabia que não teria coragem. Para não mentir, respondi com outro desejo: "Eu quero que você consiga nos salvar." Bispo ainda me fez um pedido: "Nunca despreze as coisas azuis." Assim que entramos no carro, meu amigo Firmo me perguntou se eu estava bem. Mas a arte, quando é visceral como Bispo a concebia, nada tem que ver com o bem.

Raimundo Carrero

O devorador da realidade

Meu primeiro encontro com Raimundo Carrero, ainda nos anos 1980, começou com um mal-entendido. Foi mais um desencontro. Um equívoco, que poderia nos levar ao ódio, mas nos conduziu à amizade. Em um evento literário no Recife, durante um intervalo para o café e por simples formalidade, um amigo em comum nos apresentou.

"Já me falaram que você não gosta de mim", Carrero disse logo, antes de qualquer cumprimento. Um certo escritor, cujo nome esqueci de propósito, disse a Carrero que fugisse de mim porque eu o detestava. Guardou essa impressão alheia. Não posso negar que o meio literário, apesar dos preciosos amigos que me deu, é grudento, pegajoso, gelatinoso. Além disso, as línguas fervem. Carrero ficou com a advertência do amigo, ou falso amigo, mas logo depois a esqueceu. Até que, do nada, eu surgi diante dele.

"Não tenho motivos para não gostar de você", tratei de responder. "Até porque sou um leitor apaixonado de seus livros." Belos e fortes, talvez eu tenha acrescentado. Se não fiz isso, foi porque o susto me conteve. Carrero ainda tentou reconstituir a história que o escritor venenoso lhe vendeu. Me olhava em silêncio, perplexo, seus olhos congelados me atravessavam. Logo entendi, porém, que observava mais a si mesmo.

Não chegou a dizer o que pretendia dizer. Atrapalhou-se com as palavras, gaguejou e logo começamos a rir. Rir muito. Então, para nos libertarmos do ódio inexistente, nos abraçamos. Foi um abraço intenso, não só de perdão, mas de alívio. Apesar dos 3 mil quilômetros que separam o Recife de Curitiba, onde moro, não nos perdemos mais.

Muitos anos depois, em um de nossos longos telefonemas, Carrero me fala de seus pais. A mãe, Maria, uma mulher pequena — tinha 1,52 metro de altura —, não sabia ler. Apesar disso, carregava sempre um livro debaixo do braço. Mesmo dentro de casa, para onde ela fosse, levava o livro. Tornou-se um vício. Talvez um talismã. Também na igreja, ela acompanhava as palavras do padre com um velho missal aberto no colo. Quando seus companheiros de banco viravam a página, ela, contrita, virava também. Não sabia ler, mas sabia sentir. E o livro a ajudava nisso.

Em casa, na cidade de Salgueiro, no centro do sertão pernambucano, quando o livro não estava sob seu braço, ficava escondido em um armário, entre as roupas engomadas. A mãe tinha muito ciúme dele, uma coletânea de poemas de Gonzaga Pinheiro, um parente distante. Não tinha laços com Gonzaga, tinha laços com o livro. Uma aliança intensa com o livro que nunca chegou a ler.

Não estava sozinha em seu pequeno vício. O pai de Carrero — Raimundo também — sofria do mesmo mal. Dizendo melhor: do mesmo bem. Também era analfabeto, mas só dormia abraçado a um exemplar antigo de *Titãs da literatura*, volume de uma velha coleção editada pela El Ateneo. Uma reunião esparsa de textos de autores célebres. Livro pesado, em capa dura e áspera, a que ele se abraçava com leveza.

Essa relação silenciosa com as palavras se transferiu, mais tarde, para o filho Raimundo. Quando a mãe morreu, Carrero era um menino de 10 anos. A mãe se foi, mas a paixão não se perdeu, mudou-se para o filho. A compreensão desse vínculo, íntimo e até mágico, desmente a imagem do escritor realista e árido que muitos se esforçam para vender a seu respeito. Talvez tenha sido nela que o amigo, cujo nome tratei de esquecer, se inspirou. Pela linha reta dos fatos, é difícil aceitar que a repulsa possa servir como porta de entrada para a fraternidade. A realidade, porém, não é lógica. A realidade se agita, se entorta e nos desmente.

Desde menino, Carrero se alimenta dos tremores do real. De sua instabilidade, de seus abalos, de sua debilidade. É dessa trepidação — que ele observa com reverência, mesmo nas muitas horas em que não a entende — que Carrero, como um carvoeiro em sua mina escura, extrai seus escritos. Bendita a hora em que o amigo cujo nome se deve esquecer pronunciou a maldita frase. O real não tem linhas retas, como as autoestradas. É feito de nervos que se contorcem, se enrolam e se chocam. Deles goteja a vida.

Ano de 2021, o segundo da pandemia. Ainda enfrentando as últimas sequelas de um AVC que sofreu em 2010 — e que lhe rendeu o atordoante *O senhor agora vai mudar de corpo*, de 2015 —, Raimundo Carrero está isolado em casa. A mulher, Marilena, médica, passa grande parte do dia no consultório. Em casa, Carrero sofre com pequenas dores, dispersas, indomáveis, que o prendem, grande parte do tempo, a uma poltrona da sala. Uma secretária de confiança o ampara. Em seu apartamento do Rosarinho, bairro no norte do Recife, ele atravessa as horas ensimesmado e imóvel. Imitando os pais, e como um náufrago, se agarra às palavras. Não para de escrever, e isso o salva.

Mesmo preso a uma cadeira, Carrero não sabe viver em descompasso com o mundo. Para compensar o isolamento, antes mesmo do café da manhã, sintoniza a televisão em algum canal informativo. Vigia a realidade desde sua poltrona. Uma poltrona voadora que, mesmo presa ao chão, o transporta para muito longe dali. Não se contenta, porém, em acompanhar, passo a passo, a brutalidade dos fatos. Enquanto as imagens escorrem na tela da TV, ele as atravessa. Não com o corpo, mas com a mente. É preciso dizer mais: com os nervos.

Quando penso na agitação de Carrero a cavalgar sua poltrona, me vem à mente a figura distorcida do papa Inocêncio X que Francis Bacon pintou a partir de Velázquez. Ambas latejam. Ambas tendem ao sobrenatural. Só que, enquanto o papa de Bacon pulsa por fora,

Carrero pulsa por dentro. Lateja e avança, em um voo interior. Não para fugir da realidade que o jornalismo, precário, com seus instrumentos mecânicos, luta para capturar. Mas para agarrá-la pelos nervos e transportá-la, inteira, ardente, para o interior de seus relatos.

Em nosso segundo encontro, em uma feira literária de Garanhuns, no agreste pernambucano, comecei a entender isso melhor. A entender, mas também a me assombrar. Apesar de ser só três anos mais velho do que eu, aprendi logo a ver Carrero como um mentor. Um mestre. Um pai? Meu pai, José Ribamar, falecido em 1982, nasceu em União, no meio norte do Piauí. Uma região de cerrado e caatinga, paisagem árida e desolada, em muito semelhante ao panorama horizontal de Salgueiro, que fica na grande depressão sertaneja. Viemos, os dois, da mesma amplidão. Do mesmo vazio. Dos ventos secos, da vista que se perde até bater no sol, do horizonte devastador. Viemos do grande nada.

Há ainda, admito, alguma semelhança física entre os dois. O rosto largo, o corpo mais largo ainda, pesado, os gestos um pouco brutos. Uma delicadeza viril que nem todos conseguem entender. Uma fúria contida que, no entanto, lhes alimenta as palavras. A pele queimada, maltratada, as mãos grandes, um olhar que esfaqueia. São muitos os vínculos que posso traçar entre eles. Nunca falei sobre isso com Carrero. Não sei por quê. Um dia ainda farei isso.

Em Garanhuns, eu o seguia com abnegação. Punha-me a observar, de longe, aquele homem cujas palavras mansas desmentem a brutalidade do corpo. Carrega um enigma, logo entendi. Do mesmo modo, diante da tela da televisão, Carrero desconfia das imagens que vê. A mente fervilha, agitada por um vendaval de perguntas. As imagens, sob o fogo das palavras, se distorcem. É na cabeça de Carrero, e não no vídeo, que a realidade, oscilante e irregular, enfim emerge. Resulta em livros vigorosos, como *Estão matando os meninos*, de 2020, um dos mais fortes que ele já escreveu.

Estivemos juntos, muitas vezes, no Recife. Ele já esteve em Curitiba, onde vivo. Mas não se trata disso, de uma proximidade física, embora seja sempre muito bom reencontrá-lo. Nosso laço é de outra ordem. Um vínculo que dispensa e vai além da realidade banal. Vai além do corpo. Algumas vezes, eu, o cético, me pergunto se não se trata de um laço espiritual. Outras vezes, isso me parece ridículo. Há algo que eu não entendo. Provavelmente, Carrero não entende também. A ignorância desse sentimento nos aproxima.

Sempre me pergunto, durante cada um de nossos longos telefonemas, o que afinal nos conecta. Ocorre que as respostas que me surgem, as explicações que consigo formular, são incompreensíveis. Vêm-me em uma língua nunca traduzida. Como os espíritos, elas estão ali, mas eu não as alcanço. De nada me servem. Diante delas, apenas sigo.

Carrero, o devorador da realidade, passa os dias mastigando notícias. Pergunto-me se elas não o empanturram, se não o massacram. Se não lhe pesam. "Nós, escritores, temos que estar ligados ao presente", ele me diz. "Temos que permanecer atentos a nosso tempo." Tempo difícil, temporal, tempestade. Realidade que assombra, mas também acorda. Uma sucessão de socos. De sustos. E de feridas. Raimundo Carrero é, antes de tudo, um homem afetado pelo real. Se há um sentimento que ele desconhece, é a indiferença.

Carrero me diz: "Você já notou que só falamos da dor?" Escrevemos, é verdade, em um cenário coberto de horrores. A pandemia e seus milhares de mortos, os desvarios e turbulências da política, a miséria e a fome que se multiplicam. Não é só que a realidade esteja pesada. Ela está absurda. O manto de notícias, em vez de nos aquecer, nos sufoca. "Temos que deixar que os fatos escavem nossa alma", Carrero insiste. "Que a realidade nos perfure." Só assim, ele pensa, estaremos prontos para escrever. O escritor não é um burocrata. Não trabalha em um gabinete asséptico. Será que algum dia eu conseguirei?

Algumas semanas depois, Carrero me entrega outra pista. Conta que terminou de reler *As vinhas da ira*, o romance que John Steinbeck publicou em 1939. Sente-se atordoado. "É um dos cinco grandes livros da literatura universal", afirma. "Só ficou esquecido por causa da perseguição do macarthismo." Steinbeck se declarava comunista. Na

América dos anos 1940, isso era o mesmo que uma condenação. Algo bem parecido, aliás, e infelizmente, com o que vivemos hoje.

Carrero se impressiona, mais que tudo, com a cena final do romance. Nela, ele descreve, um moribundo, sem ter do que se alimentar e depois de muito resistir, aceita beber do leite de uma mulher que acabou de dar à luz. Como uma criança, o homem se debruça sobre o seio farto. E dele se alimenta. A cena, reflete Carrero, mistura erotismo e repulsa, sensualidade e desespero. É um paradoxo — e os paradoxos proliferam também em sua ficção.

A escrita, para Carrero, é o sangue que escorre da realidade. A escrita verdadeira vem do corpo. Tanto que Carrero escreve com a raiva dos boxeadores. Escrever, para ele, é esbofetear o real. Confrontá-lo. Feri-lo. "Não existe literatura sem dor", ele insiste. "Se isso existe, não me interessa." Em sua poltrona, ele se expõe ao bombardeio das notícias. Atua como uma antena, que atrai os impulsos emitidos pelo mundo e os transforma. Sintoniza com o horror alheio e dele arranca seus livros.

Um pouco antes do início da pandemia, lanchamos juntos no Café Chacon, não muito longe de sua casa. Está feliz, mas também apreensivo. Parece antever o que nos espera. O salão é largo, mas se torna apertado para a inquietação de Carrero. Falamos sobre a vida, buscamos as palavras certas, mas a vida não cabe nas palavras. Todo o tempo, ele se interroga sobre o sentido do que escreve. Um sentimento de insuficiência e estupor o perturba. Está ali, feliz à minha frente, mas quer mais. Carrero quer sempre mais. Objeto de muitos de seus relatos, a fome — não só de alimentos, mas de sentidos — o move.

Não se ilude com o gozo do mercado, com o fanatismo das vitrines, com as listas de mais vendidos. Não escreve para vencer, escreve para ser. Às luzes da mídia, prefere a intimidade das oficinas de escrita, que dirige com zelo e paciência em uma pequena sala. Atém-se ao processo, não ao fim. Não tem um objetivo, uma meta. Tem um ofício. O ato de escrever é seu objeto. É um alfaiate que, em vez de se preocupar com a roupa que costura, dá mais importância às linhas e agulhas que manipula. Prefere o ofício à glória. Pergunto-me: como consegue escrever com toda essa fúria? Embora interessado na técnica e no rigor da língua, aos alunos, é sobretudo esse frenesi que ele transmite. Arrebatamento. Nervos expostos. Sem isso, ninguém escreve.

Escreve para o presente, não para o futuro. Escreve para afrontar a vida e não para domesticá-la. Condenado à vida, Raimundo Carrero faz dessa condenação, que as circunstâncias só exacerbam, não um castigo, mas uma vitória. Suas narrativas se erguem sobre opostos. Amor e raiva, sensualidade e nojo, luta e desistência, piedade e ódio. Esses elementos se misturam no espírito de seus personagens. Fico pensando no quanto se esconde do próprio Carrero em cada um dos personagens que cria. Não se trata de confissão, tampouco de desabafo. Não é tão simples. Não é mecânico. Trata-se de fervor.

Seus personagens são movidos pelo mesmo ímpeto aflito, mas potente, que o alimenta. Pela mesma paixão sem freios. Pelo mesmo desassossego. Há neles uma intensa piedade pelo humano. Carrero é um homem religioso, faz suas orações diárias, cultiva sua fé nos santos. A clemência pela vida, contudo, ultrapassa o apego à religião. Escreve movido por uma crença radical no homem. Ela não tem relação alguma com o dogma, ou com uma doutrina. Escreve para resistir. Escreve para continuar vivo.

Ainda no café, observo-o diante de mim, agoniado, a alma exposta e aberta em feridas, um homem sem disfarces. Nele vejo uma mistura perturbadora de raiva e afeto. O que há em Carrero de tão peculiar? Que atordoamento é esse que, entre pequenos humanos, faz dele um gigante? Talvez, agora, eu chegue à palavra que buscava. Uma palavra comum, quase tola. A muitos, ela parecerá excessiva. Pueril. Ainda assim, eu a sustento. Para mim, Raimundo Carrero é um guerreiro. No lugar das armas, empunha as palavras — troca que desafia os tempos obscuros em que vivemos. Nem sempre ele vence, é claro. Cai, se fere, sangra. Passa por dias de desalento e algum desespero. Mas, logo depois, continua a lutar.

João Gilberto Noll

João no deserto

Chego a Porto Alegre. Só ficarei dois ou três dias. Venho dar uma oficina de escrita. Sempre que estou aqui, tenho o hábito de procurar meu amigo João, mas, dessa vez, não me sobra tempo. Farei tudo rápido e voltarei logo para casa. No avião, lia *A máquina do ser*, livro que João publicou alguns anos antes. Um conjunto de relatos sobre a solidão. Através da escrita, o próprio João me autoriza a não o procurar. A falhar. "Ele compreenderá", me consolo.

João descobre que estou na cidade, localiza meu hotel e me telefona. Convida-me para almoçar. "Precisa ser hoje", diz. Parece urgente. Ele mesmo escolhe o restaurante do Theatro São Pedro, no centro histórico. Só posso responder que sim, que é claro que nos veremos. Não por gentileza, ou boa educação. Nenhuma tolice. Um convite vindo de João, o recluso, não pode ser recusado. Ainda mais esse convite aflito. Sempre a se esquivar, meu amigo me surpreende.

Deve ter alguma coisa importante a contar. Um desabafo, uma confidência, alguma dor. Melhor me preparar. João tem uma relação tensa com a vida. Bela, mas tensa. Não perde tempo com conversas sociais. Não perde tempo, nunca. Se nada tem a dizer, prefere o silêncio e a escrita. E, para isso, precisa estar sozinho. Por que, então, o desejo súbito de se encontrar comigo?

Explica que prefere almoçar no restaurante do teatro porque, durante a semana, ele está vazio. É um homem a quem o vazio interessa mais do que qualquer presença. "Prefiro o deserto", lembro que, uma vez, ele me confessou. "No deserto, pelo menos, não somos estúpidos." E aqui estamos, em um restaurante quase abandonado. Mesas vazias, garçons murchos com suas borboletas surradas, bandejas oxidadas, um silêncio pesado. O silêncio da morte? Chego a ouvir o zumbido de um vento que não existe. Imagino um camelo que atravessa o salão. Sinto o bafo da areia quente.

Apesar disso, ou por isso, João escolhe uma mesa de canto, metida em uma quina, presa a uma pilastra. Protege-se. Mas de quem? De mim? Quando nos encontramos na entrada do teatro, me abraça com força. Seus músculos, sempre tensos, mas, agora, subitamente soltos, me pedem alguma coisa. Tomara que eu esteja preparado. A máquina do ser tem suas panes. Em alguns momentos, o ritmo se desequilibra, as peças rangem, a máquina desanda e sacode. João me abraça com força. Uma força que ele não tem. É nessas horas que o ser se revela.

Ser João — não deve ser fácil, eu penso. Nada fácil. Ainda simula uma rigidez, quase rudeza, quando abre o cardápio. Desde que entramos no salão, nada nos dissemos. Estou assustado, espero que ele pronuncie a primeira palavra. A senha — que me fará agir, ou fugir. Ignora-me. Folheia devagar o menu, contrito, pesaroso. Alguém morreu? Suspira com força, como se fosse iniciar uma oração. Talvez um mantra. Procura alguma coisa. Não é a comida. O que será que procura?

Aflito, tento alguns assuntos. Eu, que sempre digo que anseio pelo silêncio, não suporto o silêncio. Eis a verdade: sou um mentiroso. Sem nada dizer, ou porque nada diz, João me desmascara. Queremos o que não queremos. Queremos apenas querer. Mesmo assim, eu, o tolo, continuo a tentar. "Como andam as coisas?", experimento a frase deplorável. João me olha por alguns segundos. Há um sorriso doce, de ternura, de clemência, de piedade, em seus lábios fechados.

Ele me suporta. Se me suporta, consolo-me, é porque gosta de mim. Isso deve bastar.

De repente, em um salto, João chama o garçom. "Um peixe", e aponta para certa linha. Há raiva em seu olhar. Ou será desespero? Só consigo dizer, mesmo sem saber o que digo: "O mesmo." Meu amigo não se espanta. A estupidez — o medo — já não o assusta. Fecha o cardápio e o acaricia. Penso que está a ponto de beijá-lo. O cardápio guarda palavras. Não importa se elas nos dizem só nomes de peixes ou de massas. São palavras. Tremem. Fazem parte da máquina. A máquina as criou.

Tento outros assuntos, não consigo me refrear. Seu último livro, para jovens, que ainda não li. Porto Alegre, cidade que não entendo. Mário Quintana, um poeta que eu devia ler mais e, no entanto, algo me impede. O que me impede? "Estive relendo *Harmada*", digo por dizer. João me olha apavorado. Parece esperar alguma restrição, ou reserva, que não tenho. Não leio *Harmada* desde seu lançamento, em 1993. Por que então eu disse isso? As palavras como disfarces. Fantasias. Camuflagens. Tudo o que João despreza. Por que minto? O que tento encobrir? Falar — meu amigo me desmascara mais uma vez — é uma forma de fugir. De silenciar. E, no entanto, no confessionário, no divã do psicanalista, nos gabinetes de tortura, nas mesas de bar, é tudo o que nos pedem. "Fale, não pare de falar", dizem.

"Parece que os gaúchos não têm o hábito de almoçar no teatro", eu comento. Horror. As palavras me saem apesar de mim. Eu as cuspo, as pigarreio, as vomito. Um nojo. Dessa vez, João é duro: "Não estamos em um teatro, mas no restaurante de um teatro", ele me corrige. Gelo. Vem-me à mente, então, certa sentença de Nise da Silveira, a psiquiatra que conheci já idosa. Durante uma entrevista, tentando conquistar sua confiança, digo: "A verdade é que nunca visitei o Museu do Inconsciente." Feroz, Nise me corrige: "Meu filho, inconsciente não tem museu. O museu é das imagens do inconsciente." Não me corrijo, repito o mesmo erro.

Para me proteger, olho em torno. Os garçons, amontoados e idosos, com seus paletós puídos, lutam, ainda uma vez, para desempenhar seu papel. O teatro foi inaugurado em 1858. Eles já estavam ali? Já eram eles? No caixa, agitado, o jovem gerente ainda não se acostumou com o papel de contabilista. De repente, deixa uma nota cair no chão e ela voa entre as mesas vazias. Um garçom, com seu guardanapo branco, enfim a captura. Imita Nabokov, armado com sua cesta, a caçar borboletas nos Alpes. Divago. A divagação é uma maneira de não falar. De fugir. Será que João faz o mesmo? Tem o olhar perdido, na direção da cozinha. Estará com fome?

Só agora percebo que João também acompanhava a luta do garçom para capturar sua borboleta. "Achei que não ia conseguir", comenta. E mais nada. Não há surpresa ou gozo em sua voz. Diz por dizer. E logo se cala de novo. Aproveito o fio que ele me lançou e me arrisco: "Nunca estive no Theatro São Pedro". Engulo a seco. Ele espera que eu continue. "Estranho começar a conhecer um teatro pelo restaurante". Agora ele me encara com um olhar que mistura a advertência com o consentimento. Um olhar médico — que busca um diagnóstico. Talvez nem seja isso. Limita-se a ver através de mim. Agora o deserto sou eu.

Atingido por seu olhar, viro-me em busca do objeto inexistente. Eu sei: atrás de mim, só há um salão vazio. Mesas postas, garçons enfileirados como bonecos, luminárias inúteis. Não há diferença entre o que vejo e o que eu não vejo. Como no deserto, não há saída. Só então percebo que estamos presos. O restaurante é um cárcere. Um calabouço. O deserto também é. Nele, por mais que ande, você não sai do lugar. Sempre a mesma areia branca, sempre o mesmo sol ardente. Tudo ferve, mas nada muda.

Para desmentir meus pensamentos, os pratos são servidos. Refeições mornas, sem gosto, sem cheiro. Ainda assim, não fazem feio. Cumprem seu destino. A realidade é banal. Eu e João nos limitamos a suportá-la, em nome do passado que o teatro representa. Em nome de nosso próprio teatro pessoal. Tudo representação. Apesar disso, tudo verdadeiro. O que existe atrás de um cenário? Nas coxias, o vazio. Mais nada. Tudo o que temos é a própria cena.

Deixo o prato pelo meio. A realidade é demais para mim. Tenho fome, mas também nojo. Não da comida, que é decente e até respeitável. Nojo de nossa indigência. Aqui estamos, há quase uma hora. Era um encontro urgente, João tinha pressa. "Tem que ser hoje", me disse. E nada nos dissemos. Nada conseguimos nos dizer. Tenho nojo de nosso silêncio. Somos dois mendigos em busca de migalhas. Mas no deserto não existem migalhas, elas se evaporam ao vento. No deserto, além da areia quente, nada há.

João está preso em uma caixa de segredos, que ele não pretende dividir. Por que então me convidou para almoçar? Um deboche? Não, ele não é um homem de zombarias. Um desespero que não se deixa falar? Um fracasso? Eu mesmo, que esperava uma revelação, que ansiava por uma pequena verdade, encontro em mim só a apatia. A estupidez. Nada espero. Nada quero. Acho que quero ir embora. Não sei o que estou fazendo aqui.

Ainda tento alguns assuntos — a política, a cidade, o tempo. Não funcionam. Nada funciona. Uso as chaves erradas. No deserto, chaves não servem para nada. "O que você está escrevendo agora?" Sorri. Eu sei que jamais me diria. Por que então perguntei? "Um segredo, não é isso?" Ele ri. Se admitir que tem um segredo, segredo deixará de ser. O silêncio volta a cair, como uma tempestade. Encolho-me. De repente, em um susto, João se ergue. "Vou pedir a conta." O que era tão urgente?

Enquanto ele se arrasta até o caixa, eu me lembro do jornalista Alfredo Schleumer, que, ainda nos anos 1970, foi meu chefe de reportagem. Um dia, me chamou a um canto da redação. Com voz trêmula, disse que precisava conversar comigo. Uma conversa particular. Não podia ser ali. Um segredo. Sugeriu que caminhássemos, no fim da tarde, pela avenida Atlântica. Andamos pelo calçadão por mais de duas horas. Quase nada me disse. A maior parte do tempo, ficou em silêncio. Um silêncio assustador. Morreu pouco depois. Nunca soube o que Alfredo planejou me dizer. Silêncio que é meu também: nunca consegui perguntar.

Agora tudo se repete. Também João, o grande escritor, reencena o *script* banal. Banal? Há uma dor ali. Ao voltar do caixa, ele rasteja. O salão se alonga. Há uma areia grossa, pesada, sob seus pés. Os ventiladores antigos não dão conta do ar que nos falta. João vem devagar, arfando, ainda com a carteira na mão. Não permite que eu divida a conta. "Você já precisou enfrentar isso", se desculpa. Isso o quê?

João Gilberto Noll é o grande escritor de quem quase ninguém consegue se aproximar. Agora que ele me permite isso, eu permito que ele escape. Isso me revolta. Minha revolta se torna uma paralisia. Estou preso na armadilha de João. Em seu calabouço. Em sua máquina? Não sou só eu. Também ele, agora eu entendo, não tem acesso ao que faz. A máquina da vida nos tritura. A máquina do ser, que nos permite existir apesar de nós mesmos. Ela nos devora. Nossos nomes deviam estar no cardápio.

Faz questão de me levar até a recepção do hotel. No *hall* dos elevadores, quando acho que vamos nos despedir, ele pergunta: "Podemos ainda tomar um café?" Vi uma cafeteira negra sobre uma mesa de canto. Em copos de plástico, tomamos um café frio. Parece que, durante a noite, faz muito frio no deserto. No Saara, li em algum lugar, a temperatura desce a 4 graus. Encolhido, ainda tento algumas palavras. Tremo. Sou um idiota.

Nada mais há a fazer. João me abraça com força. Um abraço longo, vasto. Tenho medo de que ele não consiga me largar. Parece que me pede alguma coisa. Mas, se é isso, por que não pede? Nem ele, João, sabe o que pede. Talvez nem saiba que pede também. Quando enfim eu entro no elevador, perfilado como um soldado diante de sua bandeira, ele abre um sorriso vago. Um sorriso incompreensível. Talvez nem ele compreenda também por que sorri. Limita-se a acenar, como fazemos nas plataformas de partida e nos portões de embarque. Para onde embarca? Mas sou eu que me vou, ele fica. A porta do elevador se fecha. A grande cortina de aço. A pele da máquina. Fomos engolidos.

Entro no quarto e me jogo na cama. Tenho certeza de que João e eu não almoçamos juntos. Não nos vimos. Mas o que fizemos, então? Não aguento mais Porto Alegre. Antes de ir para a oficina, arrumo a mochila e, já na recepção, fecho minha conta. Na rua da Praia, enquanto caminho em direção ao centro cultural onde darei minha aula, só penso em João. É uma imagem turva, longínqua, como a que vemos no espelho do banheiro depois de um banho quente. O ar está abafado, o verão se aproxima. O mundo me pesa. Da oficina, sigo direto para o aeroporto. Três horas depois, já estou em casa, em Curitiba. Também durante o voo, não consegui terminar a leitura de *A máquina do ser*. Pensava, pensava, e não sabia bem em que pensava.

Não poderei viver com o sentimento de que o deserto se apossou de mim. Ninguém aguenta isso. Ainda vacilo antes de pegar o telefone. Enfrento o medo — um medo vago, desértico, desprovido do objeto que o provoca. Ligo, enfim, para João. Suas primeiras palavras não demonstram surpresa. É como se já esperasse por minha ligação, como se estivesse sentado, ao lado do telefone, atento, porque sabia o que iria acontecer. "O que aconteceu afinal?", eu pergunto. "Aconteceu onde?", ele diz. "Ora, você sabe." Um silêncio, mais um deserto, nos atravessa. Enfim, diz: "Não sei de nada. Do que você fala?"

Não blefa, ou disfarça. Está surpreso. Assustado. "Ora, você sabe, falo do restaurante", eu continuo. Entende que não gostei da comida. "Não é tão mal assim", ele me corrige. Tento ser mais preciso: "A nossa conversa, João. Aquilo foi uma conversa? O silêncio pode ser chamado de conversa?" João Gilberto Noll começa a rir. Uma gargalhada rouca, que lhe sai com dificuldade da garganta e quase o sufoca. Com um novo silêncio, desolado, estéril, ele enfim a engole. Desde que nos encontramos, na porta do Theatro São Pedro, é talvez o primeiro som sincero que emite. Então, com indisfarçável rispidez, como que para se livrar de mim, ele me pergunta: "Depois de tanto tempo, você ainda não me conhece?"

Não sei o que dizer. Nada mais tenho a dizer. Só o deserto, a mesma aridez, o mesmo vazio. "Você tem razão", ainda digo. "Falamos outra hora", ele se despede. Desligamos. Um sentimento paradoxal me invade. Nunca me senti tão próximo de João. Nunca me senti tão distante dele. No deserto é assim, perdemos a perspectiva do espaço, a noção de distância se dissolve. Andamos, andamos, sem sair do lugar. A areia fina, o vento atordoante, o sol que arde. Talvez alguns camelos no fundo da paisagem. Clichês, que se abrem como cortinas. Uma imagem que não me salva, que apenas disfarça. Um véu. Desolado, vou até a estante, pego meu exemplar de *Harmada* e começo a ler. Só ali João me fala.

Autorretrato de um biógrafo

Antes de tudo, para tomar coragem e distância, penso em alguns autorretratos célebres. Logo me vem à mente o de Rembrandt, em um marrom pesado que oscila entre o castanho e o dourado. Ele o pintou aos 63 anos. Não esconde a tristeza, nem — apesar da grande obra — o desencanto. Pode ser visto como o autorretrato de uma dor. Sem escândalo, sem drama, mas dor.

Vejo, em seguida, o autorretrato que Van Gogh pintou em Oslo, em 1889. O pintor nos encara com um olhar retraído, mas desafiador. Não dissimula a depressão. Referindo-se ao conjunto de seus autorretratos, Vincent disse, certa vez, que eles guardam o rosto da morte. Penso, ainda, no autorretrato de Leonardo, guardado em Turim. Estava com 60 anos, mas parece muito mais velho. Está enfezado e nem a barba imensa encobre um lento desespero. Creio que é da dor, mais uma vez, que se trata.

Tento voltar ao chão e penso em mim — e na ousadia, até estupidez, em escrever algo que se pareça com um autorretrato. Nenhum dos atributos que descrevi nos grandes mestres, é claro, deve ser esperado deste precário esboço. Tento, apenas, um borrão. Um rascunho de mim. Nada limpo e luminoso. Não aprecio as selfies, que se multiplicam na internet. Também não falarei de hoje, do homem de 70 anos que sou. Tento um autorretrato do passado, e nisso já há uma contrafação, porque no passado os fatos não existem, existe só a memória dos fatos.

Todo autorretrato é uma falsificação. Simula — como nas mesas do espiritismo — o retorno de um morto. Em meu caso, me volto para a virada dos anos 1980 para 1990, período decisivo em minha vida, quando abandonei as redações da imprensa para me dedicar à literatura. Escrevi, então, meu primeiro livro, *O poeta da paixão*, a biografia de Vinicius de Moraes, publicado em 1994 pela Companhia das Letras. Eu tinha 43 anos.

No ano seguinte, o livro recebeu o Prêmio Jabuti. Teve um sucesso relativo. Espaço na imprensa, vendas razoáveis, alguns leitores apaixonados. Contudo, eu conheço, muito bem, seus defeitos. Os imensos rombos que existem em suas páginas. Tudo o que me faltou, tudo o que eu não consegui saber. Tudo em que fracassei. Ainda assim, me orgulho do livro que escrevi. Ele me abriu suas portas. O jornalismo era uma prisão — à dureza dos fatos, ao controle dos relógios, ao vício da exatidão, ao medo de errar. Com meu primeiro livro, eu me libertei. Ou quero acreditar nisso.

Tornei-me jornalista por acaso. Já aos 8 anos de idade, quando li pela primeira vez o *Robinson Crusoé*, de Defoe, decidi que seria escritor. Na hora de escolher uma faculdade, pensei em estudar Letras. José Rodrigues, meu professor de literatura no colégio Santo Inácio, de jesuítas, me convenceu a não fazer isso. "Se fizer Letras, você se tornará um professor de literatura, e não um escritor", ele me aconselhou. Senti-me perdido. Foi ele, o falecido Rodrigues — que depois se tornou um competente diplomata — quem me ajudou a escolher meu caminho. "Faça Jornalismo. Você será obrigado a escrever todos os dias. E conhecerá, todos os dias, pessoas novas, diferentes, que poderão depois inspirar seus personagens."

Assim cheguei ao jornalismo. Hoje penso que, provavelmente, cometi um grande erro. Tenho dificuldades para me concentrar, para pisar no chão e, também, para perseverar no centro das coisas. A imprensa busca as luzes, mas prefiro as laterais, as bordas. Tudo me empurra para as sombras. Volta e meia, sem perceber, perco-me nos corredores da divagação e do devaneio. Em mim, a imaginação, quase sempre, se sobrepõe aos fatos. Um resto do caráter infantil que nunca perdi. E que, para dizer a verdade, eu alimento.

Apesar de nele ter feito amizades preciosas, o ambiente das redações sempre me incomodou. É agitado — e desde pequeno prefiro a lentidão. É barulhento — e prefiro o silêncio. Não gosto de lidar com pautas, com cronogramas, com prazos. Todos se assemelham a coleiras, e sempre prefiro a liberdade. Me aborrece que me digam o que devo fazer, ou que me guiem. "Você é muito teimoso", dizia meu pai. "Assim, não chegará a nada." Ele já sabia. Meu pai, que foi jornalista também.

Enquanto trabalhava em minha biografia de Vinicius de Moraes — uma tortuosa travessia de quatro anos, ao longo da qual só contei com a ajuda do jornalista, amigo e agora escritor Silvio Barsetti —, enquanto avançava aos trancos e sem saber muito bem por onde ia, eu observava não só a Vinicius, mas sobretudo a mim mesmo. Não minha infância, ou formação, ou conquistas precárias. Nada disso. Nada do que fiz, ou mereci. Observava-me no papel de observador.

Eu, um biógrafo de primeira viagem, posição a que cheguei graças à confiança, talvez excessiva, que o editor Luiz Schwarcz depositou em mim. "Não passo de um falsário", pensava muitas vezes. "Luiz viu em mim um homem que eu não sou." Mas era tarde demais, e eu precisava seguir em frente. Além do que, eu estava decidido a abandonar o jornalismo para sempre. Precisava de um caminho alternativo. Tremendo, tropeçando, arfando, entregue por completo à perseguição de Vinicius, eu, o caçador claudicante, avancei.

Tentava ressuscitar um fantasma, morto havia mais de uma década. Tornara-me um caça-fantasmas, precário, ridículo com meu gravador cassete em forma de tijolo e meu caderno de notas. Um perseguidor. Detetive sem vocação — e nisso repetia o mesmo erro que me levou à imprensa. Não escolhi fazer esse livro, Luiz me ofereceu a ideia e eu, vendo nela uma chance de mudança, a abracei. De novo o imprevisto. Mais uma vez, em vez de uma escolha, o destino. Preso ainda em um cárcere do qual nunca conseguiria escapar. Era o que eu pensava em meus piores momentos.

O absurdo de contar uma vida que nunca conheci. Conheci sim, mas foi apenas um susto. Eu era repórter da revista *Veja*. Vinicius, que vivia pelo mundo, chega ao Rio para um show. Hospeda-se com Maria Bethânia. Marco uma entrevista. Uma conversa protocolar, e sem grandes atrativos, a respeito de seus preparativos para a estreia. Ele reluta, resmunga e só depois aceita. Mas só se for à tarde, bem tarde, porque dorme durante toda a manhã.

Chego. Faz-me esperar por um longo tempo em uma sala vazia. Enfim, a porta do corredor se abre. "O que mesmo você quer?", ele me pergunta, com os dentes arreganhados e os olhos murchos. Explico. Repito o que sempre digo nessas ocasiões. Sou um fantoche. Um autômato. Não sou dono de mim. "Pode perguntar", ele balbucia. Ainda não acordou direito. Temo que, a qualquer momento, ali mesmo, no sofá da sala, o poeta caia no sono.

Levo, como o protocolo da revista exige, uma longa pauta de perguntas. Que, como quase sempre, não foram escritas por mim. Sou um repetidor. No máximo, um emissário. Um papagaio. A cada pergunta, Vinicius responde com uma ou duas frases ocas. Coisas que não precisa dizer — que eu já sei que ele vai dizer, porque são o que se espera de um astro na véspera da grande estreia. Termina as respostas sempre com a mesma pergunta: "Mais alguma coisa?" A pauta que tenho nas mãos é uma algema. Vinicius percebe tudo. Quer se livrar. De mim, é claro.

No colégio Santo Inácio, menino, com a *Antologia poética* escondida sob o dicionário de latim, eu lia seus poemas e chorava. Três anos de latim — para nada. Ou: para ler Vinicius de Moraes. Alguns notavam a perturbação que a leitura de seus poemas provocava em mim. Um dia, o velho professor me chamou até sua mesa, que ficava sobre um estrado. Eu lá embaixo. Sua voz escorria sobre mim com força: "Você não parece bem. Vá para o ambulatório."

Não me lembro se havia um ambulatório no colégio, não me lembro se a palavra que ele usou foi essa. Nada respondi, apenas fui. Carreguei comigo a *Antologia poética*, o resto deixei sobre a carteira. No grande corredor quadrado que circunda o pátio interno, começo a caminhar sem direção. Ambulatório? O que isso significa? Sinto-me tonto. Talvez tenha alguma relação com a palavra "andar". Talvez com "deambular" — palavra que eu encontrara em um poema, não de Vinicius.

Em dúvida, ponho-me a caminhar pelo imenso corredor. A arrastar-me. Era isso que o professor queria? Era esse meu castigo? Até que vejo o jardim central. Há um portão, eu o atravesso. Sentado entre as plantas, escondido, volto a ler os poemas de Vinicius. A doença me cura da doença. Ainda choro mais um pouco, agora não de emoção, mas de medo. Uma frase de meu pai ecoa pelo jardim: "Não sei o que será de você."

Ali, entre as plantas, encontrei-me com Vinicius de forma ainda mais intensa, e verdadeira, que em nossa entrevista no apartamento de Bethânia. Para conhecer um homem, depois eu entendi, existem muitos caminhos. Um é estar com ele. Outro é ler o que ele escreve. Cada um desses caminhos leva em uma direção. Eles não se emparelham. No entanto, ambos carregam traços do caminho esquecido. São escolhas que precisamos fazer. Eu escolhi as palavras.

No homem intratável da casa de Maria Bethânia havia, no fim das contas, alguma coisa do poeta que agora me fazia chorar. Também no poeta que me fazia chorar havia um pouco do homem irritadiço que entrevistei. Ninguém é simples. Nem todos, porém, são tão complexos como Vinicius. Um homem múltiplo, como se definia. Vinicius de Moraes, e não Vinício de Moral, ele gostava de dizer. "Sou marginal porque faço poesia, e a poesia está à margem da linguagem", me disse Luis Turiba, outro poeta, muitos anos depois. Ideias que se encaixam. Nunca pensei em ser poeta. Mas ali, encolhido entre as plantas, eu estava à margem também.

Já adulto, trabalhando em minha biografia, continuava a sentir, bem a meu lado, o bafo do abismo. A cada passo, um tormento. O que Vinicius de Moraes pensaria do que faço? Teria eu, que só estive com ele uma vez, por menos de uma hora, teria eu o direito de contar sua história? Teria o direito de me apropriar de seu passado e de sua vida?

Invertia a situação: o que eu pensaria de um rapaz que, dez anos depois de minha morte, se apossasse de minha vida e se pusesse a contá-la? A ideia me fazia tremer. De medo? De excitação?

Eu trabalhava dia e noite. Levava, como me disse um amigo, uma vida de motorista de táxi. Não me afastava de meu ponto de trabalho. Não dormia, tirava cochilos, ali mesmo em minha cadeira. O relógio já não me interessava. Dias e noites não faziam o menor sentido. Algumas vezes, não me barbeava, não me banhava. Esquecia de comer, ou não tinha vontade de comer. Levava uma vida de prisioneiro. Vinicius não era só meu alvo, era meu carcereiro.

Uma noite — ou terá sido um dia? —, sonho que Vinicius de Moraes me persegue. Está furioso. Leva um machado nas mãos. Corre atrás de mim entre as árvores de uma floresta, quer me matar. É um homem imenso, os fios de seus cabelos lhe cobrem o rosto, suas botas estalam. Talvez, como os ogros, tenha apenas um olho. Sei que me alcançará. Não escaparei. Mesmo assim, continuo.

Em outro sonho, caminho entre os túmulos de um cemitério. Procuro alguma coisa — talvez a sepultura de Vinicius. Flores murchas decoram as covas. Pássaros agourentos sobrevoam meu caminho. De repente, em um golpe, percebo que todas as lápides trazem o mesmo nome. Todas trazem o nome de Vinicius de Moraes. São infinitos os mortos que devo ressuscitar. Jamais conseguirei. Nos dois sonhos, entendo que não sou eu, o biógrafo, que o persigo. É ele, Vinicius de Moraes, o biografado, quem ocupa o papel de perseguidor. Não escaparei.

As fitas cassetes gravadas se multiplicam sobre minha mesa. Meus cadernos de notas também. Aos poucos, entendo, horrorizado, que nossas imagens começam a se misturar. Este, dizem, é o mais grave erro de um repórter: perder a objetividade, perder a distância, misturar-se com seu objeto. Nas redações, exigiam de mim o contrário: que eu me afastasse, que conservasse o senso crítico, que não me dissolvesse na alma de meus personagens. Era isso o que, quase sempre, acontecia. Meus chefes sabiam e me desprezavam por isso.

AUTORRETRATO DE UM BIÓGRAFO

Nada a meu favor, nada para me engrandecer ou, pelo menos, justificar. Sou um detetive que, diante de um cadáver, em vez de examiná-lo, a ele me abraço. Sou um anatomista que, empunhando a pinça na direção contrária, disseca a si mesmo. Não, não sou Vinicius de Moraes, nunca serei Vinicius de Moraes, embora até hoje, trinta anos depois, eu o traga grudado a meu espírito como um vudu. Um encosto?

Mas quem encosta em quem? Sou eu quem, com meu método investigativo e meus instrumentos de aferição, sugo seu espírito para o interior de meu livro? Ou é ele quem usurpa meu lugar, não só se apossa de mim, mas escreve por mim? Em minha vida de taxista, muitas vezes, o peso da culpa me devasta. Até aquele momento, ninguém escreveu uma biografia do poeta, tento escrever a primeira. Minha primeira biografia, em consequência, ocupará o lugar da verdade. Servirá como ponto de partida para todas as outras que vierem depois. Suportarei isso?

Vem-me, com frequência, o sentimento de que, antes de entregar meu livro, devo pedir perdão a Vinicius. Sem seu perdão, não conseguirei mais viver. Imagino-me no cemitério São João Batista, no Rio, com meus originais nas mãos, diante da tumba do poeta. Pálido, atuando como um morto-vivo, eu os deposito sobre a lápide. "Foi o que consegui fazer", murmuro. "Me perdoe." Estou arrependido de minha escolha. Em definitivo, não sou um biógrafo. Mas é tarde demais.

A cada parágrafo, a cada intervalo para respirar, por mais que eu persiga a verdade, me volta o sentimento da falsificação. Da fraude. Sim, eu sou um falsário. Não porque escolhi isso, mas porque ocupo esse lugar. Biografar é falsificar. Sei que os grandes biógrafos pensam exatamente ao contrário. Ficarão arrepiados com essa confissão. Dizendo de um modo mais leve: sou um escolhedor. Como uma mulher em sua mesa de cozinha, cato meu feijão. Lanço alguns grãos fora, fico com outros. Faço escolhas. Se escolho um aspecto, abandono outro. Se banco uma versão, descarto muitas outras. Muitos depoimentos e entrevistas carregam versões diferentes e até conflitivas. E, entre elas, com meus recursos miseráveis, preciso escolher. A mais verossímil? A mais razoável? A menos mentirosa? A mais surpreendente, que cause nos leitores do futuro mais espanto e furor?

Não importa o método — algo sempre escapa. E, com isso, o Vinicius de Moraes que desenho fica não só incompleto, amputado, mutilado, mas distorcido. Contudo, quando meu livro for enfim publicado, minhas apostas, mas também meus descartes, formarão o que se chama de verdade. Isso me atormenta. Quem me deu uma procuração para falar em nome do poeta? Ele, Vinicius de Moraes, um homem que só me conheceu de relance, me autorizaria a me apossar de seu retrato?

"Você tem pudores infantis", me diz um amigo. "Esqueça isso tudo e continue a trabalhar." Foi o que fiz desde o início. Mas a perturbação não cessa. Ela perdura durante os quatro anos em que me dedico a minha biografia. Minha? Depois do livro publicado, um leitor me escreveu para dizer que meu livro não é uma biografia, é um romance. Aquilo era um elogio ou uma acusação? De fato, armei meu livro como um romance do século XIX. Nenhuma ruptura ou inovação. Só o desenrolar dos fatos. Fatos, somente fatos, nada mais que os fatos, eu me dizia quando a dúvida voltava.

Não escrevo uma "biografia autorizada" ou "de encomenda". Não preciso receber a aprovação de ninguém. Ainda assim, antes de entregar o livro à editora, decido levá-lo a Suzana de Moraes, a filha mais velha de Vinicius, que viria a falecer em 2015. Ela poderá corrigir datas, sobrenomes, miudezas infernais com que um biógrafo é obrigado a lidar. Poderá servir como uma revisora nobre. Levo o livro. Ela pede uma semana para ler.

Quando retorno para pegar meus originais, ainda na porta do apartamento, furiosa, Suzana me diz: "Você transformou meu pai em um santo." Entramos — mas eu preferia fugir. Temos uma conversa tensa. Desagradável. Ela reclama que escrevi como um discípulo, não como um biógrafo. Que troquei o rigor pela piedade. "Você precisa de uma terapia", chega a dizer. Cita alguns exemplos — nenhum deles me convence. Fala de detalhes que eu não queria saber, que não me interessavam. "O Vinicius que importa está inteiro em meu livro", argumento. Acusa-me de ser delicado demais. A delicadeza como um crime. Uma fraqueza.

Confio na sabedoria do leitor. A sutileza pode ser mais enfática que o exagero, argumento. Suzana, porém, não se convence. Diz que escrevi uma hagiografia — isto é, a biografia de um santo. O dicionário, depois, me oferece uma segunda definição: "biografia excessivamente elogiosa". Pergunto-me que livro ela esperava que eu escrevesse. Antes de me despedir, ainda consigo perguntar: "Por que você mesma não escreveu a biografia?" Ainda assim, semanas depois, ela vai à noite de autógrafos. Abraça-me, celebra, parece feliz.

Alguns dias mais tarde, agarrado a meus originais, chego enfim à editora, em São Paulo. Em uma conversa a portas fechadas, resumo o que fiz, o que não fiz, o que não consegui fazer. O que poderia fazer e não fiz. O que não poderia mesmo ter feito. Tento falar dos limites que nos constrangem. Mais ainda: que nos desenham. Lembro-me de João Cabral: somos o que conseguimos cortar. Somos também o que deixamos de lado e o que perdemos. Meu editor me ouve em silêncio. Pondera, argumenta. Não parece muito feliz, mas aceita. Deixo meus originais e me vou.

Tomo o caminho para o aeroporto. Tenho um bilhete de volta para o Rio. O voo parte em duas horas, mas eu não quero voltar. Também não quero ficar em São Paulo. Sem os escritos que fizeram parte de mim por mais de quatro anos, eu me sinto vazio. Amputado. Não conseguiria voltar para casa e continuar a ser quem eu era antes do livro. Meu primeiro livro. Bom ou ruim — isso é o que menos importa agora —, o livro me modificou. Ele me reescreveu. De uma forma secreta, me dou conta assombrado, escrevi uma autobiografia.

Não foi só a biografia de Vinicius de Moraes que eu, com minhas mãos precárias, reconstruí. Ou tentei reconstruir. Também a minha biografia se alterou. Para melhor? Para pior? Pensei muitas coisas. Estou exausto, trago o corpo cheio de feridas — foi uma guerra, uma guerra sem testemunha, como disse, um dia, Osman Lins. Agora, despedaçado, já não sei quem sou.

No saguão de Congonhas, observo o quadro de voos. Quase todos partem para lugares conhecidos. Viajo muito a trabalho, conheço muitas cidades. Preciso encontrar um lugar que eu não conheça e, mais que isso, em que ninguém me conheça. Bato os olhos, então, em um voo que parte para Belo Horizonte. Não tenho amigos na cidade. Não a visito há muitos anos. Talvez possa ser meu esconderijo.

Para sustentar meu sentimento de inexistência, devo me refugiar em uma cidade onde eu não exista também. Dissolver-me. Desaparecer. Esquecer não só do que me tornei depois do livro — embora eu não saiba em quem me transformei —, mas também do que eu era antes dele. Decido: é para Belo Horizonte que vou. Já no ar, me vem a sensação de que estou morrendo. Talvez já tenha morrido e agora não passe de um fantasma. Mas que outro homem, outro José, nasceu do livro que escrevi?

Insisto: não falo do sucesso, da grandeza, da glória. Não falo de nenhum desses efeitos de superfície que, algumas vezes, raras vezes, a literatura produz. Também não falo da qualidade, ou falta de qualidade, de meu livro. Um assunto que cabe aos leitores futuros, não a mim. Falo de coisas muito pequenas. Talvez nem fale do livro, mas do processo de escrever um livro. Em particular: uma biografia. Essa loucura que é tentar a ressurreição de um morto.

No saguão de desembarque, já diante do balcão de informações, peço a indicação de um hotel mediano, em um bairro qualquer. Quero a média. Quero desaparecer. Biografias produzem luzes ou sombras? Para que, de fato, escrevemos biografias? A moça me aponta um hotel discreto na Savassi. Aceito sem pensar. Não tenho parâmetros para pensar, preciso que pensem por mim.

Chego ao hotel, faço o check-in, subo para o quarto. Tranco-me. Tomo um banho, bebo muita água e me deito. Durmo por várias horas. Na madrugada, o frigobar me salva. Não desço para o café da manhã, peço que me tragam e o deixem na porta do quarto. Não quero ver ninguém, não consigo. Pelo telefone, dispenso a governanta. "Não estou bem, não posso me levantar." Troco, assim, a vida de taxista pela de prisioneiro.

Passo a receber minhas refeições na porta. Como e durmo. Durmo o tempo todo. Nem sequer ligo a televisão. Preciso de silêncio. Quero me esvaziar. Só assim poderei despir minha velha casca e, como uma mariposa, me transformar em um segundo ser. Só no quarto dia, ainda muito lento, desço para dar uma voltar no quarteirão. Ando devagar. São meus primeiros passos. Lembro-me, vagamente, de passar na porta de uma loja de artesanato. Não há nada para ver, e esse nada me interessa.

Só no sétimo dia, como na Bíblia, tomo meu último banho, faço a mala e fecho o quarto. Desço até a recepção, pago e me vou. No aeroporto, agora mais confiante, tomo o primeiro voo de volta para o Rio de Janeiro. Só durante a viagem eu começo a entender: nunca mais me livrarei de Vinicius de Moraes. Preciso me acostumar com isso.

Algumas leituras

Ainda que este não seja um ensaio teórico, nem tenha qualquer pretensão acadêmica, a leitura prévia de alguns livros teve papel muito importante. A seguir, a título de sugestão, a lista daqueles que me foram fundamentais:

ABREU, Caio Fernando. *Estranhos estrangeiros*. São Paulo: Companhia das Letras, 1996.
———. *Inventário do ir-remediável*. Porto Alegre: Sulina, 1995.
———. *Ovelhas negras*. Porto Alegre: Sulina, 1995.
———. *Pequenas epifanias*. Porto Alegre: Sulina, 1996.
———. *Teatro completo*. Porto Alegre: Sulina, 1997.
ANTÔNIO, João. *Abraçado a meu rancor*. Rio de Janeiro: Guanabara, 1986.
———. *Dama do Encantado*. São Paulo: Nova Alexandria, 1996.
———. *Guardador*. Rio de Janeiro: Civilização Brasileira, 1992.
BARROS, Manoel de. *Gramática expositiva do chão*. Rio de Janeiro: Civilização Brasileira, 1992.
———. *Livro de pré-coisas*. Rio de Janeiro: Record, 1997.
———. *Livro sobre nada*. Rio de Janeiro: Record, 1996.
———. *O livro das ignorãças*. Rio de Janeiro: Record, 1997.
BATAILLE, Georges. *A noção de despesa / A parte maldita*. Rio de Janeiro: Imago, 1975.

_____. *La literatura y el mal*. Madri: Taurus, 1959.

BAUDRILLARD, Jean. *A transparência do mal*. Campinas: Papirus, 1996.

BIRMAN, Patrícia et al. (orgs.). *O mal à brasileira*. Rio de Janeiro: Editora da Uerj, 1997.

CAPOTE, Truman. *Retratos*. Barcelona: Anagrama, 1995.

CASARES, Adolfo Bioy. *Guirnalda con amores*. Buenos Aires: Emecé, 1959.

CESAR, Ana Cristina. *A teus pés*. São Paulo: Ática, 1998.

_____. *Literatura não é documento*. Rio de Janeiro: MEC/Funarte, 1980.

CIORAN, E. M. *Antologia do retrato*. Rio de Janeiro: Rocco, 1996.

CIXOUS, Hélène. *L'heure de Clarice Lispector*. Paris: Éditions des Femmes, 1989.

CRESPO, Angel. *A mentira verídica*. Lisboa: Teorema, 1992.

EMERSON, Ralph Waldo. *Homens representativos*. Rio de Janeiro: Imago, 1996.

FERRARI, Osvaldo. *Borges em diálogo*. Rio de Janeiro: Rocco, 1996.

HIDALGO, Luciana. *Arthur Bispo do Rosário*: o senhor do labirinto. Rio de Janeiro: Rocco, 1996.

HILST, Hilda. *Da paixão*. São Paulo: Massao Ohno, 1974.

_____. *Ficções*. São Paulo: Quíron, 1977.

LISPECTOR, Clarice. *A descoberta do mundo*. Rio de Janeiro: Francisco Alves, 1992.

MANZO, Lícia. *Era uma vez: eu*. A não ficção na obra de Clarice Lispector. Curitiba: Secretaria de Estado da Cultura do Paraná, 1998.

MARÍAS, Javier. *Literatura y fantasma*. Madri: Siruela, 1993.

_____. *Vidas escritas*. Madri: Siruela, 1992.

MELTON, J. Gordon. *O livro dos vampiros*. São Paulo: Makron Books, 1995.

MILLOT, Catherine. *Gide Genet Mishima*. Paris: Gallimard, 1996.

MONEGAL, Emir Rodríguez. *Borges*: una biografía literaria. Cidade do México: Fondo de Cultura Económica, 1987.

MORICONI, Italo. *Ana Cristina Cesar*: o sangue de uma poeta. Rio de Janeiro: Relume Dumará/Rioarte, 1996.

NASSAR, Raduan. *Menina a caminho*. São Paulo: Companhia das Letras, 1997.

NUNES, Benedito. *O drama da linguagem*. São Paulo: Ática, 1989.

PIRES, José Cardoso. *De profundis, valsa lenta*. Rio de Janeiro: Bertrand Brasil, 1998.

PORTELA, Artur. *Cardoso Pires por Cardoso Pires*. Lisboa: Dom Quixote, 1991.

RÍO, Pilar del. *José Saramago*. Madri: Ediciones de Cultura Hispánica, 1995.

ROBBE-GRILLET, Alain. *Os últimos dias de Corinto*. Porto Alegre: Sulina, 1997.

RODRIGUES, Nelson. *O reacionário*. São Paulo: Companhia das Letras, 1995.

SANCHES NETO, Miguel. *Biblioteca Trevisan*. Curitiba: Editora da Universidade Federal do Paraná, 1996.

SARAMAGO, José. *Cadernos de Lanzarote*. São Paulo: Companhia das Letras, 1997.

SCHWOB, Marcel. *Vidas imaginárias*. São Paulo: Editora 34, 1997.

STEEN, Edla van. *Viver & escrever*. Porto Alegre: L&PM, 1982.

TREVISAN, Dalton. *Dinorá*. Rio de Janeiro: Record, 1994.

——————. *O vampiro de Curitiba*. Rio de Janeiro: Record, 1978.

——————. *Quem tem medo de vampiro?* São Paulo: Ática, 1998.

ULLA, Noemi. *Aventuras de la imaginación*: conversaciones com Adolfo Bioy Casares. Buenos Aires: Corregidor, 1990.

VALLEJO-NÁGERA, Juan Antonio. *Locos egregios*. Buenos Aires: Planeta, 1989.

VARIN, Claire. *Clarice Lispector*: rencontres brésiliennes. Quebec: Édition Trois, 1987.

——————. *Langues de feu*. Quebec: Édition Trois, 1990.

VASQUEZ, Maria Esther. *Victoria Ocampo*. Buenos Aires: Planeta, 1991.

Este livro foi composto na tipografia Dante MT Std,
em corpo 12/16, e impresso em
papel off-white no Sistema Cameron da
Divisão Gráfica da Distribuidora Record.